Knaur®

Deutsche Erstausgabe 1988

Titel der Originalausgabe »Il Segreto del Sahara«

Satz Compusatz GmbH, München
Druck und Bindung Ebner Ulm
Printed in Germany 5 4 3 2 1
ISBN 3-426-02076-9

Mario Leocata:
Das Geheimnis der Sahara

Roman

Aus dem Italienischen von Judith Schwaab

Knaur

Inhalt

I

Auf den Spuren eines Traumes

Mit einer feierlichen, langsamen Bewegung nimmt der Mann den Helm ab und legt ihn auf eine Munitionskiste. Dann befreit er sich in rascherer Abfolge von den übrigen Teilen der Uniform, während die flackernde und schwache Flamme einer Laterne seine Bewegungen wie in der absonderlichen Nachahmung eines chinesischen Schattenspiels in überdimensional großen und verzerrten Abbildern auf die Holzwand der Baracke wirft.
Nach und nach häufen sich neben dem Helm eine verblichene und abgewetzte Jacke mit den Dienstabzeichen eines Majors, ein Koppel mit noch gefüllter Patronentasche, eine Hose, die an mehreren Stellen mit großen Stichen geflickt ist, ein Paar wuchtige Stiefel, mit Schlamm überkrustet – dem Schlamm des letzten Erkundungsganges, dem Schlamm, in den er gestern noch, auf einem deutschen Hügel längs der Siegfried-Linie getreten ist, bevor die Demobilmachung verkündet wurde.
Aus einem Sack holt er die Zivilkleider hervor, die er sich im letzten Moment besorgt hat; sie sind abgewetzt, zerknittert, doch zieht er sie fast sorgfältig über. Dann greift er zur Pistole, hält sie einen Moment lang abwägend in der Hand; er könnte sie mitnehmen. Ohne sich dessen bewußt zu sein, kneift er die Augen zusammen und blickt sich suchend in dem Raum um, in dem das unruhige Licht ein Nebeneinander von hellen und dunklen Flecken entstehen läßt; er ist allein in der Baracke, und sein Blick kreist umher, streift die Munitionskisten, die in einer Ecke aufeinandergestapelt sind, das Brett mit den aufgereihten Gewehren, den klapprigen Tisch, die nackten Wände.
Es ist ein Abschied ohne Emotionen. Er hat diesen Krieg nicht gewollt, ihn aber treu und mit tapferer Standhaftigkeit bis zum letzten durchgefochten. Mit einem dumpfen Geräusch versinkt die Pistole in dem Kleiderhaufen der Uniform: er zieht damit den Schlußstrich unter eine grausame Zeit, die erfüllt von Tod und Alpträumen war und mit der er jetzt nichts mehr zu tun hat; in Zukunft wird er wieder Professor Desmond Jordan sein, Wissenschaftler und Archäologe, und in dieser Zukunft wird kein Platz

mehr sein dürfen für eine Pistole; zu oft hat er den Abzug drücken müssen, wenn auch er zu einer Maschine des Krieges geworden war: Ab jetzt gehören Waffen für ihn der Vergangenheit an.
Erst in diesem Moment wird ihm wirklich bewußt, daß er, wenn er die Baracke verläßt, nicht mehr Major der Infanterie der Vereinigten Staaten sein wird. Bei diesem Gedanken löst sich auf seinem breiten Gesicht der angespannte und finstere Ausdruck, der ihn durch den ganzen großen Krieg begleitet hat, nach Jahren glätten sich die Furchen darin ein wenig; in den blauen Augen blitzt wieder die Lebenskraft von früher auf, kaum mehr als ein Schimmer, doch bereits das erste Anzeichen dafür, daß eine Vielfalt von Interessen wieder in ihm auflebt, daß wieder Fragen in ihm gären und er sich erneut auf die Suche nach jenen die Existenz betreffenden Antworten begeben wird, die ihn schon seit den ersten Schuljahren fasziniert und gepackt haben.
Er bedauert es ein wenig, sich nicht sofort in Zivil betrachten zu können, doch in der Baracke gibt es keinen Spiegel, und so kann er auch nicht nachprüfen, ob sein Alter tatsächlich nicht mehr unbestimmbar erscheint, sondern er wieder so alt aussieht, wie er ist, nämlich vierzig Jahre. Mit einem tiefen Atemzug streckt er seine hagere, große und durchtrainierte Gestalt und fährt sich instinktiv mit den Fingern durch die kurzgeschnittenen blonden Haare.
Ein Blick auf den Tischkalender: neunundzwanzigster Juni 1919; dann tritt er, die Tür offenlassend, aus der Baracke und geht mit entschlossenen Schritten davon, ohne sich noch einmal umzusehen.

Es sind nur sechs Monate vergangen, seit Desmond Jordan in die Vereinigten Staaten zurückgekehrt ist, um seine Arbeit als Professor der Archäologie wiederaufzunehmen; nun sitzt er am Steuer eines Fiat 501 Torpedo und folgt einem unwegsamen Pfad in der Gebirgskette des Altyn Tag.
Ein kalter und dichter Regen peitscht über die Straße, was die Sicht sehr erschwert, und Jordan, der mit der Nase fast die Windschutzscheibe berührt, versucht, durch die dicke Wasserschicht hindurch etwas zu erkennen, die sich trotz der raschen Bewegungen des Scheibenwischers ohne Unterbrechung vor ihm erstreckt. Er ist steif vor Kälte, klappert mit den Zähnen, und sein ganzer Körper wird immer wieder von Kälteschauern geschüttelt, doch dessen ungeachtet fährt er weiter, die Augen starr auf die Straße gerichtet; er hält nach einem Schild Ausschau.

Rasch bricht die Dunkelheit herein, und Jordan schaltet die starken Scheinwerfer ein, doch nun ist es noch schwieriger geworden, die zackigen Ränder des schmalen Weges auszumachen, hinter denen ein schrecklicher und scheinbar endlos tiefer Abgrund gähnt. Jordan ist gezwungen, noch langsamer zu fahren, und kommt nur noch fast im Schrittempo vorwärts, während er insgeheim darum betet, daß ihm kein Fahrzeug auf der anderen Seite entgegenkommen möge. Doch es ist weder die beißende Kälte noch die Gefahr, von einem Moment zum anderen einen schrecklichen Tod zu erleiden, die ihn beschäftigen und sein ganzes Wesen in Beschlag nehmen, denn er geht im Kopf wohl zum hundertstenmal die Hinweise und den genauen Wortlaut der Untersuchung von Frau Blavatsky* durch. Eine kleine Ansammlung von Häusern am Rande einer tiefen Schlucht: Dort, in dem einzigen Wirtshaus, in dem die wenigen Bergbewohner und buddhistische Pilger auf der Durchreise zusammensitzen, würde er den richtigen Mann finden.

Plötzlich beleuchten die Scheinwerfer des Fiats einen Holzpfahl; Jordan nimmt eine Taschenlampe und richtet ihr Licht auf den oberen Teil, wo ein in Holz geschnitztes Abbild Buddhas zu erkennen ist.

»Endlich!« ruft er aus, durchflutet von einem gewaltigen Gefühl der Erleichterung.

Dieses Schild zeigt an, daß die befahrbare Straße zu Ende ist; tatsächlich hat man dort einen kleinen Platz in das Felsgestein gehauen, der gerade so groß ist, daß ein Auto oder ein anderes Gefährt mit Rädern darin wenden kann. Dahinter läßt der Weg kaum noch Raum für ein Reittier.

Jordan hat das Auto verlassen und beginnt bergan zu klettern, wobei er sich mit Hilfe des hellen Lichtkegels der Taschenlampe den Weg ausleuchtet; die Kälte und der Regen lassen ihm keinen Moment eine Verschnaufpause, ebensowenig, wie der reichlich schwere Mantel und der breite Hut ihm großen Schutz bieten, doch nimmt Jordan, der in eine Art fieberhafter Vorfreude verfallen ist, kaum

* H.P. Blavatsky, Autorin von »The Secret Doctrine«, Ayar, Madras, 1938; darin legt die Wissenschaftlerin die Ergebnisse ihrer Reisen und ihrer archäologischen Studien dar, die sie seit über dreißig Jahren durch die ganze Welt geführt haben; unter anderem zitiert sie die Aussagen der Bewohner einer unwegsamen Gegend in der Gebirgskette des Altyn Tag, nach denen sich im Inneren jener Berge eine überaus lange Reihe von Tunnels und Höhlen erstrecke, welche Millionen von Texten prähistorischen Ursprungs in sich bergen.

den anstrengenden Weg bergauf wahr und kämpft sich unermüdlich vorwärts, bis er sich an einem Punkt wiederfindet, an dem die Steigung in eine ebene Fläche übergeht; Hoffnung und Erregung leuchten in seinen Augen auf.
Nicht mehr als fünfhundert Meter vor ihm zerteilt ein kleines Licht die Dunkelheit, die ihn wie ein gewaltiger schwarzer Mantel umgibt. Er kann weder die Schlucht noch die kleine Häusergruppe erkennen, doch zweifelsohne wird er dort die Person finden, die er sucht.
Mit raschen Schritten, angespornt von seiner Begeisterung und von jenem Lichtpunkt geleitet, kommt er kurz darauf auf der Rückseite eines niedrigen Gebäudes aus Holz an; beim Widerschein des Lichts, das aus zwei nebeneinanderliegenden Fensterscheiben fällt, die in den leuchtendsten Farben mit einem Drachen bemalt sind, findet er rasch die Tür, wendet sich aber zunächst dem einzigen beleuchteten Fenster zu und nähert sich ihm. Neben dem Rahmen ist ein dünner Streifen des Glases nicht beschlagen, gerade breit genug, um ins Innere zu lugen und es sich genauer zu betrachten.
Was er sieht, ist eine typische chinesische Kneipe, die von einer einzigen Lampe in der Mitte nur schlecht erleuchtet ist; ein kleiner Ausschank; ein großer Kamin, auf dessen offenem Feuer Wildbret vor sich hinschmort; ein dickbäuchiger Koch, der mit einem fröhlichen Lächeln Gläser mit dampfendem Inhalt zu den Gästen bringt, über deren Köpfen eine dichte Wolke aus dunklem und beißendem Rauch hängt.
Außer zwei buddhistischen Pilgern sind alle anderen Gäste Bergbewohner, welche hier ihre Abende in übermäßiger Fröhlichkeit und Lautstärke verbringen, als wollten sie damit die Stille und die Kälte, die tagsüber schwer auf ihnen lasten, aus ihrer Erinnerung und ihrem Denken vertreiben.
Nur ein Mann sitzt allein da, an dem Tischchen, das dem Feuer am nächsten steht. Es ist einer jener Greise mit zerfurchtem, aber noch energischem Gesicht, deren Alter schwer zu bestimmen ist. Seine völlig regungslose Gestalt und die geschlossenen Augen lassen den Eindruck entstehen, er wäre aus Stein gemeißelt; nur die Tatsache, daß von seiner langen Pfeife in regelmäßigen Abständen Rauchwölkchen aufsteigen, deutet darauf hin, daß er in Wirklichkeit durchaus lebendig ist.
Als Jordan ihn sieht, kommt ihm sofort das rituelle Bild jener alten Weisen in den Sinn, in deren Köpfen die Geheimnisse uralter

Mysterien und kostbarer, jahrtausendealter Dokumente bewahrt und bewacht werden, Geheimnisse, nach deren Enthüllung es all die Abenteurer und skrupellosen Forscher gelüstet, die rund um den Erdball auf der Suche nach alten Schätzen sind.
Plötzlich zerreißt ein Blitz die Dunkelheit draußen und zeichnet im Gegenlicht den Umriß von Jordan auf das Glas des Fensters; im selben Moment öffnet der Alte die Augen, und sein Blick begegnet dem des amerikanischen Archäologen.
Die starren, kleinen, scharfen Augen blicken unbeirrbar prüfend in die von Jordan, mehrere Sekunden lang, ohne dabei Neugier oder Überraschung zu zeigen. Dann legt der Alte mit einer langsamen Bewegung seine Pfeife auf dem Tischchen ab, durchquert, ohne nach rechts oder links zu blicken, den Raum und geht auf die Tür zu. Er öffnet die Türflügel mit der bunten Drachenzeichnung, während Desmond Jordan ihm mit eiligen Schritten entgegengeht. Der Alte schließt die Tür hinter sich und steht nun dem Amerikaner direkt gegenüber, in dessen Miene sich tiefe Erregtheit und eine unbezähmbare Wißbegier ausdrücken. Die beiden sehen sich schweigend an, als vertraue ein jeder von ihnen einzig und allein seinen Augen in dem Bemühen, die wahren Gefühle und Absichten des anderen zu erkunden.
Schließlich entspannen sich die tiefen Falten im Antlitz des Alten zu einem flüchtigen Lächeln. Jordan hat seiner Prüfung standgehalten; er hat in dessen Herz das Gefühl erblickt und gefunden, nach dem er gesucht und auf das er gehofft hat. Jordan erwidert sein Lächeln auf dieselbe feierliche Art.
»Ich habe Euch erwartet«, sagt der Alte schlicht und mit tiefer, aber außergewöhnlich fester Stimme.
Jordan hat nicht die Zeit, sich darüber zu wundern, daß er ihn auf Englisch angesprochen hat, zwar mit unsicherem Akzent, doch korrekt und verständlich; er spürt, wie der Alte ihn am Arm nimmt und ihn auf die Ecke der Baracke zuführt, in einigen Metern Entfernung von Fenster und Tür, um vor eventuell überraschend hinzukommenden Gästen sicher und weit weg von neugierigen Augen und Ohren zu sein.
Das Gesicht seines Gegenübers ist kaum zu erkennen, obwohl sie sehr nahe beieinander stehen, und Jordan versucht vergebens, in diesen undurchdringlichen Zügen einen Hinweis darauf zu finden, wie er das Gespräch eröffnen und zu den Fragen hinführen könnte, die ihm so sehr am Herzen liegen; er weiß, daß es nun an ihm ist,

einen Anfang zu machen, doch der überaus große Drang in ihm, alles zu erfahren, scheint in verwirrt und unsicher zu machen.
»Warum habt Ihr auf mich gewartet?« erkundigt er sich schließlich hastig.
»Fragt mich nicht danach. Jeder Mensch kann, wenn es still ist, der Stimme dessen, der ist, lauschen, doch nicht alle haben Verlangen danach«, erwidert der alte Weise mit einer Spur Traurigkeit in seinem gleichförmigen, aber präzisen Englisch. »Ich lausche ihr und bin wissend durch sie. Als ich Euch sah, sagte ich mir: Auch er ist gekommen, um zu reden, zu fragen ...« – Der Alte unterbricht sich absichtlich, um dem Fremden gegenüber mit einem kleinen gefälligen Lächeln zu unterstreichen, daß er ihm zur Verfügung steht – »um zu wissen«!
Auf dem Gesicht von Jordan macht sich ein Ausdruck der Verwunderung breit, der zeigt, wie sehr ihn diese Worte getroffen und beeindruckt haben, denn sie sind um so außergewöhnlicher, als sie voller Schlichtheit und Ungezwungenheit gerade von einem Greis ausgesprochen wurden, dessen ernste Feierlichkeit offensichtlich nicht nur menschlicher Weisheit und Wissen entspringt, sondern einem Überschreiten der Grenzen von Raum, Zeit und Geschichte, die dem normalen Sterblichen gesetzt sind.
»Nun, also ... kennt Ihr schon meine Frage?« erkundigt sich Jordan mit erregter Stimme.
»Ich kenne sie. Aber ich weiß nicht, ob Ihr meine Antwort begreifen werdet!«
Jordan blickt ihn fragend an. Die sibyllinischen Worte haben seinen Enthusiasmus etwas gedämpft.
»Eure Wissenschaft ist eine geringe Sache«, nimmt der Alte seine Rede wieder auf, als wollte er die Beschränktheit dessen, was er ihm enthüllen wird, rechtfertigen, »... und das, was Ihr sucht, liegt jenseits der Grenzen Eures Wissens! Es gehört einer allzuweit zurückliegenden Vergangenheit an ... und einer Zukunft, die noch weiter entfernt ist!«
Jordan hört ihm mit wachsender Spannung zu, doch ahnt er bereits, daß es nur ein kleiner Schimmer, nicht aber das ganze, strahlende Licht sein wird, auf das er hoffte und das er suchte; also setzt er entschlossen alles auf eine Karte.
»Ich suche einen Ort ...«
»Ich weiß«, unterbricht ihn der alte Weise, »aber jener Ort ist nicht hier. Ihr müßt die Zeichen suchen, finden und begreifen, die Euch

unfehlbar an den Ort führen werden, zu dem Ihr gelangen wollt.«
»Welche Zeichen?« fragt Jordan, in dem wieder ein wenig Hoffnung erwacht ist.
»Es gibt ein Buch, ein sehr altes Buch, das mit dem Heiligen Feuer der Wahrheit geschrieben wurde. Nun, bei diesem Buch müßt Ihr beginnen.«
»Wo wird dieses Buch aufbewahrt? Und wie lautet sein Titel?«
Der Alte antwortet nicht und verfällt unerwartet in Schweigen, als ob er ihn nicht gehört oder die Dringlichkeit der Frage überhaupt nicht beachtet hätte.
»Ihr müßt es mir sagen!« fleht ihn Jordan an, nun freilich in einem Ton, bei dem es ihm nicht mehr gelingt, seine Ungeduld und seine tiefe Unruhe zu verbergen.
»Ihr werdet es finden, wenn Euer Geist rein und Euer Gemüt aufrichtig ist«, beruhigt ihn der Alte. »Aber leicht wird es nicht sein ... lange Forschungen und lange Reisen stehen Euch bevor!«
Plötzlich wandelt sich der Gesichtsausdruck des Alten, er schließt die Augen, während der magere Körper sichtbar von einem Schauder durchlaufen wird; in das asketische Antlitz tritt ein verträumter Ausdruck, der kaum wahrnehmbar von einer Grimasse des Leidens und der Anspannung überlagert wird. Er ist mit aller Kraft und Konzentration damit beschäftigt, seine eigenen übersinnlichen Fähigkeiten zu stimulieren.
»Ich sehe einen Berg, einen nackten, einzelnen Berg«, murmelt schließlich der alte Chinese, dann hebt er langsam Jordan die rechte, offene Handfläche entgegen, »und ich sehe eine Hand, eine offene Hand, genau wie die meine ... eine Hand, die ans Tageslicht will ...«
So unvermittelt, wie er eingesetzt hat, ist der Zustand seherischer Erstarrung wieder vorüber, die Augen des alten Weisen öffnen sich und richten sich noch einmal auf Jordan, dann schlingt der unergründliche Orientale seinen Umhang fester um sich, dreht sich ohne ein weiteres Wort um die eigene Achse und verschwindet hinter der Ecke der Baracke.
»Wartet!« ruft ihm Jordan laut hinterher, den die unvorhersehbare, katzenartige Gewandtheit des alten Chinesen überrascht und verblüfft hat.
Mit einer winzigen Verspätung kommt wieder Bewegung in ihn, und er springt seinerseits um die Ecke. Zu spät! Die undurchdringliche Finsternis und der Regen bauen sich vor seinen Augen auf wie

eine riesige schwarze Tafel, auf der weder Schatten noch Gestalten zu erkennen sind. Mit nervöser Hand dreht er den Docht der Laterne auf die höchste Stufe und läßt das Lichtbündel die Holzwand entlanggleiten. Er läuft bis zur anderen Ecke, sucht wiederholt in allen Richtungen: Der Alte scheint von der Dunkelheit der Nacht verschluckt worden zu sein.

Langsam geht er denselben Weg zurück, sieht von neuem das Licht des Fensters; einen Moment lang erwägt er einzutreten, doch dann hält er statt dessen schnurstracks auf den Pfad zu: er weiß, daß es nutzlos ist, die Kneipe noch einmal zu betreten ... er weiß, daß er ihn nicht mehr finden wird!

II

Das enthüllende Indiz

Als er die Ansammlung von Häusern auf der Spina dei Borghi* hinter sich gelassen hat und sich plötzlich direkt vor der Basilika, dem Platz und dem Säulengang befindet, welcher ihn in seiner kosmischen Umarmung willkommen zu heißen scheint, lenkt Jordan instinktiv seinen wendigen, schmalen Ansaldo 4 C zur Seite, um ihn am Anfang der eindrucksvollen Kolonnade des Bernini einzuparken, in einigen Metern Entfernung von dem einzigen anderen geparkten Auto, einem imposanten, majestätischen und glitzernden Isotta Fraschini 8 A.

Er hätte auch direkt bis vor die breite Treppe fahren können, die zu der riesigen Basilika von St. Peter hochführt, doch wäre es ihm als Frevel erschienen, die stille Heiligkeit des Platzes und jene kaum greifbare Transzendenz, die man in dem ganzen monumentalen Komplex wahrnimmt und die so intensiv ist, daß sie selbst im Nichtgläubigen Respekt und Begeisterung weckt, mit Motorengeräusch zu stören.

Eine frische, prickelnde Brise streift Jordans Gesicht, als er aus dem Auto steigt, und vertreibt in ihm den letzten Rest von Müdigkeit, die von einem vorzeitig beendeten Schlaf herrührt. Der Morgen ist gerade erst angebrochen, klar, bereits lichtdurchflutet, da nicht einmal die kleinste Wolke zu sehen ist, und die dünne Luft läßt auch noch die winzigste Einzelheit an den Dächern der Gebäude erkennen, die sich deutlich vor dem Himmel abzeichnen. Die Tatsache, daß sich nichts bewegt und kein Mensch außer ihm unterwegs ist, erhöht den suggestiven und fesselnden Charakter dieser unvergleichlichen Szenerie so sehr, daß Jordan ohne eigentlichen Grund den ganzen Weg innerhalb des Säulenganges zurücklegt, als wollte er seine eigene bescheidene Gestalt vor diesem Giganten der Kunst und der Geistigkeit verbergen.

Er ist in Eile und geht mit schnellen Schritten, obwohl es erst fünfzehn Minuten vor sechs, der verabredeten Uhrzeit, ist. Auf seinem Antlitz spiegeln sich grenzenlose Anspannung und Erre-

* Dort, wo heute die Via della Conciliazione beginnt.

gung: Vor ihm liegt die letzte Möglichkeit, das Indiz zu erhalten, das ihm noch fehlt, damit er sich auf die abschließende und eigentliche Suche begeben kann. Und ausgerechnet im Tempel der Christenheit, während des Heiligen Jahres, würde er somit das Zeichen finden: Man könnte es, etwas mystisch formuliert, ein göttliches Zeichen nennen, eine Hilfe von Ihm, der, aus ewigen und unendlichen Räumen stammend, damit seine zähen Nachforschungen belohnen würde, ebenso wie seinen Eifer, das Geheimnis des Ursprungs von Leben und des vom Körper losgelösten Begriffs der Dimensionen von Zeit und Raum kennenzulernen, die als gleichbedeutend mit der Ewigkeit zu verstehen sind.

Gerne würde er langsamer gehen, als ihm bewußt wird, wie sinnlos seine Eile ist, dabei muß er sich schon sehr anstrengen, nicht zu laufen. Er schließt die Hand um einen Stoffetzen in seiner Tasche, als wollte er sich vergewissern, daß dieser seltsame Passierschein noch vorhanden und unversehrt ist, und dabei legt er dieselbe Besessenheit an den Tag wie jemand, der sich auf dem Weg zur Bank befindet, wo er das Los deponieren will, mit dem er den ersten Preis in der Lotterie gewonnen hat und das ihn reich machen wird, und der immer wieder nachschaut, ob es noch in seinem Geldbeutel liegt. Er sieht sich mehrere Male um, als fürchtete er, beschattet zu werden oder plötzlich jemanden hinter seinem Rücken zu spüren, der ihm dieses kostbare Stück Stoff entreißen will.

Dann, als er seine Ängste einen Moment lang besänftigt hat, kann er der Versuchung nicht widerstehen, das wertvolle Etwas wohl zum hundertstenmal zu betrachten, und zieht das Stück Stoff aus der Tasche, das beinahe quadratisch und abgenutzt von den Jahrhunderten und von zahllosen menschlichen Berührungen ist. Niemals ist er dieses Anblicks überdrüssig geworden oder hat sich daran gewöhnt, und so heftet er die Augen voller Erregung auf diese paar Zentimeter zerknitterten Leinens, die die ihm noch unbekannte Lösung des Rätsels in sich bergen, oder vielleicht ist es auch nur ein Traum, auf dessen Spuren er sich nun schon so lange Zeit befindet. Die Lösung, die er intuitiv bereits erahnt und als Ergebnis jahrelanger Studien, Nachforschungen, Reisen, Mühen, Gefahren ersehnt hat; doch ist sie derart außergewöhnlich und phantastisch, daß sein Verstand es sich nicht gestatten kann, an sie zu glauben und sie zu akzeptieren, bis er nicht eine unwiderlegbare Bestätigung und einen ebenso unerschütterlichen Beweis dafür hat, wo so viele Argumente aus dem Bereich der Geschichte und der Wissenschaft dagegen sprechen.

Welch guter Prophet der alte Weise doch gewesen war!
»Ihr werdet es finden ... aber leicht wird es nicht sein ... lange Forschungen und lange Reisen stehen Euch bevor.«
Jene Worte klingen ihm noch deutlich im Ohr, ebenso wie er noch die Bilder jener dramatischen und doch so außergewöhnlichen Nacht im Gebirge des Altyn Tag klar vor Augen hat, damals, als er glaubte, den entscheidenden Schlüssel zu dem Geheimnis bereits in greifbarer Nähe zu haben.
Es hatte danach noch ein ganzes Jahr gedauert, bis darauffolgende Studien von unzähligen schriftlichen Zeugnissen und mühsames Sparen es ihm erlaubt hatten, eine weitere Forschungsreise zu unternehmen. Doch welch ein Unterschied zwischen dem Dezember im Distrikt von Kimberley und dem auf dem Altyn Tag!
Ein heißes, trockenes Klima; die Landschaft ringsum stellte sich durchgängig als eine weite Hochebene sandigen und basaltischen Typs dar, die von einer Serie von Erhebungen übersät war, wobei der höchste Gipfel, der des Broone-Berges, nicht einmal tausend Meter an Höhe erreichte. Die Flüsse, die zwar viel an der Zahl, aber als Wasserläufe eher bescheiden waren, strömten von einem Punkt fast in der Mitte des Distrikts nach allen Himmelsrichtungen auseinander, um sich in den Indischen Ozean zu ergießen oder sich in den wüstenartigen Steppen des Landesinneren zu verlieren, wobei sie tiefe Furchen in das Land zogen, das sie durchquerten.
Jordan hatte sich einem Ureinwohner und einem Mischling anvertraut, die gleichzeitig als Führer, Begleiter und als Bedienstete auf der langen Reise fungierten, welche sie bis in jene abgelegene Gegend im Westen von Australien führen sollte.
Sie waren zu Pferd von Perth aus aufgebrochen, mit zwei Maultieren im Gefolge, denen sie das Gepäck aufgeladen hatten, und waren, anstatt der Küste zu folgen, entschlossen direkt ins Landesinnere vorgestoßen, wobei sie zuerst die Gibson-Wüste und dann die Große Sandwüste durchquert hatten. Zwar hatten sie dabei unter der trockenen Hitze im Wendekreis des Steinbocks gelitten, nicht aber an Durst dank der zahlreichen großen und kleinen Seen, die sie auf der Strecke angetroffen hatten, und das selbst im eigentlichen Wüstengebiet.
Nach einem Ritt von ungefähr eintausendsechshundert Kilometern hatten sie die Grenze zum Distrikt von Kimberley überschritten, der wegen des extrem trockenen Klimas und des unfruchtbaren Bodens spärlich besiedelt war, weshalb sie nur auf wenige Ansammlungen

von Häusern und ab und zu eine Schafherde, meist in der Nähe von Wasserläufen, getroffen waren.
Als sie, dem Fluß Glenelg folgend, vor einer Höhle angekommen waren, hatten die beiden Führer angehalten.
»Dort drinnen wirst du die *wondjina** finden«, hatte der Mischling, auf den schwarzen Eingang der Höhle zeigend, zu Jordan gesagt.
Jordan war auf der Stelle vom Pferd abgestiegen; sein Herz hatte so schnell zu schlagen begonnen, und eine solch gewaltige Erregung hatte sich in ihm breitgemacht, daß er nicht den sonderbaren Blick des Einverständnisses bemerkte, den der Ureinwohner und der Mischling gewechselt hatten.
Mit wenigen hastigen Schritten war er in das Innere der Höhle eingedrungen, und auch wenn er schon wußte, was er dort finden würde, verharrte er dennoch verblüfft und, im wahrsten Sinne des Wortes, mit vor Staunen offenstehendem Mund. Auf den Fels gemalt war eine Gruppe von vier Personen von starrem Äußerem, umgeben von dunkelblauen Aureolen, mit schwarzen Augen und Nasen, dagegen ohne Mund und mit Sandalen an den Füßen.
Als er dann jedoch vor einem weiteren Gemälde stehenblieb, das noch verblüffender war, erreichte seine fieberhafte Begeisterung einen neuen Höhepunkt. Dies war eine einzelne Figur, die ungefähr drei Meter hoch war, vielfarbig wie die anderen und wie sie auch mit jenen besonderen Charakteristika versehen, die den Figuren einen irrealen Zug verliehen. Als Kleidung trug die Gestalt eine lange, rosafarbene Kutte, während der Kopf in einer Art Helm zu stecken schien, aus dem nur die Augen herausschauten. Um den Kopf herum hatte sie einen goldfarbenen Ring und einen zweiten in Rosa, in den sechs seltsame Symbole eingeritzt waren, ähnlich Buchstaben, die noch niemand zuvor entziffert hatte.
Viele haben in diesen Felszeichnungen die Abbildung von Raumfahrern sehen wollen, die in weit zurückliegenden Zeiten Australien besucht hätten. Nachdem er diese letzte Figur erblickt hatte, konnte man auch Jordan denen zuordnen, die jener Hypothese stark zugeneigt waren.**

* Name, den die Eingeborenen den dortigen Felszeichnungen gegeben haben.

** Als man sie im Jahre 1838 entdeckte, waren jene Gemälde in den Höhlen des Distrikts von Kimberley vor allem deshalb Ursache großen Staunens, weil sie, während die Ureinwohner noch immer barfuß gingen, die Figuren auf dem Felsen deutlich mit Schuhwerk an den Füßen abbildeten. Ersten Schlüssen der Archäologen zufolge waren jene Bilder von den Ureinwohnern angefertigt

Ohne sich weiter um das zu kümmern, was um ihn herum war, stellte der amerikanische Archäologe im Innern der ersten Höhle den Photoapparat, das Stativ, die Photoplatten und den Magnesiumblitz bereit. Er war gerade soweit, das erste Photo zu machen, und dabei so sehr mit der Einstellung der Blende beschäftigt, daß er nicht bemerkte, wie die beiden Führer sich leise von hinten an ihn heranschlichen. Der Ureinwohner trug eine Lanze mit *woomora** in der Hand, der Mischling einen langen, spitzen Dolch, den er bereits angehoben hatte, um ihn Jordan in den Rücken zu stoßen, als der Magnesiumblitz verpuffte und mit seinem grellen Widerschein auf dem gegenüberliegenden Felsen einige Momente lange die Augen der Verräter blendete. Von einer plötzlichen abergläubischen Furcht ergriffen, verließen die beiden Männer nach einigen lähmenden Schrecksekunden rasch die Höhle; auch wenn sie ihren Plan aufgegeben hatten, Jordan umzubringen, ließen sie es sich in ihrer Habsucht trotz des erlittenen Schreckens doch nicht nehmen, die Pferde und Maultiere mit sich fortzuführen.

Erst nachdem er das letzte Photo abgelichtet hatte und ins Freie getreten war, bemerkte Jordan, was geschehen war, doch fürchtete er nicht um sich selbst, sondern um die Unversehrtheit der Photoplatten. Jedenfalls verlor er nicht den Mut, sondern legte sich das Stativ über die linke Schulter, wo er es mit dem Arm ausbalancierte, hängte die kostbare Kassette mit den Photoplatten daran und sich selbst den Photoapparat um den Hals und trat den Rückweg an, wobei er dem Lauf des Flusses Glenelg folgte.

Nach acht Stunden ununterbrochenen Marsches, auf dem er niemandem begegnet war, begann er sich schon darauf einzustellen, die Nacht im Freien verbringen zu müssen, zumal mittlerweile die ersten abendlichen Schatten das Marschieren allmählich mühsam

worden und stellten deren Regengott Wondjiana dar, woher auch der allgemeinere Name rührte, den man zur Bezeichnung jener Gruppe von Felszeichnungen verwandte. Die Ureinwohner aber leugnen in mehreren Zeugnissen entschieden, daß jene Gemälde ihr Werk seien, und bekräftigen mit Nachdruck, daß diese von Menschen einer anderen Rasse gezeichnet worden seien. Tatsächlich lassen die technische Ausführung und die Verwendung von Blau, die am Ort nicht gebräuchlich ist, die Vermutung aufkommen, daß diese Zeichnungen von Menschen einer nicht australischen Rasse angefertigt wurden. Eine der glaubwürdigsten Hypothesen lautet, daß die *wondjina* die ersten Menschen darstellen.

* Eine Art Klappe, die, auf die Lanze gesteckt, als zusätzlicher Antrieb fungiert, indem sie beim Wurf die Wurfgeschwindigkeit und -weite erhöht.

und unsicher machten. Schweißgebadet wegen des großen Gewichts der Instrumente, die er trug, merkte er erst jetzt, daß er einen zerschundenen Körper und eine trockene und von der Hitze geschwollene Kehle hatte und nur mit Mühe atmete; gerade wollte er mit einem Schlag erschöpft zu Boden sinken, als er das rhythmische Klappern der Hufe eines Pferdes vernahm.

»Hallo ... Hiiilfe!« versuchte er mehrmals zu rufen, wozu ihm nur die Verzweiflung überhaupt noch Kraft gab. Doch aus seiner Kehle kam mehr ein Klagen als ein Schrei; also ging Jordan dazu über, mit dem Stativ auf den Felsen zu klopfen.

Das Echo jenes Geräuschs drang deutlich an die Ohren des Reiters, der, nachdem er sein Pferd abrupt angehalten hatte, auch die erstickten Rufe vernahm. Eine scharfe Wendung, und das Pferd kam auf Jordan zu und hatte ihn nach einem kurzen Galopp erreicht.

Der Archäologe hatte schließlich Glück gehabt; bei dem Reiter, der ihm zur Hilfe geeilt war, handelte es sich um einen *squatter** englischen Ursprungs, der ihn, nachdem er die Situation rasch erkannt hatte, hinter sich aufsteigen ließ und auf seine Farm brachte.

Überaus verärgert über das, was Jordan widerfahren war, band der Mann, der wie viele andere Siedler des neuen Kontinents an einem abgelegenen Ort wohnte und deshalb für Notfälle über einige gut abgerichtete Flugtauben verfügte, einem dieser Vögel eine Nachricht ans Bein, wodurch die Anzeige gegen die Räuber bei einer Abteilung der Polizei von Broome landete, von wo aus ein Sergeant dem Polizeiposten in Perth telegrafisch die Namen der beiden Verbrecher durchgab.

Als der Ureinwohner und der Mischling an den Toren der Stadt ankamen, nunmehr sicher, aus ihrem Raubgut ein anständiges Sümmchen Geld schlagen zu können, wurden sie noch in derselben Stunde verhaftet, in Handschellen gelegt und in eine Zelle gesperrt.

Jordan holte sich die Tiere und sein Gepäck wieder und kehrte in die Vereinigten Staaten zurück, mehr als zufrieden mit dem ausgezeichneten Ergebnis, das zu erzielen ihm die gefährliche, aber auch aufregende Expedition ermöglicht hatte; darüber hinaus verspürte er in sich eine wiedererwachte Begeisterung und eine gewachsene Überzeugung, die ihn in seinem Vorhaben bestärkten, seine phantastische Suche fortzusetzen.

* Nur in Australien verwendeter Ausdruck für einen Viehzüchter.

So zog es ihn im folgenden zu weiteren Reisen an verschiedene Orte auf der ganzen Welt: Vladimir, Palenque, vor allem aber Mittelamerika; auf diese Weise verbrachte er zwischen Forschungen und Expeditionen in unregelmäßigen Abständen ganze weitere vier Jahre; und da seine Arbeit mit der Zeit auch ein wachsendes Interesse in der akademischen Welt geweckt hatte, erfuhr er so manche Hilfestellung und Zuvorkommenheit auch von seiten der Universität, an der er lehrte.

In wenigen Sekunden hat Desmond Jordan so viele Erinnerungen Revue passieren lassen, als hätte er auf diesem Stück Stoff in rasender Abfolge all die Wechselfälle des Geschicks an sich vorbeiziehen sehen, die ihn in einem aufreibenden Hin und Her zwischen Hoffnungen und Enttäuschungen manchmal bis zur glühenden Begeisterung trieben, manchmal dagegen in graue Trostlosigkeit stürzten.

Nun hält er diesen Fetzen mit beiden Händen an den Rändern fest und hebt ihn hoch; er ist von einem mittlerweile ausgeblichenen Rot, und die Sonne, die in flachen parallelen Streifen zwischen den Säulen durchscheint, beleuchtet ihn voll von hinten: ideale Bedingungen für Jordan, um die Zeichnung einer offenen Handfläche besser zu erkennen, die auf diese Weise in großer Klarheit und Deutlichkeit darauf erscheint.

Eine Hand, die auf dieselbe Weise offen dargeboten ist wie damals diejenige des alten Weisen. Als er dieses Stück Stoff zum erstenmal zwischen den Fingern hielt, setzte sein Herz gewiß aus, wenn auch nur für den Bruchteil einer Sekunde und mehr aus einer blitzartigen Überraschung heraus als aufgrund des Gefühls, eine Entdeckung gemacht zu haben.

Das Ereignis liegt erst sechs Monate zurück; damals begab sich der amerikanische Archäologe auf die Expedition, die seiner Reise nach Rom als letzte vorausging und die ihn nach eingehenden Studien in die Sahara führte, die er damals zum erstenmal besuchte.

Er war in Algier von Bord gegangen und hatte sich von dort aus mit dem Auto nach El Oued auf den Weg gemacht. Sein Ziel war die Gegend von Tassili n'Ajjer, im Südosten von Algerien, nahe der libyschen Grenze. Er war sehr in Versuchung gewesen, die Reise per Automobil fortzusetzen, da er stets unter dem Einfluß eines fieberhaften Dranges stand, so schnell wie möglich an den Orten, die er erforschen wollte, anzukommen, zumal es im übrigen berühmte, wenn auch äußerst wenige Vorgänger mit derartigen Fahrten gege-

ben hatte. Tatsächlich ging das erste Abenteuer per Auto in der Wüste auf das Jahr 1916 zurück, als General Laperrine sich entschlossen hatte, den Weg von Ouargla nach In Salah mit zwei Automobilen zu erkunden; die Durchquerung hatte dann zwanzig Tage später geendet, nur noch mit einem einzigen Auto, das man noch dazu hatte schieben müssen.
Die zweite Fahrt war erst zwei Jahre zuvor, 1922, von Georges-Marie Haardt und Louis Audouin-Dubbrevil am Steuer eines teilweise mit Ketten ausgerüsteten Citroën unternommen worden, die versuchen wollten, die Strecke zwischen Toungour und Timbuktu zurückzulegen; die Expedition war erfolgreich verlaufen und die beiden unerschrockenen Forscher sogar noch weiter gekommen, bis hin zu den Ausläufern des Hoggar-Gebirges.
Ihm aber fehlte ganz und gar die Unterstützung, die jenen spektakulären Unternehmungen gewährt worden war. Allen Versuchungen zum Trotz waren die Risiken so groß, daß er gezwungen war, auf die traditionellen *mehari** zurückzugreifen. Er mietete sich drei davon und machte sich dann, nachdem er auch noch einen *targui***-Führer angeheuert hatte, in Richtung Süden auf den Weg durch die Wüste.
Die Hitze entsprach seinen Erwartungen: Es kam ihm vor, als bewege er sich in einer glühenden Schüssel; die größere Beschwerlichkeit bestand jedoch darin, auf dem Sattel der *mehari* das Gleichgewicht zu halten. Die Tiere, die er ausgewählt hatte, waren drei Exemplare einer Rasse, die sich, abgesehen von ihrer dichten, weißen Behaarung, auch dadurch auszeichnet, daß sie zwei Höcker hat, im Unterschied zum *djemel****, das nur einen besitzt. Die ersteren sind wesentlich intelligenter und schneller als die letzteren, die noch dazu weniger gelehrig und ausgesprochen störrisch sind, dafür aber Anstrengungen und dem Durst besser widerstehen. Die *mehari* sind eigentlich Rennkamele, die man freilich auch für rasche Ortswechsel einzeln oder in Gruppen verwendet, Voraussetzung dafür, daß sie von Nomaden und den Räubern der Sahara, wie den *tuaregh* und den *tibbù*, bevorzugt werden; die *djemel* dagegen werden dank ihrer berühmten Genügsamkeit für Karawanen eingesetzt, da sie auch ganze Wochen ohne einen Tropfen Wasser auskommen können, trotz der schrecklichen Hitze, die normalerweise

* Arabischer Name des Dromedars.
** Einzahl von *tuaregh*.
*** Arabischer Name des Kamels.

bis auf fünfzig Grad klettert. Allerdings legt ein *mehari* dieselbe Strecke, die ein *djemel* in sechs Monaten bewältigt, in ganzen zehn Wochen zurück.

In dem Meer aus Sand, das Desmond Jordan und der *targui*-Führer langsam, aber sicher durchquerten – und das auf den Landkarten mit dem Namen des Großen Östlichen Erg bezeichnet wird – fanden sie eine einförmige und monotone Landschaft vor, abgesehen von ein paar kleinen grünen Flecken, wo sich Oasen befanden, oder den Einzäunungen und Hütten von winzigen Ansiedlungen. Bis Fort Flatters* begegneten sie keinen weiteren Menschen oder Tieren, danach wieder bis hin zu den Oasen von Fort Polignac** und Fort Charlet***, in deren Umgebung sie auch zwei kleine Herden Addax-Antilopen und Grantgazellen sichteten: herrliche Tiere mit langen, in großen Spiralen aufgerollten Hörnern die ersteren, die letzteren dagegen mit kürzeren, in S-Form geschwungenen und geringelten Hörnern.

Selbst die schnellen weißen *mehari* brauchten ganze acht Wochen, um Jordan und den *targui*-Führer bis an den Fuß der ersten Ausläufer des Tassili n'Ajjer zu bringen. Die Felsmalereien, die der amerikanische Archäologe suchte und studieren wollte, verteilten sich auf ein Gebiet, das ein ausgedehntes Dreieck bildete. Afrika, besonders der nördliche Gürtel vom Atlasgebirge bis zum Tschad, ist außergewöhnlich reich an Felskunstwerken, doch folgte Jordan genauen Angaben, als er sich in das Tassili n'Ajjer begab. Er war auf der Suche nach einer besonderen Darstellung in der Felsmalerei und wurde auch fündig.

Er konnte es sich jedoch nicht versagen, zu verweilen und auch die anderen Malereien zu bewundern und zu untersuchen, die er eigentlich nicht hatte in Betracht ziehen wollen, obwohl auch sie außergewöhnlich und vom künstlerischen Standpunkt aus bedeutend waren, so wie die berühmte eingeritzte Zeichnung von Tinterhert, die, voller Harmonie und Klarheit der Linien, eine ruhende Antilope darstellt; es war wirklich unmöglich, sie nicht zu beachten, die mehreren hundert Abbildungen, die dort auf dem Felsgestein die

* Nach dem französischen Oberst Flatters benannt, der eine Expedition zwecks des Baus einer Eisenbahnlinie durch die Sahara leitete und 1881 mitsamt seinen Leuten von *tuaregh* massakriert wurde.

** Heute Illizi.

*** Heute Djanet.

jahrtausendealte Geschichte der Sahara* erzählten, von der Entwicklung ihrer Bevölkerung bis hin zu der ihres Klimas, ihrer Flora und ihrer Fauna.
Schon bald darauf jedoch, als der erste Taumel der Begeisterung vorüber war, konzentrierte sich seine Aufmerksamkeit einzig und allein auf die Bilder, von denen er sich einen letzten Beweis für seine Theorie und eine neuerliche Bestätigung seiner Hoffnung erwartete, auf der richtigen Fährte zu sein.
Er brachte Stativ, Photoapparat und Photoplatten in Stellung und begann, die festlich gekleideten Figuren zu photographieren, die, ohne daß ein Mißverständnis möglich war, in Helmen und Raumanzügen steckten. Die Erregung, die Jordan angesichts jener Zeichnungen empfand, war überwältigend. Wie war es möglich, daß jene prähistorischen Gestalten für Raumflüge ausgestattet waren, wo die Zeichnungen doch vor mindestens zehn- bis zwölftausend Jahren angefertigt worden waren, während der Mensch des zwanzigsten Jahrhunderts erst vor wenigen Jahren begonnen hatte zu fliegen und die Erforschung des Alls immer noch lediglich ein eindrucksvolles Motiv der phantastischen Romane Salgaris, Vernes und amerikanischer Bilderserien war?
Dies war die Frage, die sich Desmond Jordan immer wieder stellte, um sich selbst zu überzeugen und sich so zu beruhigen, daß seine Theorie alles andere war als die Hypothese eines beeinflußbaren und schwärmerischen Verrückten; und so stand er verzückt vor den Bildern jener Besucher ferner Zeiten, die aus einem außerirdischen Raum gekommen waren. Denn was sollten sie sonst sein, wenn nicht Außerirdische? Es waren genau jene Zeichnungen, die ein kleines Häuflein von Wissenschaftlern und Forschern, die wagemutigsten und am wenigsten angepaßten, dazu bewogen hatte, offen die These einer weit zurückliegenden Anwesenheit von Außerirdischen zu vertreten, welche wiederum der Großteil der akademischen Autoritäten voller Dünkel ablehnte und mit offener Ironie als reines Phantasieprodukt betrachtete.
Mittlerweile begann sich in Jordan noch eine weitere Überzeugung herauszubilden: Das Vorhandensein jener Abbildungen von Figu-

* Die Felsbildkunst der Sahara wird von einigen Wissenschaftlern in fünf Kategorien eingeteilt: die der Bubalus-Gravierungen, die der »Rundköpfe«, die der Rinderhirten, die des Pferdes und die des Kamels; man setzt ihren Beginn gegen 20000 v. Chr. an und läßt sie mit der Zeit der Römer enden.

ren, die gleichermaßen mit Helmen und Raumfahreranzügen ausgestattet waren, konnte wegen seiner Intensität, seiner Konzentriertheit und seiner Vollständigkeit bedeuten, daß gerade in jener nunmehr wüstenhaft verlassenen Gegend die Ansiedlung, der Besuch oder auch nur die Durchreise der Außerirdischen einschneidender und dauerhafter gewesen war und, als Konsequenz, zu einer größeren Anzahl von Abbildungen ebenso wie zu deren ausgeprägter Einheitlichkeit und Durchgängigkeit in den Details geführt hatte.

Nachdem er in nur wenigen Tagen die doch bemerkenswerte Anzahl von mitgebrachten Photoplatten aufgebraucht hatte, wandten sich der amerikanische Archäologe und der *targui*-Führer der Oase von Fort Chalet* zu, um sich mit Nahrungsmitteln und Wasser einzudecken und anschließend den Rückweg nach Algier anzutreten.

Es geschah einige Tage später; als die ockerfarbenen Dünen begonnen hatten, eine dunklere braune Farbe anzunehmen und nur noch die *hamada*** von den letzten schrägen Strahlen der untergehenden Sonne gestreift wurden, hatte der *targui*-Führer sein *mehari* angehalten und begonnen, das Lager aufzuschlagen, bevor die Dunkelheit ganz hereinbrechen würde. Mit ein wenig trockenem Gestrüpp hatte er Feuer gemacht und damit den ersten Schritt zu der Zeremonie unternommen, die sich stets abspielte, wenn sie ihren Minztee tranken, und die Jordan mittlerweile auswendig kannte. Jedesmal beobachtete Jordan, wobei er vorgab, woandershin zu schauen, den *targui* im Moment des Trinkens, um zu sehen, ob er wenigstens bei dieser Gelegenheit den schwarzen *litham**** abnehmen würde, der sein Gesicht Tag und Nacht verhüllte; doch der stolze Nomade hatte sich eine Methode des Teeschlürfens zu eigen gemacht, die schon seit Jahrhunderten erprobt war, weshalb sich Jordan auch diesmal geschlagen geben mußte: Tatsächlich hatte er auch nach zwei Monaten noch nie das Gesicht seines Führers gesehen!

Der *targui* hatte sich hingelegt und in seine schwere Decke gehüllt, während Jordan noch dasaß, um die Sterne zu betrachten, die in jener Gegend größer, leuchtender und klarer erschienen als in

* Siehe Anm. S. 23.

** Hochebene verschiedenen Ursprungs (aus Kalkstein, Sand oder Lavamasse), die bar jeglicher Vegetation ist.

*** Schleier, der, von einer Filzhaube herabfallend, das Gesicht bedeckt und nur einen Schlitz für die Augen freiläßt.

irgendeinem anderen Teil der Welt, als plötzlich, in geringer Entfernung, ein verzweifelter Schrei von den Dünen widerhallte.
Jordan sprang auf, während dieselbe Stimme einen unverständlichen Ruf, gewiß eine Bitte um Hilfe, hervorbrachte. Zur Laterne greifend, stürzte er los, dicht hinter ihm folgte der *targui*, der ein Gewehr in der Hand hielt. Geleitet von den Schreien, hatte Jordan schnell die Stelle erreicht, an der eine menschliche Gestalt am Boden lag und sich schwach gegen eine Gruppe von kleinen Tieren verteidigte.
Aufgestört und verängstigt von dem Lichtkegel der Laterne, hielten die Tiere inne, und Jordan begriff, noch bevor er diejenigen von ihnen erblickt hatte, auf die das Licht fiel, daß es sich um ein kleines Rudel *fennec** handelte, was er an den phosphoreszierend leuchtenden Augen der Tiere erkannte, die im Dunkel geblieben waren. Der *targui* griff rasch nach seinem *takouba***, da er die Benutzung des Gewehrs für überflüssig hielt, und stürzte sich, Hiebe austeilend, auf die *fennec*, wobei er kurze und schrille Schreie ausstieß: Nachdem diese einen der ihren hatten tot umfallen sehen, machten sie sich rasch in alle Himmelsrichtungen davon.
Jordan beugte sich zu dem Mann hinab, der unbewegt auf dem Rücken am Boden lag; das Licht, das auf seinen Körper fiel, ließ kleine rötliche Flecken darauf erkennen, Bisse der *fennec*, doch gewiß waren nicht jene kleinen Verletzungen Ursache seiner großen Erschöpfung: der Mann mußte schon im Sterben gelegen haben, als ihn die Wüstenfüchse angegriffen hatten.
Die Haut seines Gesichts war sehr dunkel, er hatte einen gänzlich weißen, sehr langen Bart, schwarze Augen, die fast wie im Delirium glühten, und einen Körper von erschütternder Magerkeit. Auf dem Kopf trug er einen Turban, der reichlich abgewetzt war, ebenso wie auch seine übrige ärmliche Bekleidung; er mußte mindestens sechzig Jahre alt sein.
»Bringen wir ihn sofort ins Lager«, sagte Jordan, dem auf der Stelle klargeworden war, in welch schlimmem Zustand sich der Alte befand.

* Auch Wüstenfuchs genannt; ein Fleischfresser, der vierzig Zentimeter lang wird, plus einem Schwanz von dreißig Zentimetern; er hat ein sehr helles Fell, das sich in der Farbe der des Sandes anpaßt, ferner charakteristische große Ohren, die ungefähr fünfzehn Zentimeter lang sind, und phosphoreszierende Augen; eher ein Nachttier, bewegt er sich mit großer Leichtigkeit und Schnelligkeit.
** Das Schwert der *tuaregh*.

Halb in Arabisch, halb in mühseligem Französisch wandte der *targui* ein, daß es unsinnig sei, jenem Mann Hilfe zu leisten, der sowieso in Kürze sterben würde; so laute das Gesetz der Wüste. Jordan bestand jedoch darauf, und so transportierten sie ihn, indem sie den weiten *kaik** des Alten als Bahre benutzten, zu ihrem Lager, wo sie ihn neben dem Feuer niederlegten, das sie rasch wieder in Gang brachten. Jordan nahm die Feldflasche, führte sie an die Lippen des Verletzten und ließ ihn langsam daraus trinken.

»Seid Ihr Engländer?« fragte der Alte mit erstickter, doch noch immer wohltönender Stimme.

»Nein, ich bin Amerikaner ... Ihr versteht ja meine Sprache!« rief Jordan verwundert aus, überrascht darüber, jenen Alten von so armseligem Äußeren Englisch sprechen zu hören.

»Ja, ich bin ein *marabutto*** und habe Gelegenheit gehabt, viele Engländer kennenzulernen.«

»Wie kommt es, daß Ihr ganz allein hier seid?«

»Ich reiste mit einer Karawane; dann, gestern morgen, verspürte ich plötzlich ein großes Unwohlsein ... Ich bin zurückgeblieben und muß wohl aus dem Sattel gefallen sein, ohne daß meine Begleiter es bemerkten.«

»Und sind sie nicht zurückgekehrt, um Euch zu helfen?«

»Ich hätte genausogut schon vor zwei oder drei Stunden gefallen sein können, und man kann in der Sahara nicht zurückkehren, jede Minute ist kostbar: das ist das Gesetz der Wüste ...«

»Nun werde ich mich Eurer annehmen, und wir werden Euch bis nach El Oued bringen, wo es gute Ärzte gibt; Ihr werdet wieder gesund werden ...«

Während Jordan sprach, machte er Anstalten, aufzustehen, um Verbandszeug zu holen, wurde aber in halber Höhe daran gehindert, weil der Alte ihn mit unglaublicher Kraft am Handgelenk gepackt hatte und festhielt.

»Zu welchem Zweck seid Ihr in die Sahara gekommen?« fragte er ihn und sah ihm dabei mit wie besessenen Augen, die ihm schier aus den Höhlen traten, ins Gesicht.

* Umhang.

** Asket, der einer Sekte angehört, die es sich zum Ziel gemacht hat, die Lehren Mohammeds zu verbreiten. Dabei handelt es sich um die treuesten Anhänger des Islams; sie leben in Tempeln mit zwei oder drei Kuppeln. Auch wenn sie sich verheiraten, leben sie zum größten Teil in völliger Abgeschiedenheit, wobei sie ihre Zeit mit Fasten und dem Studium des Korans zubringen.

»Strengt Euch nicht zu sehr an, wir sprechen später darüber ...«
»Nein, jetzt gleich, ich habe nur noch wenig Zeit, das weiß ich. Antwortet mir jetzt, ich bitte Euch. Warum seid Ihr hier?«
Desmond Jordan gehorchte ihm instinktiv und erzählte ihm von dem Zweck seiner jahrelangen Forschungen, von der Begegnung mit dem chinesischen Alten, dem Grund seiner Reise ins Tassili-Gebirge und dem, was er dort vorgefunden hatte. Der *marabutto* hörte ihm zu, ohne ihn zu unterbrechen, wobei der Ausdruck in seinen Augen immer sanfter wurde.
»Ihr seid der Wahrheit sehr nahe ...« behauptete der alte Asket, deutlich mühsamer, mit matter Stimme, » ... Ihr müßt noch eine Reise unternehmen ... in die Hauptstadt der gesamten Christenheit ...«
»Also wißt Ihr, was ich suchen muß! Was auch immer es sein mag, ich flehe Euch an, sagt es mir!« bat ihn Jordan voller Inbrunst, indem er sich erneut über ihn beugte und, ohne es zu wollen, den Zustand des Ärmsten völlig vergaß, so sehr waren wieder das alte Feuer und die Wißbegier in ihm entfacht worden bei jener Enthüllung, die sich ihm auf so unvorhergesehene und unvorhersehbare Weise geboten hatte.
»In den geheimen Archiven ... des Stellvertreters Christi ... sucht ein Buch, auf dem ... eine Hand gedruckt ist, seht Ihr, so ...« – und mit Mühe hob der *marabutto* Jordan die rechte Hand mit offener Handfläche entgegen – » ... aber um dort eingelassen zu werden, braucht Ihr einen geheimen Schlüssel ... den nur die höchsten Priester aller großen Religionen kennen ...«
»Was ist das für ein Schlüssel? Wie kann ich ihn finden?« drängte ihn Jordan, besorgt angesichts des Todeskampfes, der sich vor seinen Augen abspielte, denn der Asket röchelte nur noch und lag im Sterben.
» ... der Schlüssel ... ist ein Stück Stoff ... das Ihr in meiner Tasche finden werdet ... nur mit seiner Hilfe werdet Ihr Zutritt haben ... aber laßt es den *targui* nicht sehen ...«
Der *targui*, der dem ganzen dramatischen Dialog gefolgt war, ohne etwas davon zu verstehen, hatte nur an dem plötzlich so seltsamen Verhalten Jordans und seiner nicht weniger überraschenden hitzigen Erregung gespürt, daß etwas ganz Besonderes im Gange war.
»Danke ...« murmelte Jordan, dessen blaue Augen sich aufgrund seiner großen Bewegtheit und der überwältigenden Dankbarkeit, die er für jenen Unbekannten empfand, mit Tränen füllten. »Danke, daß Ihr Vertrauen in mich hattet ...«

»Allah ist groß ... er hat nicht zugelassen, daß ich sterbe ... ohne vorher noch einen gerechten und barmherzigen Mann getroffen zu haben, ... dem ich guten Gewissens ... das große Geheimnis anvertrauen kann ...«
Der *marabutto* stieß einen Seufzer aus, als hätte er sich von einer gewaltigen Last befreit; sein Gesicht nahm einen Ausdruck großer Erleichterung an, und er starb.
Jordan starrte einige Momente lang, gebannt vom Mysterium des Todes, jene erloschenen Augen an; dann befahl er dem *targui*, mit dem Ausheben eines Grabes zu beginnen. Der Führer entfernte sich einige Meter weit, und Jordan schob rasch, indem er vorgab, den Körper des Toten herzurichten, die Hand in die Tasche des Kaftans; seine Finger schlossen sich um einen Stoffetzen.
Voll brennender Begierde, zu erfahren, ob er das richtige Stück Stoff gefunden hatte, und obwohl er wußte, wie groß die Gefahr war, daß der *targui* etwas bemerkte, rutschte er auf den Knien um den Leichnam des *marabutto* herum, um seinen eigenen Körper zwischen das Feuer und den Führer zu bringen, der jedoch mit Graben beschäftigt war, und entrollte den Stoffetzen, wobei er ihn so niedrig wie möglich hielt. In der Mitte des Streifens war ohne Schwierigkeiten, wenn auch schwach, die Zeichnung einer offenen Hand zu erkennen, die sich gegen das Licht der Flammen abzeichnete.
Und in jenem Moment geschah es, daß das Herz Jordans, wie wir bereits vorweggenommen haben, stillzustehen schien, so groß war seine Überraschung darüber, »jene« Hand auf einem so gewöhnlichen, zerfetzten Stück Stoff gezeichnet zu sehen.
Genau dieses Stück Stoff ist es auch, das er an diesem klaren Morgen des 31. März 1925 noch immer zwischen den Fingern hält und betrachtet, während er die Streifen aus Licht und Schatten durchquert, die sich zwischen den Säulen des Bernini abwechseln; mittlerweile trennen ihn nur noch wenige Schritte von einem großen Bronzetor. Ohne zu zögern, greift er zu dem schweren, ringförmigen Türklopfer und pocht in rhythmischen Abständen, gemäß einem vereinbarten Zeichen, an den genagelten Türflügel.
Kurz darauf öffnet sich ein Guckloch, das gerade groß genug ist, daß zwei gestrenge, prüfende Augen das Antlitz des Besuchers eingehend mustern können. Jordan hält das Stück Stoff in Höhe dieser Augen, so daß auch für sie die durchscheinende Hand gut sichtbar ist, die darauf eingeprägt ist.

Mit einem leisen Quietschen öffnet sich das Tor, und ein korpulenter Mann mittlerer Statur, gekleidet in die schwarze Kluft der Angestellten der Vatikanischen Museen, tritt hinter den Pfosten zurück, um den amerikanischen Archäologen vorbeizulassen.
»Seine Heiligkeit, Papst Pius XI., hat uns Ihren Besuch angekündigt. Bitte treten Sie ein«, fordert ihn der Wächter mit respektvollem Ton auf; dann fügt er, auf einen Jüngling zeigend, der neben ihm steht, hinzu: »Giuseppe wird Sie führen.«
Jordan überschreitet die Schwelle, deutet dem Wächter gegenüber ein leichtes Neigen des Kopfes und ein flüchtiges Lächeln an, dann tritt er, ohne auf die Erregung zu achten, die ihm bei den ersten Schritten die Knie zittern läßt, in den hellen und sehr langen Korridor, um dem jungen Wächter zu folgen, der ihn in seine Obhut genommen hat. Es ist genau sechs Uhr.

III

Das verbotene Zimmer

Der gleichmäßige Takt ihrer Schritte hallt in der Stille wider, die zu dieser morgendlichen Stunde noch ungestört ist; während sie unter den mit prachtvollen Fresken bemalten Gewölben hindurchgehen, haben Jordans Augen bereits das Ziel ihres Weges entdeckt. Dort, vor einer Tür ganz am Ende des Korridors, direkt gegenüber einer riesigen Glaswand, stehen zwei Wächter in derart starrer Haltung, daß es schwerfällt, etwas Menschliches an ihnen zu entdecken; was so leicht zu erraten gewesen war, bestätigt sich kurz darauf, als sein Führer vor ihnen anhält.

»Das ist der amerikanische Archäologe, der von Seiner Heiligkeit eine Genehmigung erhalten hat. Er hat Zutritt und darf die geheimen Dokumente einsehen«, sagt der Jüngling schlicht zu seinen Kollegen.

Die beiden Männer setzen sich fast im Einklang miteinander in Bewegung; jeder von ihnen zieht aus der eigenen Tasche einen Schlüssel, den sie beide in verschiedene Schlösser stecken; mit einem harten Klicken lösen sich die Verbindungsriegel der Türflügel, an denen ein Messingschild mit der Aufschrift »Zutritt verboten« hängt.

Jordan geht den beiden Wächtern voraus, die, nachdem sie selbst eingetreten sind, die Tür wieder abschließen und dann zu einem staubigen großen Koffer gehen, den sie auf einen Tisch legen. Während einer von ihnen das breit versiegelte Band aufschneidet, das sich um den ganzen Koffer windet, öffnet der andere das schwere Vorgängeschloß und zieht es aus der Öse.

Nun kann Jordan den Deckel anheben und die darin enthaltenen Gegenstände berühren und betrachten, ein Privileg, in dessen Genuß vor ihm nur wenige Menschen auf der Welt gekommen sind. Während seine Hände behutsam über diese Zeugnisse der Kunst und der Geschichte von Hunderten von menschlichen Generationen streichen, ist seine erste Reaktion Rührung; dann siegt der Wissensdrang in ihm über seine starke Gemütsregung, und er beginnt, einen nach dem anderen dieser unschätzbaren Funde herauszunehmen und sie ohne einen Moment der Pause zu betrachten.

Große und kleine Gegenstände ziehen vor seinen Augen vorbei, allesamt mit der Hand verfertigt, die einen auf feinste, die anderen auf höchst rohe Weise, doch alle tragen sie dasselbe Symbol: eine offene Hand, gleich der auf dem Stoffetzen, den er in der Tasche hat. Schließlich liegt nur noch eine Kassette aus Eisen auf dem Grund des Koffers; er öffnet sie und zieht ein großes Buch mit einem schweren Deckel aus Leder hervor. Schon nach einem ersten flüchtigen Betrachten kommt Jordan zu dem Schluß, daß es sich um eine jener Handschriften aus dem hohen Mittelalter handelt, die im Kloster von geduldigen Kopisten, geschickten Kalligraphen und Miniaturenmalern erstellt wurden, welche in den stillen *scriptorie** ihr ganzes Leben damit verbrachten, Handschriften und andere Zeugnisse vergangener Epochen zu entziffern und zu kopieren.
Auf dem Deckel sind, reliefartig hervortretend, die Worte des Titels, *Clavicula Salomonis***, zu erkennen. Als er sich umschaut, entdeckt Jordan ein Lesepult, das er näher an das Fenster rückt, um die schwere Handschrift daraufzulegen. Die beiden Wächter sind nahe der Tür zurückgeblieben und verfolgen schweigend und mit ausdruckslosen Mienen jede Bewegung des amerikanischen Archäologen, dem leidenschaftliche Wißbegier ins Gesicht geschrieben steht. Wenn man von den Lücken der beiden Türen und des Fensters absieht, sind die Wände vollständig mit Bücherregalen aus massivem Holz bedeckt, auf deren Brettern, dicht an dicht gedrängt, alte Handschriften stehen.
Jordan beginnt langsam Seite um Seite des großen Bandes umzublättern, bis plötzlich über einer von ihnen seine Hand stockt. In seine Augen tritt ein freudiges Leuchten; riesig groß ist auf dieser Seite die Zeichnung einer offenen Hand zu erkennen, die jedoch von einem kreisförmigen Kranz umgeben ist, in dessen Innerem unbekannte Zeichen, zweifellos Buchstaben eines alten Alphabets, eingetragen sind.

* Räume innerhalb von Klöstern oder Abteien, in denen man sich ausschließlich dem Kopieren von alten Texten widmete.

** »Der Schlüssel Salomons«; das Originalmanuskript in hebräischer Sprache ist verlorengegangen. Bezug darauf nimmt der Historiker Josephus Flavius (1. Jahrhundert vor Christus) in seinen geschichtlichen Abhandlungen. Die verläßlichste Abschrift, in griechischer Sprache, befindet sich in London. Die Inquisition von 1559 verbot es als Quelle geistiger Gefahr. In Paris und Rom existieren mehrere mittelalterliche Versionen davon, die zumeist in Lateinisch abgefaßt sind.

»›Weisheit und Wissen von allen Dingen‹«, liest Desmond Jordan langsam und aus dem Stegreif übersetzend vor, wobei der Klang seiner Stimme in der Stille, die ihn umgibt, feierlich widerhallt, »›jedes Ding der Schöpfung wird dir gehorchen.‹«
Nun ist es sicher: Dieses Buch, das er endlich sehen und berühren darf, ist ohne jeden Zweifel dasjenige, von dem der alte chinesische Weise vor fünf Jahren gesprochen hat! Er blättert um und findet auf der nächsten Seite eine längere Inschrift vor. Jordan braucht ein wenig Zeit, um sie zu entziffern; dann, als er sich sicherer fühlt, beginnt er zu lesen, um dem Ganzen einen Sinn zuzuordnen.
»›Der Mensch ist nicht der erste und nicht der letzte Herr der Erde ... die Alten waren es, die Alten sind es, die Alten werden es sein. Heute halten sie sich nicht in den Räumen auf, die wir kennen, sondern in Zwischenräumen. Unbemerkt und ohne Dimension, bleiben diese als Reste zwischen den Räumen übrig, an einsamen Orten, an denen schon alle Worte gesagt, gehört und verstanden worden sind.‹«
Seite für Seite blättert er den ganzen Band durch bis zum Schluß, ohne jedoch auf weitere Spuren oder Erwähnungen zu stoßen, die sich auf das Geheimnis der offenen Hand beziehen. Also kehrt er zu der längeren Inschrift zurück und liest sie mehrere Male laut durch, ohne sich darum zu kümmern, daß diese Worte auch von den beiden Wächtern gehört werden, so sehr ist er davon überzeugt, daß sie für sie sowieso unverständlich bleiben werden. Schon bald ist er sicher, sich jene seltsame, doch für ihn nicht mehr rätselhafte Botschaft für immer ins Gedächtnis eingeprägt zu haben.
Ja, die Klarheit ihrer Bedeutung, die wieder einmal den bereits errungenen Ergebnissen entspricht und die in seinen Augen mit der Zeit immer mehr an Überzeugungskraft gewonnen hat, bestätigt an diesem Punkt den Eindruck, daß immer mehr Wirklichkeit und immer weniger Phantasie seine Theorie bestimmt und daß er, nach diesem letzten Beweis, nicht mehr einfach von Intuition sprechen kann, sondern von einer begründeten Gewißheit; und doch ruft dieses neue, überaus angenehme Bewußtsein in ihm auch eine tiefe Unruhe hervor, denn nun hat er zwar für sich selbst die Wahrheit entdeckt, aber der Beweis anderen gegenüber steht noch aus.
Als er das Buch wieder schließt und sich umdreht, verrät sein Gesicht so viel von der großen Erregung, die ihn ergriffen hat, daß auch die beiden unbewegten Wächter davon beeindruckt sind; er gibt ihnen zu verstehen, daß er mit dem Inhalt des Koffers fertig ist.

Die beiden Männer treten auf ihn zu und legen das Buch und die anderen Gegenstände wieder in den Koffer zurück. Dann, nachdem sie den Deckel zugeklappt und das Vorhängeschloß haben einrasten lassen, schlingen sie mit erfahrenen und raschen Bewegungen eine neue, dicke Schnur um den Koffer und lassen auf den Knoten zuerst einige Tropfen Siegelwachs fallen, das sie an der Flamme einer Kerze erwärmt haben, und versehen es schließlich mit dem Siegel der Vatikanstadt.
Als all dies erledigt ist, klopft einer der Wächter an die zweite Tür des Raumes, die neben dem Fenster liegt und nach innen führt. Der Flügel öffnet sich, und im Türrahmen erscheint ein großer und magerer Mann mit ausgehöhltem Gesicht und grimmigen Augen; er trägt den strengen Anzug eines Zeremonienmeisters, dessen tiefes Schwarz in deutlichem Kontrast zu seinen dichten, schneeweißen Haaren steht.
»Nur für ein paar Minuten«, sagt er in barschem Ton, wobei er Jordan bedächtig mustert.
Jordan steigt hinter ihm eine kurze und schmale Treppe aus rutschigem Stein empor, an deren Ende sie ein weitläufiger Dachboden erwartet, der von zwei am Dach befestigten Oberlichtern nur schwach erleuchtet ist.
Der Zeremonienmeister bleibt auf der Schwelle stehen, offensichtlich in der Absicht, den amerikanischen Archäologen genauestens zu überwachen. Währenddessen nähert sich Jordan dem einzigen Möbelstück auf dem Dachboden, einem geräumigen, hochbeinigen Schaukasten, auf dem archäologische Fundstücke verschiedener Größe und Machart ausgestellt sind. Er geht langsam daran entlang und bleibt vor den einzelnen Objekten stehen, um sie zu betrachten. Sein Interesse steigt, als er das Fragment eines Reliefs erblickt, auf dem der obere Teil einer menschlichen Gestalt mit helmbedecktem Kopf eingeritzt ist; das Ganze ähnelt in der Art der Darstellung sehr einigen Felszeichnungen, die ihn sechs Monate zuvor im Tassili n'Ajjer so begeistert haben.
Während er seinen Rundgang um den Schaukasten fortsetzt, kommt er an einer Art Modell vorbei, dessen Form an ein Gebirgsrelief erinnert, und tatsächlich entdeckt er auf einem kaum lesbaren Schild die Inschrift *Der Sprechende Berg;* er will schon weitergehen, als er mit einer ruckartigen Bewegung stehenbleibt, die auch dem Zeremonienmeister nicht entgeht.
Jordan bückt sich, als wollte er mit den Augen den Halbschatten

durchdringen, der das Modell umgibt, und während eine gewaltige Erregung heiß in ihm aufsteigt, fallen ihm wieder die letzten Worte ein, die ihm der alte Weise gesagt hat, bevor er in der Dunkelheit verschwand: »Ich sehe einen Berg, einen nackten, einzelnen Berg ...«

Das ist er, der Berg, dessen ist er sich sicher, und alles paßt zusammen, auch das letzte Glied der Kette ist gefunden! Nun braucht er nur noch nach einem Berg zu suchen, der diesem Modell entspricht, und die Lösung des Rätsels wird endlich in greifbarer Nähe sein. Aber wo wird sich in Wirklichkeit dieses Massiv befinden? Jordan starrt das Modell an, wie er noch nie in seinem Leben etwas angestarrt hat, offensichtlich in der Absicht, sich alle Details, alle Konturen einzuprägen. Anscheinend fürchtet er jedoch, sein Gedächtnis könnte ihn im Stich lassen und die Erinnerung im Verlauf der Zeit schwächer oder undeutlich werden; deshalb nähert er sich dem Zeremonienmeister.

»Ich bitte Sie«, beginnt er in ausgesucht höflichem und gewinnendem Ton, »gestatten Sie mir, es zu photographieren.«

Der Mann reißt in einem Ausdruck der Entrüstung und der Überraschung die Augen auf, dann schüttelt er kurz und mit einem strengen Stirnrunzeln den Kopf, ohne ein Wort zu sagen.

»So erlauben Sie mir wenigstens, eine Zeichnung davon anzufertigen, eine Skizze«, beharrt Jordan, immer noch flehentlich, denn nur so kann er hoffen, den Widerstand des mürrischen Mannes zu brechen.

Der Zeremonienmeister ist den Pflichten seines Amtes und seines Auftrages jedoch so treu ergeben, daß er keinem wie auch immer gearteten Druck oder einem Schmeicheln nachgibt.

»Nein, das ist nicht möglich«, erwidert er, nun deutlich gereizt. »Sie sind sowieso schon an einen Ort gelassen worden, zu dem noch nie jemand Zutritt hatte.«

»Aber ich habe so viele Jahre darauf gewartet, daß sich mir diese Möglichkeit böte!« drängt Jordan, der eigentlich einen mitleiderweckenden Ton anschlagen wollte, nun aber ein Beben der Anspannung in seiner Stimme nicht mehr unterdrücken kann.

»Nein, es tut mir leid«, schließt der unnachgiebige Zeremonienmeister in ärgerlichem Ton. »Nun müssen Sie gehen und diesen Ort vergessen.«

Enttäuschung und Bestürzung erscheinen so deutlich auf dem Gesicht Jordans, daß sogar der schroffe Wächter davon berührt ist

und es nicht übers Herz bringt, den amerikanischen Archäologen zurückzurufen, als dieser, wie ein Schlafwandler, erneut auf das Modell zugeht, um einen letzten Blick darauf zu werfen.
Jordan geht um die Nachbildung herum, um sich auch nicht den kleinsten möglichen Hinweis entgehen zu lassen, und als er bei dem hinteren Teil angelangt ist, um ihn noch einmal zu betrachten, entdeckt er auf dem abgeflachten Rand eingeritzt die schon bekannte offene Hand und darunter eine kurze, halbkreisförmige Inschrift. Er kneift die Augen zusammen, um die Zeichen erkennen und entziffern zu können. Ohne daß ihm dies bewußt wird, ist er sehr aufgeregt; er spürt, wie sich die Schritte des Zeremonienmeisters nähern, und versucht voller Verzweiflung, bei der Entzifferung schneller voranzukommen.
» ... in ... der ... Mitte«, murmelt Jordan, wobei er die Buchstaben dessen, was er übersetzt, einzeln betont.
»Nun müssen Sie aber wirklich gehen, auf der Stelle!« sagt der Wächter in befehlendem Ton zu ihm und klopft ihm dabei zweimal kurz auf die Schultern. »Oder ich muß Sie mit Gewalt hinausbringen!«
» ... der ... Leere!« flüstert Jordan noch; dann richtet er sich wieder auf und wendet sich mit einem freundlichen Lächeln auf dem Gesicht dem Zeremonienmeister zu: Es ist ihm noch rechtzeitig gelungen, die ganze Inschrift zu lesen. »Also gut, ich folge Ihnen und bitte Sie um Verzeihung.«
Als sie wieder unten angekommen sind, wird Jordan erneut von den beiden Wächtern in ihre Obhut genommen; diese schließen, nachdem sie den Raum zusammen mit ihm verlassen haben, die Tür jeweils mit ihrem Schlüssel wieder ab, um dann in entgegengesetzten Richtungen davonzugehen.
Einige Schritte entfernt erwartet ihn Giuseppe, der junge Wächter, der ihm zum Ausgang vorausgeht. Nun hat er Zeit, sich in Ruhe den Satz durch den Kopf gehen zu lassen, den er gerade eben gelesen hat: »Der Sprechende Berg ... in der Mitte der Leere!« Was soll das wohl heißen? Es ist ein Satz mit absurdem Inhalt. Was kann wohl mit »die Leere« gemeint sein? Ein großes Meer ... ein Berg, der von Wasser umgeben ist! Oder eine Wüste ... die Wüste!
Plötzlich werden seine Schritte rascher vor Erregung, und nun ist es Giuseppe, der schneller gehen muß, um mit ihm mitzuhalten. Als er das eindrucksvolle Gebäude verlassen hat, kehrt er fast im Laufschritt zu seinem Auto zurück. Nach mühevollem Nachfragen und

langem Umherirren in der Stadt hält er schließlich vor der französischen Botschaft, wo er, trotz der frühmorgendlichen Stunde, einen emsigen Angestellten antrifft, den er um eine topographische Karte der Sahara bittet.
»Hier, bitte, das ist die vollständigste, die wir haben«, kommentiert der junge Franzose mit einem herzlichen Lächeln. »Somit wollen auch Sie dorthin fahren ... in die ›Leere‹!«
Jordan schaut ihn wie versteinert an. Ihm fallen schier die Augen aus dem Kopf.
»Was haben Sie gesagt?« fragt er fast aggressiv und geht mit finsterer Miene ein paar Schritte auf ihn zu.
»Aber ... nichts ... gar nichts, ich wollte nur eine witzige Bemerkung machen ... ich verstehe nicht ... Sie haben mich mißverstanden ...« verteidigt sich ängstlich der junge Franzose, der glaubt, aufgrund des Sprachunterschiedes habe der amerikanische Professor ein gewöhnliches Wort als Beleidigung aufgefaßt.
»Das letzte Wort, das Sie gesagt haben: Wiederholen Sie es!«
»›Die Leere‹ ... Sàh'ra heißt auf Arabisch ›die Leere‹ ...«
Der Ausdruck der Anspannung in Jordans Gesicht löst sich in einem breiten, glücklichen Lächeln auf; ganz unvermittelt umarmt er den jungen Franzosen, der sich zwar nun etwas weniger fürchtet, aber um so verwirrter und verlegener ist angesichts des Stimmungswechsels des Amerikaners.
»Ich danke Ihnen, Sie wissen nicht, welchen Dienst Sie mir erwiesen haben. Ich werde Ihnen Kognak und Champagner schicken, damit Sie auf meinen Erfolg anstoßen können!«
Darauf dreht sich Jordan um und geht mit großen Schritten davon; die Karte der Sahara nimmt er mit.
»Ich wußte schon immer, daß die Amerikaner ein bißchen verrückt sind, aber der da stellt sie gewiß alle in den Schatten!« bemerkt der noch immer verwunderte Angestellte, der nichts von den Gründen für die Reaktion Jordans ahnt, während er ihm vom Fenster aus nachsieht, bis er in seinen Ansaldo 4 C steigt.

Der Flug ist weich und leicht, die Übergänge elegant, fließend, fast wie in Zeitlupe; dann plötzlich stößt er in einem waghalsigen Sturzflug herab, wobei seine Flügel die Luft mit einem scharfen Zischen durchschneiden. Er fliegt direkt auf einen kleinen, schwarzen, viereckigen Punkt zu: ein Fenster im ersten Stock einer schönen Villa am Anfang der Via Aurelia. Nur wenige Sekunden später landet der Falke auf dem Sims dieses Fensters und versucht mit einem kehligen, schrillen Laut die Aufmerksamkeit eines Mannes auf sich zu lenken, der vor einer Leinwand sitzt und das Bild einer geographischen Zone studiert, welches von einem Bildprojektor vergrößert wird.

Desmond Jordan wendet den Kopf dem Falken zu und streckt den rechten Arm aus, an dessen Handgelenk er einen Lederschutz trägt.

»Hierher, Ares!« fordert er ihn mit einem Lächeln auf.

Der Raubvogel, ein prachtvolles Exemplar seiner Rasse, der Wanderfalken*, springt mit einem einzigen Flügelschlag Jordan auf das Handgelenk, der ihn sanft und liebevoll streichelt.

Dann wendet sich der amerikanische Archäologe wieder dem Studium der Karte zu. Hier, in diesem Raum, hat sich Jordan sein Studierzimmer eingerichtet, in dem er sich den genauen Verlauf der Reise zurechtlegen will, bevor er in die Sahara zurückkehrt. Die Wände sind mit geographischen Karten behängt, von denen eine riesengroße in verschiedenen Farben und mit allen Wegen allein die Sahara abbildet; ein roter Kreis kennzeichnet die Stadt Timbuktu. Dann sind da noch Photographien von Zeichen und Zeichnungen aus den vorangegangenen Expeditionen, vor allem von den Felsmalereien des Tassili n'Ajjer. Auch der Schreibtisch, die Stühle und die Regale sind über und über mit ausgebreiteten und aufgerollten Karten bedeckt.

»Geh, Ares, ich muß die Karten in Ordnung bringen. In einer Stunde reise ich ab.«

Der Falke gehorcht auf der Stelle und fliegt zu einem Ständer hinüber, wo er die furchterregenden Krallen um eine robuste Stange schließt. Jordan beginnt einige der Karten und der Photographien, die sich auf dem Schreibtisch angesammelt haben, in eine große Tasche zu stecken; dann bringt er in einer anderen Tasche den Kompaß und die Photoausrüstung unter.

Nun kontrolliert er, ob er alles Nötige eingepackt hat, und ist mit dieser Tätigkeit so beschäftigt, daß er nicht bemerkt, wie ein junger Mann ins Zimmer tritt, sich verstohlen darin umsieht und dann auf ihn zukommt. Ungefähr zwanzig Jahre alt, sehr groß, hager, von

* Auch einfach Falke genannt; ein äußerst schneller und unermüdlicher Raubvogel, der sich von Vögeln und Reptilien ernährt und in Europa, Asien und Afrika weit verbreitet ist; man erkennt ihn an den langen und spitz zulaufenden Flügeln sowie an der dunkelgrauen Färbung des Rückens und der weißlichen Brust.

sehr weißer Hautfarbe, mit einem gleichmäßig geschnittenen Gesicht, blonden Haaren und hellen Augen, die milde, aber auch eine Spur waghalsig dreinblicken, ist er ein typischer, unkomplizierter nordamerikanischer Junge. Kaum ist er eingetreten, macht der Falke einen kurzen Satz und läßt sich auf seinem Handgelenk nieder.

»Somit hast du dich also entschlossen, heute abzureisen, Papa.«

»Ja, Philip.«

»Dieses Mal werde ich mitkommen«, verkündet der junge Sohn von Jordan in entschlossenem Ton, der keine Widerrede zu dulden scheint; doch in Wirklichkeit ist seine vermeintliche Sicherheit nicht mehr als eine Hoffnung.

»Nein«, erwidert Jordan, mit ebenso festem, doch auch beschwichtigendem Ton, denn er möchte den Stolz seines Sohnes nicht verletzen.

»Ich werde mit dir kommen«, bekräftigt Philip mit Entschiedenheit.

»Ein anderes Mal, Philip. Erst die Prüfungen.«

Seine Furcht, sich nicht durchsetzen zu können, war also berechtigt. Der junge Mann läßt den Kopf hängen und blickt traurig vor sich hin. Dann geht er auf den Vater zu: Er hat beschlossen, eine andere Taktik einzuschlagen.

»Aber gibt es ihn wirklich, den Sprechenden Berg?«

»Ich habe endlich den Beweis dafür.«

»Und weißt du, wo er ist?«

»Er ist hier, mitten in der ›Leere‹!« verrät ihm Jordan mit einem Lächeln, tippt mit dem Finger auf die große Karte der Sahara, die an der Wand hängt, und fährt damit vom Tassili n'Ajjer zum Hoggar und zum Adrar n'Iforas. »Tausende von Quadratkilometern ... aber ich werde ihn finden. Schon mein ganzes Leben lang suche ich ihn!«

»Es ist eine herrliche Reise«, meint Philip in einem Ton stiller Verzauberung, in dem ein großer Wunsch mitschwingt.

Einige Momente lang herrscht Schweigen. Jordan hat sofort begriffen und lächelt ihm sanft zu.

»Nach dieser Reise werden wir in die Vereinigten Staaten zurückkehren«, verspricht ihm der Vater, in dem, nicht zum erstenmal, ein gewisses Schuldgefühl aufkommt. »Zusammen.«

»Nimm mich nach Afrika mit, jetzt!« bricht es aus Philip stürmisch und voller Enthusiasmus hervor.

Jordan sieht ihn liebevoll an, dann schüttelt er schlicht den Kopf, wortlos, doch mit unumstößlicher Entschiedenheit.

»Ist es gefährlich?« fragt ihn da Philip, der nur in dieser Möglichkeit eine Rechtfertigung für die Weigerung seines Vaters erkennen kann. »Ist es gefährlich, sag es mir!«
»Bis gleich, Philip«, beendet Jordan das Gespräch, der diese Frage gewiß nicht beantworten kann, ohne ihn zu beunruhigen.
Er macht Anstalten, den Sohn zu umarmen, doch der Jüngling schiebt ihn mit den Händen von sich.
»Du kannst mich nicht wie einen kleinen Jungen behandeln!« schnappt er wütend. »Ich bin mittlerweile ein Mann, kapierst du?«
»Ich weiß, Philip, ich weiß ...« versichert ihm der Vater mit freundlichem Nachdruck, » ... aber alles zu seiner Zeit. Und nun umarme mich und mach kein langes Gesicht.«
Philip zögert einen Moment, dann wirft er sich dem Vater in die Arme: es ist eine lange, intensive Umarmung, in der er ihm seine ganze bleibende Zuneigung und den Schmerz, den ihm die jetzige Trennung bereitet, vermitteln will.
Dann löst sich Philip aus der Umarmung und geht eilig hinaus: Die Augen sind ihm feucht geworden, und er will nicht, daß der Vater dies sieht. Jordan bringt die beiden Taschen und einen Koffer hinunter und packt sie in den Ansaldo. Philip tritt auf ihn zu, der Falke fliegt ihm voraus.
»Willst du Ares mitnehmen?« fragt er den Vater.
»Ich kann mich nicht um ihn kümmern.«
»Er wird sich um dich kümmern müssen.«
»Nein, lieber nicht«, schließt Jordan das Thema ab, wobei er seiner Weigerung mit einem sanften Ton die Spitze nimmt.
Keiner will dem Moment des Abschieds, der sowieso schon etwas kalt und distanziert ist, noch Unannehmlichkeiten hinzusetzen. Vater und Sohn blicken sich wortlos in die Augen. Ihr Schweigen entspringt einer stillen Übereinkunft, die ihnen die Möglichkeit gibt, sich wenigstens mit einem Moment aufrichtiger Wärme voneinander zu trennen.
»Bis bald, Philip. Du kannst hierbleiben, wenn du willst: Die Miete ist für das ganze Jahr bezahlt. Mach noch ein paar Tage Ferien, und dann fang wieder zu lernen an«, sagt Jordan schließlich und legt dem Jungen fest die Hand auf die Schulter.
Dann steigt er ins Auto, läßt den Motor an und fährt, immer schneller werdend, auf der Allee davon.
»Papa!« schreit Philip plötzlich. Seine finstere Miene ist verschwunden und in Augen und Gesicht statt dessen ein Ausdruck tiefer Bewegtheit getreten.

Jordan dreht sich bei dem Ruf um und sieht, wie sein Sohn den Arm hebt, auf ihn zeigt und dabei mit dem Falken spricht.
Ares steigt plötzlich steil in die Höhe, stürzt dann wie ein Pfeil auf das fahrende Auto herab, fliegt auf das Fenster zu und setzt sich auf Jordans Arm, den dieser ihm hinhält. Es ist ein Geschenk der Liebe, das er nicht zurückweisen kann: Der amerikanische Archäologe dreht sich ein letztes Mal um, um Philip zuzuwinken. Er ist schon so weit entfernt, daß er nicht die beiden Tränen sieht, die seinem Sohn nun ungehindert über die Wangen fließen.

IV

Die Männer des Berges

Man könnte ihn als den grillenhaften Künstler der Wüste bezeichnen, einen verrückten und niemals zufriedenen Schöpfer, der seine Kunstwerke stets von neuem formt und wieder zerstört: Die Rede ist vom *simun*, dem schrecklichen Wind der Sahara.
Die Orte, an dem er, mit unübertrefflicher Meisterschaft, seine Launen am liebsten ausläßt, sind die *erg**, jahrtausendealte Anhäufungen von Sand, die er mit kilometerlangen Strichen überzieht, als hätte ein unsichtbarer, titanischer Kamm sie durchfurcht; die Form dieser Zeichnungen ist jedoch nicht eintönig, ja sogar von bemerkenswerter Vielfalt, weil sie von mannigfaltigen Faktoren** abhängt, die sich in sein modellierendes Spiel eingliedern.
Für die Bewohner der Wüste ist der *simun* alles andere als ein Objekt der Bewunderung: Sie fürchten ihn ob seiner zerstörerischen Kraft, denn im Verlauf einer halben Stunde vermag er eine ganze Karawane mit Sand zu bedecken und für alle Ewigkeit verschwinden zu lassen.
Mitten in einer seiner Launen bewegt sich auch ein kleines Häuflein Reiter vorwärts, die allesamt von Kopf bis Fuß in Schwarz gekleidet sind. Es sind *tuaregh*, die einer nomadisch lebenden Bande von Räubern mit dem Namen »Wüstenhunde« angehören; sie preschen in schnellem Galopp und in Schlachtordnung voran, ohne auf die noch harmlosen Sandwirbel zu achten, die sie einhüllen und ihnen ein apokalyptisches Aussehen verleihen.
Ihr Gegner ist noch weit entfernt und kommt auf sie zu: Es ist ein einzelner Reiter, der sein Pferd ansporntm, um die Zeit bis zu der Begegnung zu verkürzen. Auch in seiner Kleidung herrscht eine Farbe vor: Rot.
Die Hufe seines Pferdes streifen kaum die Sanddecke, und wie eine züngelnde Flamme flattert der zinnoberrote Umhang dem Reiter

* Eine Art sandige Wüste, die durch das Vorhandensein von Dünen gekennzeichnet ist.

** Zu diesen Faktoren zählen die Windrichtung, die Menge des Sandes, seine Beschaffenheit, die der darunterliegenden Bodenfläche und das Vorhandensein von Erhebungen.

wild hinterher. Als er noch einhundert Meter von den gegnerischen Reitern entfernt ist, zieht er den Krummsäbel und schwenkt ihn in der Luft. Ein Feuerwerk aus funkelnden Reflexen steigt über der Klinge aus geschliffenem Stahl empor.
Der Wind nimmt an Stärke zu und wirbelt immer dichtere Sandschichten auf, doch mittlerweile ist der rote Reiter auf seinen ersten Gegner getroffen. Ihre Klingen kreuzen sich, Funken sprühen in einem einzigen Spiel aus Licht und grellem Klirren, dann entfesselt der *simun* seine ganze Kraft: Mit zunehmender Heftigkeit treibt er Staubwirbel auf und hüllt die Reiter in einen undurchdringlichen Mantel ein, während das Aufeinanderstoßen der Klingen vom wilden Gebrüll des Sandsturmes übertönt wird.
Der ängstliche Blick eines Jungen ist auf den Platz gerichtet, an dem sich der Kampf abspielt; vergebens sucht er von einem kleinen Hügel herab Durchlässe in der kompakten Mauer aus Sand zu entdecken, die der *simun* aufgerichtet hat. Er ist ungefähr zehn Jahre alt; sein ovales Gesicht mit gleichmäßigen Zügen, die schneeweiße Haut, die blauen Augen und die goldgelben Locken lassen sofort erkennen, daß er nicht einer Rasse der Wüste angehört, und doch ist er dort geboren, lebt und wohnt dort, im Inneren eines Berges, der zwischen dem Hochplateau der Adrar n'Iforas und dem des Hoggar liegt, an der Grenze zwischen der Fels- und Steinwüste und der wirklich aus Sand bestehenden, in einem Berg also, dessen Umrisse sich hinter dem Jungen am Horizont abzeichnen; nackt und einzeln steht er da und wirkt fast irreal in dem magischen Spiel der Farben, in das ihn die untergehende Sonne taucht.
Der Junge sitzt regungslos im Sattel eines Pferdes, dessen reicher und fein gearbeiteter Schmuck, ebenfalls ganz in Rot, Zeichen der Vornehmheit und Besonderheit des Reiters ist. Er fürchtet sich davor, das zu sehen, was sich vielleicht hinter der Mauer aus Sand abspielen könnte, und schließt plötzlich, überwältigt von der Anspannung, die Augenlider.
»Du mußt schauen, Kerim, solange du noch Augen hast, die dies vermögen.«
Diese gebieterische Ermahnung kommt von einem Mann, der zu seiner Rechten aufrecht im Sattel sitzt und sowohl in seinem Aussehen als auch in seinem Gebaren einen ausgeprägt herrischen Zug aufweist; die Kleidung, die er trägt und die, wie die seines jungen Begleiters, ganz in Rot gehalten ist, ist sowohl auf dem Umhang als auch auf dem Bruststück mit sakralen, priesterlichen

Zeichen versehen. Um die Vierzig, von starkem und kraftvollem Aussehen, ist auch er sehr hellhäutig, hat auch er blonde Haare und blaue Augen, doch sind diese unglücklicherweise leblos, erloschen. Und doch ist an ihm ein besonderer Spürsinn, eine Art eigener sechster Sinn, der es ihm möglich macht, zu erraten, was um ihn herum vorgeht, und sich so frei zu bewegen und zu benehmen, als könnte er sehen, wodurch er seine Blindheit auf hervorragende Weise ausgleicht.
»So lautet unser Gesetz«, fügt er seiner Mahnung noch hinzu.
»Jawohl, Hared«, gehorcht Kerim und wendet erneut den Blick der Wüste zu.
Von zwei Flanken des Hügels aus steigen weitere Reiter zu ihnen bergan; sie tragen die traditionellen Gewänder der Wüstennomaden, doch auch sie in der Farbvariante Rot. Schweigend verteilen sie sich rechts und links neben dem Jungen und dem Blinden und bilden dabei zwei Flügel.
Nun schauen alle auf die große Sandwolke hinab, die plötzlich ihre Bewegungsrichtung ändert und sich rasch auflöst. Heraus tritt ein einziger Überlebender: der rote Reiter.
Dieser hebt triumphierend den Krummsäbel, der vom Blut seiner Gegner überströmt ist, dann steckt er ihn in die Scheide zurück und lenkt mit leichtem Sporendruck sein Pferd auf den Hügel zu. Überall verstreut liegen die Leichen der »Wüstenhunde« in den grotesken Stellungen des Todes, tragische schwarze Flecken, auf die der Wind schon ein Leichentuch aus Sand zu breiten beginnt: Die Wüste wird ihr Grab sein.
Der Sieger reitet auf die Gruppe von Hared und Kerim zu und hält kurz darauf vor ihnen an. Noch kurzatmig von der wilden Schlacht, betrachtet er nur schweigend seine Kameraden und versucht dabei wieder zu Atem zu kommen. Er ist von zierlicher, graziler und geradezu anmutiger Gestalt, die niemals ahnen lassen würde, welch Ungestüm und welch tödliche Kraft sich in ihr verbergen.
Mit einer langsamen und eleganten Bewegung nimmt er den roten Turban und den Schleier ab, der ihn bis unter die Augen verhüllt hat. Und sofort ist klar, woher soviel Anmut und Feinheit herrühren: Der Reiter ist eine Frau, eine junge, bezaubernde, wunderschöne Frau.
Sie mag um die fündundzwanzig Jahre alt sein, ist groß und schlank und von biegsamer und vollkommen modellierter Gestalt; dazu eine Flut von schwarzen Haaren, die die zarte alabasterweiße Haut noch

besonders hervorheben; ihre Gesichtszüge sind aristokratisch, fein und überaus regelmäßig und werden durch ein Lächeln gekrönt, das den Blick auf eine Reihe kleiner und weißer Zähne freigibt; nur die Augen, die schwarz, aber voller Glanz sind, wirken hart, gebieterisch, brennend und sind von einer Lebhaftigkeit, die sofort auf einen kriegerischen, mutigen und tollkühnen Geist schließen läßt. Um den Hals trägt sie eine Goldkette mit einem großen, ebenfalls goldenen Medaillon, auf dem die Zeichnung einer offen dargebotenen Hand inmitten einer kreisförmigen Inschrift eingeritzt ist; sie gleicht haargenau derjenigen, die Jordan bereits auf der alten Handschrift *Clavicula Salomonis* bemerkt hat, welche in dem verbotenen Saal der Vatikanischen Museen aufbewahrt wird.

»Anthea, von diesem Moment an wirst du unsere Königin sein«, bestimmt Hared in stolzem und feierlichem Ton, »und du wirst das Geheimnis des Sprechenden Berges verteidigen!«

Im selben Moment, Hunderte von Kilometern nordöstlich, auf halber Strecke zwischen dem Hoggar und dem Adrar n'Iforas, sitzt Desmond Jordan, gekleidet in Tropenhelm und -anzug, im Sattel eines nervösen schwarzen Pferdes und bewegt sich in leichtem Trab das südliche Flußbett des *uadi** Tamanrasset entlang, das völlig ausgetrocknet ist.

Auf seinem rechten Arm hockt festgekrallt, in majestätischer Haltung, Ares, der treue Falke, und hält die scharfen und aufmerksamen Augen auf den Horizont gerichtet.

Jordan ist allein; die frühere Erfahrung in Afrika hat ihn abgehärtet und kundig gemacht, und schließlich zieht er es auch vor, keine Zeugen zu haben, wenn er den Sprechenden Berg finden wird.

Nachdem er nochmals das Gebiet des Tassili n'Ajjer gestreift hat, hat er einen Abstecher zu der Oase von Tamanrasset unternommen, nicht nur, um sich mit Wasser und Datteln zu versorgen, sondern auch, um dort Beispiele von Felsmalerei zu studieren.

Sein vorgefaßter Plan besteht darin, alle Punkte, an denen sich Felsmalereien und -inschriften befinden, vom Tassili n'Ajjer bis zum Adrar n'Iforas, aufzusuchen, denn er ist überzeugt davon, daß direkt dahinter, oder auch in unmittelbarer Nähe der Felszeichnungen, der Sprechende Berg zu finden ist.

*Flußlauf, der im Normalfall ausgetrocknet ist, mit Ausnahme der Jahreszeit, in der es gelegentlich zu Regenfällen kommt. Er ist typisch für die Wüstenregionen Afrikas.

Den Hinweisen zufolge dürfte er nunmehr wenige Meilen von einer weiteren Gruppe von in den Felsen eingeritzten Zeichnungen sein. Sein Blick richtet sich in die Ferne und schweift fasziniert und furchtsam zugleich über die riesige Fläche, die ihn umgibt, einen wahren Ozean aus Sand und Stein, der sich bis ins Unendliche zu erstrecken scheint, hin zu einem stets unerreichbaren Horizont.
Er befindet sich im Herzen der größten und ödesten Wüste der Erde; sie ist fast neun Millionen Quadratkilometer groß, wovon, entgegen der landläufigen Meinung, die sandbedeckten Zonen einen geringen Anteil, nämlich nur etwa fündundzwanzig Prozent, ausmachen.
Die Wüste besteht zum größten Teil aus platten Oberflächen und Felsformationen, welche teilweise in Form von zusammenhängenden Hochplateaus, teilweise auch einzeln auftreten. Die Niederschläge sind höchst gering, wie bekannt ist, doch nichtsdestoweniger gibt es sogar in der Sahara Wasserläufe, die *uadi*, längs derer – zusätzlich zum Phänomen der Oasen – ein wenig Vegetation möglich ist, die jedoch nicht nur aufgrund der Hitze, sondern auch wegen der extremen Unregelmäßigkeit von Niederschlägen kümmerlich und anfällig ist, wenn man bedenkt, daß in einigen Gebieten auf ein oder mehrere Jahre mit ausreichenden Regenfällen unter Umständen mehrere Jahre folgen können, in denen nicht ein Tropfen Wasser fällt.
Die starken Temperaturschwankungen sind ein weiterer schwerwiegend negativer Faktor; es ist davon auszugehen, daß zwischen Tag und Nacht ein Unterschied von fünfunddreißig Grad Celsius besteht. Die höchsten Temperaturen herrschen um die Mittagszeit und überschreiten häufig fünfzig Grad; wenn man dann noch am Boden mißt, sei es im Sand oder auf dem Felsgestein, so sind siebzig Grad fast normal; dagegen sind die niedrigsten Temperaturen um sechs Uhr morgens zu verzeichnen.
Endlich können Jordans Augen eine Veränderung in dem monotonen, langen und flachen Panorama ausmachen: ein kleines *hamada**. Dort findet er auch die Abbildungen im Fels, die er gesucht hat, doch genügt ein kurzer Blick darauf, um zu erkennen, daß er aus ihnen keinen weiteren interessanten Hinweis ziehen wird; auch was die Technik der Ausführung angeht, gibt es nichts Neues festzustellen.

* Siehe Anm. S. 25.

In Wahrheit hat die Besichtigung einen immer flüchtigeren und eiligeren Charakter angenommen, weil Jordans Aufmerksamkeit von Anfang an von einer Besonderheit abgelenkt wurde, die sich in einer Entfernung von weniger als einem halben Kilometer vor ihm befindet und zu der sein Blick immer wieder gewandert ist. Nun, da er wieder im Sattel sitzt, hält er ohne Zögern direkt darauf zu.

Als er davor anhält, wird die Erregung in ihm, die er zuvor nur als gerade eben spürbar bemerkt hat, plötzlich sehr stark, und eine nicht zu unterdrückende und irrationale Unruhe beginnt sich seiner zu bemächtigen.

Vor ihm steht eine kleine verfallene Festung ohne sichtbare Anzeichen von Leben. Von der Anlage her arabischen Typs, scheint sie einst als befestigter Vorposten einer größeren Festung gedient zu haben.

Nach dem ersten Eindruck kommt Jordan zu dem Schluß, daß die Festung schon seit mindestens einem Jahrhundert nicht mehr bewohnt ist. Da sie leicht erhöht auf einem breiten Felsbuckel liegt, muß es ihren Insassen möglich gewesen sein, im Umkreis von mehreren Kilometern jeden zu sehen, der sich näherte.

Mittels eines Zelttuchs und zwei Stöcken baut Jordan notdürftig eine Art Zelt auf, in dem er die Lebensmittel und die so kostbare Wasserration unterbringt, um dann das Pferd und Ares als Wachen zurückzulassen. Schließlich nimmt er den Photoapparat und den Magnesiumblitz und bahnt sich einen Weg durch die Trümmer.

Zunächst ist die Untersuchung enttäuschend, weil sich das alte Fort als das präsentiert, was es auch ist: eine Ruine. Dann fällt sein Blick auf eine Stelle an der Wand, an der der Putz abblättert: Darunter ist die obere Ecke einer Tür zu erkennen. Auf dem Boden liegende, weiße, kompakte Stücke von Mauerwerk zeigen, daß sich der Verputz erst vor kurzem gelöst haben muß.

Einzig von der Hoffnung erfüllt, etwas Neues zu entdecken, beginnt Jordan, mit einem großen Stein auf die Mauer zu schlagen, die unter seinen Schlägen zerbröckelt und den Blick auf die Tür freigibt, die dahinterliegt. Das rostige Schloß zu öffnen ist eine Sache von Minuten, und Jordan geht ein paar Schritte vorwärts, bis er am Anfang einer schmalen Treppe aus Stein steht, deren Ende er, selbst als seine Augen sich an die Dunkelkeit gewöhnt haben, nicht erkennen kann.

Zu seiner Linken sind fünf Ringe an der Mauer angebracht, doch nur in dem einen steckt eine Fackel. Zuerst scheint sie immer wieder

ausgehen zu wollen, doch schließlich brennt sie an und verströmt ein helles Licht, wobei sie eine Spur grauen Rauchs absondert.
Jordan beginnt hinabzusteigen und erreicht nach wenigen Minuten entgegen aller Befürchtungen heil den Fuß der Treppe, wo er den Weg von einer schweren, großen Tür versperrt findet, die, als er sich dagegenstemmt, keinen besonderen Widerstand bietet und sich öffnet.
Als er die Schwelle überschritten hat, steht der amerikanische Archäologe in einer Höhle mit weiter und hoher Wölbung; nichts unterscheidet sie von einer ganz gewöhnlichen Höhle, doch plötzlich, auf seinem Weg an der Wand entlang, fällt das Licht auf eine große Nische und in deren Mitte auf etwas, das auf den ersten Blick wie eine Grabstätte aussieht.
Jordan bleibt unvermittelt stehen, dann nähert er sich vorsichtig. Als er an der Schwelle zu der Nische angelangt ist, erblickt er vor sich etwas, das ihm den Atem stocken läßt: Auf einem großen steinernen Sockel liegt ein gewaltiger Sarkophag aus glänzendem Metall; an der Wand dahinter befindet sich eine Reihe von schimmernden Reliefinschriften, an deren beiden äußeren Seiten Gestalten mit mundlosen Köpfen zu erkennen sind, die in Helmen zu stecken scheinen.
Wie gebannt vor Erstaunen und Verwunderung, beginnt Jordan auf das seltsame Grab zuzugehen, als plötzlich ein kurzes Geräusch, wie das Schnalzen einer gewaltigen Feder, ertönt. Jordan schafft es gerade noch rechtzeitig, die Arme nach rechts und links gegen zwei große Steinplatten auszustrecken, die, rasch aufeinanderzugleitend, dabei sind, sich über ihm zu schließen und ihn von der Seite her zu zerquetschen.
Er stemmt sich mit all seiner Kraft dagegen und bringt dabei in seiner Verzweiflung unerwartete Energien auf, doch spürt er, daß in nur wenigen Sekunden seine Muskeln dem gewaltigen Druck nicht mehr werden standhalten können, was der sichere Tod für ihn sein wird – die Steinplatten werden ihn zermalmen.
Ihm bleibt nur ein Ausweg: Er stürzt sich blitzartig vorwärts, überschlägt sich, während hinter ihm die beiden Steinplatten heftig aufeinanderprallen und sich schließen. Jordan versucht sofort, die beiden Flügel auseinanderzudrücken, doch diese scheinen plötzlich wie aus einem Block geformt zu sein. Schließlich muß er, völlig erschöpft, aufgeben, denn diese Felswand ist nur mit Sprengstoff wieder zu öffnen: er ist gefangen, ohne die geringste Chance, zu entkommen.

Mit bebendem Atem hebt er die Fackel auf und wendet sich wieder seiner außergewöhnlichen Entdeckung zu, die ihn im Moment mehr beschäftigt als der Gedanke des Todes.
Als erstes nähert er sich der Inschrift in der natürlichen Apsis der Nische hinter dem großen Sarkophag und erhält sogleich die Bestätigung seines ersten Eindrucks: Sie setzt sich tatsächlich aus Buchstaben des uralten außerirdischen Alphabets zusammen! Von den Jahrhunderten abgewetzt, verdanken sie ihren guten Erhaltungszustand der Tatsache, daß sie in Gold geprägt sind.
Jordan befreit sie vorsichtig vom Staub und von den Überkrustungen, die sie verwischt und unleserlich gemacht haben, dann beginnt er mit der Entzifferung; dieses Mal ist es nötig, daß er sein Notizbuch zu Rate zieht, in dem er sich ein eigenes kleines Vokabular jener alten und rätselhaften Schrift angelegt hat, und so gelingt es ihm schließlich, die ganze Inschrift zu übersetzen.
»›Wir werden niemals aufhören, zu forschen ...‹« beginnt er, erregt vor sich hinmurmelnd, zu wiederholen, »› ... und am Ende unseres Forschens werden wir dorthin zurückkehren, woher wir gekommen sind ... doch werden wir jenen Ort zum erstenmal erblicken.‹«
Eine tiefes Mitgefühl läßt ihm die Augen feucht werden, denn der dramatische und verzweifelte Inhalt der Botschaft ist ihm völlig klar: In diesem seltsamen Metallsarg liegt der Körper eines Außerirdischen aufgebahrt, der wahrscheinlich infolge des Aufpralls ihres Raumschiffes auf die Erde gestorben ist und von seinen überlebenden Gefährten hier begraben wurde.
Ob es wohl jenen glücklosen Raumfahrern oder ihren Nachkommen gelungen ist, auf ihren Ursprungsplaneten zurückzukehren? Oder sind sie ausgestorben, ohne in ihrem Ansinnen erfolgreich gewesen zu sein? Und wenn ihre Urenkel bis auf den heutigen Tag fortgelebt haben?
All diese Fragen stürmen auf Jordan ein, der nun fieberhafte Anstrengungen unternimmt, noch mehr herauszufinden. Er geht nach rechts weiter; dabei streift er mit dem Licht über eine andere Inschrift, die halbrund angeordnet und feiner ist, die er aber, obwohl sie teilweise verwischt ist, sofort wiedererkennt. Ein Schauder der Ergriffenheit durchbebt seinen Körper.
»›Weisheit und Wissen von allen Dingen‹«, rezitiert er mehr aus dem Gedächtnis, als daß er liest, »›jedes Ding der Schöpfung wird dir gehorchen.‹«

Ist dies eine Bezugnahme auf Gott oder auf eine extrem weit fortentwickelte Gesellschaft? Jordan ist seltsam beunruhigt, als vermiße er ein Element, das zu finden er doch eigentlich erwartet hat. Er streicht mit den Fingern über den Felsen direkt über der Inschrift, um ihn vom Staub zu befreien, und da erscheint das, was ihm bislang fehlte, um seine Begeisterung vollkommen zu machen: ein großer Umriß einer offenen Hand, ähnlich dem Abdruck, den ein riesenhaftes Wesen hinterlassen hat.

Sie ist das Erkennungszeichen, das ihn in seinen ganzen Forschungen begleitet hat, von jener ersten Enthüllung durch den alten chinesischen Weisen auf dem Altyn Tag an, und das hier seine reale, historische und wissenschaftliche Bestätigung gefunden hat; diese Hand hat seinen phantastischen Traum zu einer noch phantastischeren Wirklichkeit werden lassen.

Nun begibt er sich auf die andere Seite, wo er keine weiteren Inschriften mehr findet, dafür aber etwas ebenso Ungewöhnliches: Auf einem viereckigen Stein, der aus dem Felsen herausragt, ist die Zeichnung eines Berges eingeritzt, den Jordan als völlig identisch mit demjenigen des Modells wiedererkennt, das er auf dem Dachboden der Vatikanischen Museen betrachtet hat: der Sprechende Berg! Er beeilt sich, die kleine Inschrift zu entziffern, die darunter eingeritzt ist.

»›Der Sprechende Berg, Sohn des Lichts‹«, übersetzt er, etwas enttäuscht, weil ihn dies nicht, wie er hoffte, auf die Spur des Berges bringt und auch die Bedeutung der Inschrift vage und nebulös ist.

Ohne Zeit zu verlieren, kehrt der Archäologe zu dem Rucksack zurück, stellt mit Erleichterung fest, daß sowohl der Photoapparat als auch die Photoplatten bei seinem Fall keinen Schaden gelitten haben; er baut das Stativ auf, bereitet den Magnesiumblitz vor, legt die Fackel nieder, die bereits schwächer wird, und begibt sich dann, obwohl er heftig schwitzt und wegen des schwindenden Sauerstoffs kurzatmig ist, daran, das Innere der Nische zu photographieren.

Mit keinem Gedanken hält er sich bei der Tatsache auf, daß niemand diese Photos jemals sehen wird, weil er in einigen Minuten schon erstickt sein wird: Er stellt Bildausschnitt und Blende ein und drückt auf den Auslöser.

Kaum hat es zum erstenmal geblitzt, weckt ein Geräusch hinter ihm seine Aufmerksamkeit. Als er sich umdreht, sieht er, daß sich die beiden Steinplatten um einen Abstand von wenigen Zentimetern auseinandergeschoben haben. Jordan lächelt glücklich vor sich hin,

denn ganz unerwartet tut sich ihm ein Hoffnungsschimmer auf; wenn seine Interpretation stimmt, ist er gerettet. Er macht ein weiteres Photo und löst erneut einen Blitz aus: Wieder schieben sich die beiden Steinhälften um ein paar Zentimeter zurück. Ein Schwall köstlich frischer Luft strömt durch seine Lungen. Noch ein Blitz, und noch einer, und immer weiter öffnen sich die Wände.
»Der Sprechende Berg, Sohn des Lichts!« murmelt Jordan erschrokken.
Während Jordan das erste Photo gemacht hat, haben außerhalb der Ruine drei berittene Fremdenlegionäre vor dem notdürftig errichteten Lager angehalten. Schweißüberströmt, am Rande ihrer Kräfte und vor Durst ermattet, sind sie über das Gepäck von Jordan hergefallen, bei dem sie sofort die kostbare Wasserflasche entdeckt haben.
Der erste hat nach ihr gegriffen und begonnen, ihren Inhalt herunterzustürzen, ohne aufzuhören.
»Jetzt ist es genug, Kroll«, hat ihn einer seiner Gefährten ermahnt und ihm dabei mit entschiedener Geste die Feldflasche aus der Hand gerissen.
Letzterer ist ein sehr großer Mann von der Statur eines Herkules, die auf eine ungewöhnliche Kraft schließen läßt. Kroll hat ihn böse, voller Rachgier angesehen, ohne sich ihm freilich zu widersetzen, weil er weiß, daß er gegen die körperliche Überlegenheit des Hünen nichts ausrichten knann.
»Nimm dich in acht, Orso!« hat er nur dem Gefährten zugeknurrt, unfähig, seine Wut nicht wenigstens verbal zum Ausdruck zu bringen.
Orso hat gar nicht auf ihn geachtet; seltsamerweise hat er sich nicht selbst daran begeben, zu trinken, sondern sogar die Feldflasche zuerst dem dritten Legionär, der noch immer matt am Boden lag, an die Lippen geführt und ihn trinken lassen.
An diesem Punkt hat Ares zum Flug angesetzt und ist zwischen den Trümmern des verfallenen Forts verschwunden.
Jordan sieht den Falken auf sich zufliegen, während er dabei ist, die Treppe wieder hochzusteigen; daß er ihn vor einer Gefahr warnt, ist ihm sofort klar. Er geht vorsichtig bis zur Tür und sieht durch einen Spalt die beiden Legionäre im Schatten eines Mauerstücks der Festung, von denen einer, der kräftigere, in dem Gepäck wühlt, das er unter dem Zelt zurückgelassen hat.
Beunruhigt und wütend springt er nach draußen, um den Plünde-

rern entgegenzutreten; er vertraut darauf, daß er wenigstens in Ares einen Beistand haben wird.
Und genau in diesem Moment stößt der Falke einen scharfen, schrillen Schrei aus, und der Legionär, der erschöpft am Boden liegt, ruft Jordan zu: »Achtung!«
Für Jordan aber kommen die beiden Warnungen zu spät. Kroll, der sich seitlich der Tür auf die Lauer gelegt hat, schlägt brutal von hinten auf ihn ein; Jordan bricht, schwer getroffen auf eine Stelle zwischen Hals und Nacken, zusammen. Kroll wird von Mordlust gepackt und greift zu einem großen Felsbrocken: An seinem wilden und bösartigen Blick erkennt Orso, was er damit vorhat, und er macht einen Satz vorwärts, um zu verhindern, daß er ihn auf den Kopf des Mannes herabsausen läßt, der reglos am Boden liegt. Er hätte ihn jedoch nicht mehr rechtzeitig erreicht, wenn nicht der kluge Falke sich auf den blutrünstigen Kroll herabgestürzt hätte, der sich gegen ihn verteidigen muß, bis Orso endlich nahe genug herangekommen ist, um ihn mit einem Hechtsprung zu Boden zu reißen und in einen Kampf zu verwickeln.
Jordan erlangt sein Bewußtsein gerade rechtzeitig wieder, um Zeuge des rettenden Eingreifens von Orso und des heftigen, aber kurzen Kampfes zwischen seinem Schutzengel und Kroll zu werden, nachdem der Felsbrocken dicht neben seinem Kopf zur Erde gedonnert ist. Tatsächlich schlägt der Hüne seinen Gegner mit nur zwei machtvollen Fausthieben, die die Wucht von Hammerschlägen haben, gleich darauf k.o.
Nun hält Orso Jordan eine Hand hin und hilft ihm aufzustehen. Während er sich den Nacken reibt, blickt der amerikanische Archäologe den Mann dankbar an, dessen gutmütiges Gesicht, im Kontrast zu seinem kraftvollen Körper, ihn als einen zwar widerspenstigen und schweigsamen, aber auch großherzigen Menschen ausweist.
Orso, der Jordan wegen seines noch unsicheren Ganges stützen muß, führt ihn zu dem anderen Legionär und bemerkt dabei nicht, daß Kroll, der wieder zu sich gekommen ist, dabei ist, ihm einen Dolch in den Rücken zu stoßen.
Ein Schuß peitscht durch die Stille, gefolgt von einem Todesschrei. Kroll, der mitten in die Stirn getroffen worden ist, bricht zusammen und bleibt mit dem Gesicht nach unten liegen. Orso und Jordan blicken von dem leblosen Körper Krolls zu dem dritten Legionär, der noch immer an die Wand gelehnt sitzt und gerade seine Pistole wieder einsteckt, um sich schließlich, wenn auch mit Mühe, aufzurichten.

Jordan betrachtet den Mann, während er auf ihn zugeht: Er ist von kleiner Statur, mager und nervös und sieht wie ein deutscher Aristokrat aus, der in der harten Schule der Kriegskunst aufgewachsen ist, worauf auch sein Bürstenschnitt und sein Monokel schließen lassen.
»Er hat nie aufgehört, ein Bandit zu sein«, bemerkt er, an Jordan gerichtet, und zeigt dabei auf die Leiche Krolls. Dann schlägt er die Hacken aneinander, salutiert und stellt sich vor: »Erich Freiherr von Grübel. Vormals Divisionsgeneral, heute Legionär.«
»Legionär oder Deserteur?« fragt Jordan ohne Bosheit, ja sogar mit einem verständnisvollen Lächeln, denn er hat die Lage erkannt, in der sich die drei Männer befinden.
»Legionär und Deserteur!« berichtigt Grübel und lächelt dabei amüsiert über seinen Witz.
»Desmond Jordan«, stellt sich seinerseits der amerikanische Archäologe vor und drückt zuerst Grübel und dann Orso herzlich die Hand. »Ich verdanke Ihnen beiden mein Leben.«
»Das ist Orso«, vervollständigt Grübel die Vorstellung und zeigt dabei auf den Hünen, »und niemand weiß, ob das ein Spitzname ist oder ob er wirklich so heißt. Er ist Italiener, ein echter Sarde, und hat außergewöhnlich viel Kraft.«
»Wir hatten Hunger«, rechtfertigt sich Orso schlicht.
»Ich habe auch für euch noch genug dabei«, unterbricht ihn Jordan in freundlichem und großzügigem Ton.
Oros hebt den Leichnam von Kroll auf und trägt ihn nach draußen, woraufhin er ein Stück Holz nimmt und beginnt, eine Grube auszuheben.
»Er spricht wenig, weiß aber, was er tut«, kommentiert Grübel, dann beugt er sich näher zu Jordan hin: »Er hat es niemandem gesagt, warum er geflohen ist, aber ich weiß es: Es ist eine Herzensangelegenheit!«
Die Grube ist fertig; Orso hat an ihrem Kopfende ein rohes Holzkreuz aufgestellt und faßt nun die Leiche Krolls an den Füßen, während Jordan sie helfend unter den Achseln packt. In diesem Moment fährt Grübel zusammen: Im Augenwinkel hat er mehrere Schatten wahrgenommen, die schräg über die Grube fallen.
Kurz darauf bemerken auch Orso und Jordan, daß sich ihnen jemand von hinten nähert, und drehen sich auf einen Schlag um. Ihnen stockt der Atem, denn sie blicken in die Mündungen von Gewehren, die drei Legionäre im Stehen auf sie richten, während sich von links

und rechts noch weitere zehn Legionäre nähern, die zu Pferde hinter der Festung hervorkommen und sie in einem Halbkreis umstellen. Als letzter stößt der befehlshabende Offizier der Abteilung zu ihnen, und während er vom Pferd steigt, wird Jordan von plötzlicher Unruhe gepackt: Dieser Mann ist ein alter Bekannter von ihm, ein Mann, von dem er weiß, daß er gegen ihn einen tödlichen Haß hegt. Der Offizier, der den Grad eines Oberleutnants trägt, geht mit forschem Schritt auf die drei Gefangenen zu; um die vierzig, hat er das kriegerische Aussehen eines Mannes, der in seiner Jugend mit fanatischer Begeisterung die militärische Laufbahn eingeschlagen hat, von der er zuvor schon als Kind geträumt hat; sowohl im Körperbau – er ist großgewachsen, aber nicht eben schlank –, als auch in der Farbe der Haare, der Augen und der Haut trägt er die typischen Merkmale des Angelsachsen.

Plötzlich taucht Ares auf, der für ein paar Momente in der Luft schweben bleibt und dann, statt zu Jordan hinabzufliegen, langsam einen Kreis zieht, als wollte er die Situation überblicken, und damit die verwunderten Blicke aller auf sich zieht. Schließlich steigt das kluge Tier noch höher in die Lüfte und entfernt sich mit großer Geschwindigkeit; nach wenigen Sekunden ist er am Horizont verschwunden.

Der Leutnant wendet sich wieder den Gefangenen zu, und als sein Blick auf Desmond Jordan fällt, läuft er tiefrot an. Zuerst wirkt er überrascht und ungläubig, dann aber verwandelt sich sein Gesicht zu einer Fratze der Wut, und der Ausdruck in seinen kalten, stumpfen Augen wird eisig.

»Nicht einmal Afrika ist groß genug für uns beide!« zischt der Offizier und baut sich mit herausfordernder Miene vor Jordan auf. »Wer von euch hat Kroll umgebracht?«

Grübel macht voller Stolz einen Schritt vorwärts.

»Ich bin das gewesen, Leutnant Ryker«, gesteht er ohne Zögern ein.

»Es war reine Notwehr«, mischt sich Jordan gleich ein. »Das kann ich bezeugen.«

»Ich kenne deine Bezeugungen, Major Jordan!« bricht es wütend aus dem Offizier hervor. »Auf jeden Fall wirst auch du zur Ermittlung erst einmal mitkommen.«

»Ich sehe, daß deine Methoden sich nicht geändert haben!« erwidert Jordan voller Verachtung. »Ich erinnere dich jedoch daran, daß ich amerikanischer Staatsbürger bin.«

»Und das hier ist militärisches Einzugsgebiet der Franzosen«, gibt Ryker zurück. »Was hast du hier zu suchen?«

Jordan schweigt. Alle Anwesenden haben mittlerweile die schreckliche Spannung bemerkt, die zwischen den beiden besteht, ohne sich die Gründe dafür denken zu können. Es folgt ein langes Schweigen.

»Durchsucht ihn!« befiehlt Ryker. »Und durchsucht auch die anderen.«

Ein Sergeant kommt auf sie zu, dessen einziges Merkmal sein skrupelloser und bösartiger Gesichtsausdruck ist.

»Er trägt keine Waffen, Herr Leutnant«, verkündet der Sergeant, nachdem er Jordan abgetastet hat. »Soll ich auch das Gepäck durchsuchen?«

»Nicht nötig, Halimi. Wir werden sie alle miteinander in die Festung mitnehmen.«

Nun beginnt Sergeant Halimi auch Orso zu durchsuchen, zieht aus seinen Taschen jedoch nur eine Photographie, auf der der Hüne in Uniform abgebildet ist, zusammen mit einer jungen, sehr schönen Araberin, um die er den Arm gelegt hat.

»Schöne Frau«, bemerkt Halimi und zeigt Orso gegenüber ein sarkastisches Grinsen. »Schade, daß du sie nicht wiedersehen wirst.«

Dann zerreißt er das Photo in zwei Teile und wirft sie weg. Jordan, der die Szene beobachtet, blickt beunruhigt zu Orso, der seine Wut offensichtlich kaum mehr zügeln kann.

»Bindet sie zusammen. Handgelenke und Füße«, befiehlt Ryker.

Drei Legionäre halten Orso und Grübel fest, um sie zu fesseln. Plötzlich jedoch reißt sich der Deutsche los.

»Einen General Grübel wird niemand fesseln!« brüllt er fast mit vor Verachtung bebender Stimme und weicht dabei einige Schritte zurück.

Einer der Legionäre geht drohend auf ihn zu, um ihm die Handschellen umzulegen. Grübel ohrfeigt ihn mit wütender Heftigkeit, dann dreht er sich um und beginnt mit martialischem Schritt auf die Wüste zuzumarschieren, die Augen starr und wie von Sinnen vor sich gerichtet.

»Bleib stehen!« droht ihm Ryker und richtet dabei den Lauf seiner Pistole auf Grübels Rücken. »Ich befehle dir stehenzubleiben!«

Orso, der weiß, daß Ryker schießen wird, beginnt loszulaufen, um Grübel aufzuhalten, der inzwischen unerschrocken weitergeht, doch die Ketten an seinen Füßen hindern ihn daran, und er fällt in den Sand.

»Grübel, bleib stehen!« fleht er ihn verzweifelt an.

»Zum letztenmal, bleib stehen!« wiederholt auch Ryker und nimmt ihn genauer aufs Korn.
Der deutsche General läuft weiter, in deutlicher Herausforderung: es ist die Herausforderung seiner Welt der Ideale an die Welt der Ruchlosigkeit, in der alle anderen Menschen leben und in der er nicht mehr leben will; auf seinem Gesicht steht bereits der freudige Ausdruck eines Menschen, der weiß, daß der Moment der Befreiung nicht mehr fern ist.
Ein Schuß peitscht durch die alptraumartige Stille, und Grübel bricht vornüber zusammen; auf seinem Rücken breitet sich ein Blutfleck aus.
Die kalten und verächtlichen Augen Rykers wandern zu Jordan hinüber, um voller Genugtuung in dessen Gesicht den Ausdruck der Entrüstung zu entdecken, den er dort zu finden erwartet hat.
»Los jetzt, marsch!« sagt er schlicht und steckt seine Pistole in den Gurt zurück.
Die Legionäre und der Gefangene besteigen die Pferde; Jordan dagegen macht keinerlei Anstalten dazu.
»Der Befehl gilt auch für dich«, sagt Ryker tonlos zu ihm, während er selbst in den Sattel steigt.
»Du mußt mich darum bitten, Kramer, nicht befehlen.«
»Mein Name ist nicht Kramer. Ich bin Leutnant Ryker!«
»Hoffst du, daß sie dich mit einem anderen Namen vergessen?«
Ryker zittert am ganzen Körper und kann sich nur mit Mühe zurückhalten. Jordan hingegen steigt in aller Ruhe auf sein Pferd und beginnt in entgegengesetzter Richtung davonzureiten.
Erneut steigt die Spannung bis zum Zerreißen. Ryker legt die Hand an die Pistolentasche, während die Legionäre ihre Gewehre in den Arm nehmen: Sie warten nur noch auf den Befehl ihres Leutnants, das Feuer zu eröffnen.
»Einen Moment, Mister Jordan!« lautet statt dessen die Aufforderung Rykers.
Jordan hält sein Pferd an. Ryker gibt seinem Roß die Sporen und reitet dem Amerikaner hinterher.
»Bitte, kommen Sie mit uns«, murmelt er, als er vor ihm steht, und versucht dabei die Wut zu verbergen, die in ihm brodelt.
»Ich habe Sie nicht richtig verstanden.«
»Bitte, kommen Sie mit«, wiederholt Ryker, etwas lauter.
»Auch deine Männer haben das Recht, es zu hören«, erwidert Jordan unerschrocken. Er will die Provokation auf die Spitze treiben.

Er weiß, daß Ryker ihn nicht umbringen kann, ohne sich auf die Fülle von Schwierigkeiten gefaßt machen zu müssen, die eine Untersuchung nach sich ziehen würde, doch darüber hinaus hat die erbarmungslose Hinrichtung des armen Grübel einen solchen Zorn in ihm ausgelöst, daß sich sein Widerspruchsgeist noch verstärkt hat.
Ryker spürt, daß er kurz vor einem Wutausbruch steht, beißt aber die Zähne zusammen und gewinnt die Kontrolle über sich zurück.
»Bitte, Herr Jordan, kommen Sie mit uns!« wiederholt er noch einmal, diesmal laut und deutlich.
Die Tatsache, daß Ryker sich geschlagen gibt, macht deutlichen Eindruck auf die Legionäre, die der unerklärliche Konflikt zwischen den beiden immer mehr verwundert. In die bis dahin verzweifelt dreinblickenden Augen Orsos tritt ein Ausdruck der Sympathie, vor allem aber der Bewunderung für Jordans Stärke, seine Würde und seinen Mut, die er in dieser gefährlichen Situation unter Beweis gestellt hat.
Jordan kehrt voller Gelassenheit zu den anderen zurück und begibt sich an Orsos Seite, mit dem er einen raschen Blick wechselt, bevor sich der Trupp in Bewegung setzt; nur der sardische Hüne ist gezwungen, unter dem unbarmherzig wachsamen Blick von Sergeant Halimi zu Fuß zu gehen.
Nachdem sie in der Nacht eine Ruhepause eingelegt haben, gibt Leutnant Ryker schon beim ersten Tageslicht Befehl zum Weitermarsch, um die noch relativ kühlen Morgenstunden zu nutzen. Zwei Stunden später jedoch herrscht bereits wieder eine deutlich spürbare Hitze.
Beim Abstieg von einer der vielen Sanddünen lassen sich die Pferde praktisch hinabgleiten; Orso, der am Schluß der Kolonne geht, verliert infolge seiner großen Erschöpfung und der Behinderung durch die Ketten an seinen Füßen das Gleichgewicht und fällt der Länge nach hin, kann aber nicht mehr aufstehen, weil das Pferd Halimis, an das er angebunden ist, ihn immer weiterzieht.
»Du kennst die Regel: Marschier oder stirb!« sagt der Sergeant mit einem höhnischen Grinsen zu ihm.
Jordan hält instinktiv sein Pferd an und überlegt sich bereits, auf welche Weise er eingreifen kann. Gleich darauf hält auch Ryker an, und die ganze Kolonne tut es ihm nach.
Noch einmal findet zwischen dem Leutnant der Legion und dem amerikanischen Archäologen ein Duell der Blicke statt; Orso klärt

die Situation, indem er den Halt dazu nutzt, sich aufzurappeln und weiterzugehen.
Auch die anderen setzen ihren Weg fort, und Jordan verlangsamt absichtlich sein Tempo, um an der Seite Orsos das Schlußlicht zu bilden. Niemand widmet ihm besondere Aufmerksamkeit, als er das tut, was man als eine beschützende Geste bezeichnen könnte; tatsächlich ist es nämlich Jordans Absicht, Orso mit dem Körper seines Pferdes, wie auch seinem eigenen, Schatten zu spenden.
Orso bemerkt dies und wirft ihm einen Blick tiefer Dankbarkeit zu. Nun gibt es einen weiteren Ansporn für ihn durchzuhalten: Dort auf dem glühendheißen Sand der Sahara hat er die Solidarität und die großmütige Hilfe eines Mannes erfahren, den er noch wenige Stunden zuvor gar nicht kannte, den er von jetzt ab jedoch als einen neuen Freund bezeichnen kann, als einen neuen, wirklichen Freund.

V

Der Kalif von Timbuktu

In Timbuktu, der herrlichen Stadt am Südrand der Sahara, die man auch die »Königin des Sandes«* nennt, durchquert der Kalif, eskortiert von einem Trupp *kissouri* und in Begleitung von zahlreichen Höflingen und Würdenträgern, den funkelnden Thronsaal seines prachtvollen Palastes, den vor Jahrhunderten tüchtige Architekten aus Granada erbaut haben.

Der Thron ist von mehreren statuengleichen nubischen Sklaven umgeben, die zur Aufwartung des Kalifen bereitstehen, um jeden auch noch so kleinen Befehl ihres Herrn auszuführen.

In der Mitte der großen Empore sind zwei Wasserbecken eingelassen, an deren Rand sich einige Haremsdamen schmachtend auf weichen Kissen und Teppichen niedergelassen haben und ihre Schönheit zur Schau stellen. Weiße, Negerinnen, Araberinnen und sogar Orientalinnen sind unter ihnen; allesamt sind sie sehr jung und reizvoll und tragen prachtvoll bestickte Leibchen und Röcke, die aus mehreren Lagen geschmeidiger, bunter Schleier gefertigt sind und die harmonische Linie ihrer vollkommen geformten Beine durchschimmern lassen.

Nur die momentane Favoritin, eine sehr junge weiße Frau mit noch nicht ausgeprägten Formen, sitzt zu Füßen des Thrones.

Breite Lichtstreifen, die durch eine riesige, mit kunstvollen Bildern verzierte Fläche aus geschliffenem Glas einfallen, durchfluten den weitläufigen Saal; in harmonisch ausgewogenen Linien strebt die Glaswand dabei der großen Kuppel entgegen, über deren Mittelpunkt sich der Turm des Palastes erhebt.

Der Kalif ist um die Fünfzig, von mittlerer Statur und trägt ein kurzes Bärtchen um das Kinn; Muße und gutes Essen, die er beide im Überfluß genossen hat, haben ihn behäbig werden lassen, und

* Nach Angabe mehrerer Wissenschaftler 1214 gegründet, wurde die Stadt rasch zu einem Handelszentrum großer Bedeutung. Sie erlebte ihre Blütezeit im 15. und 16. Jahrhundert. Heute zählt Timbuktu kaum mehr als zehntausend Einwohner; dennoch sind seine sieben Moscheen, die alten Türme, die machtvollen Schutzwälle und die Märkte noch Zeugnisse seiner alten Größe.

nur in den harten Gesichtszügen und in seinem wilden und scharfen Blick kann man noch Überreste seiner Vergangenheit als *fellata** erkennen; ansonsten wirkt er wie jemand, der sich ewig langweilt. Ein Hauptmann der Wache tritt heran und flüstert dem Kalifen etwas zu; dieser gibt nur mit einem kurzen Nicken seine Zustimmung zu verstehen.

Die große Saaltür öffnet sich, und zwei *kissouri*, bewaffnet mit Lanzen und *jatagan***, treten zur Seite, um einem Jüngling Platz zu machen, der mit großen, ausholenden Schritten näher kommt. Turban, Kleidung und Umhang, die er trägt, sind schwarz: die typische Kluft jener Bande von *tuaregh*-Räubern, die in der Gegend als Wüstenhunde bekannt sind.

Die *tuaregh* sind dank ihrer hartnäckigen Absonderung von anderen Stämmen und der daraus folgenden geringen Durchdringung durch arabische Einflüsse der Volksstamm unter den Nordafrikanern, der die körperlich größten Menschen hervorbringt, doch dieser hier ist ein wahres Musterbeispiel seiner Rasse: ein Meter neunzig groß, kräftig gebaut, schlank und geschmeidig – der geborene Kundschafter –, trägt er auf seinem stolzen Gesicht eine angriffslustige Miene zur Schau, während seine schwarzen Augen, die wie zwei glühende Kohlenstücke leuchten, voll wacher Intelligenz in die Welt blicken.

»Nun, also, El Hallem, hast du herausgefunden, wer er ist?« fragt ihn der Kalif sofort und ohne Umschweife, kaum daß er vor ihm stehengeblieben ist.

»Ja. Er ist Amerikaner und heißt Desmond Jordan.«

Der Kalif streckt sich auf dem prunkvollen Thron aus, der mit Kissen ausgepolstert ist. El Hallem nimmt auf einem hochbeinigen Hocker neben dem Herrn von Timbuktu Platz.

»Bist du sicher, daß er den Sprechenden Berg sucht?«

»Ich bin sicher«, bestätigt El Hallem entschieden, »und sicher ist sich auch der *targui*-Führer, der ihn vor einigen Monaten in den Tassili n'Ajjer begleitet hat. Damals hatte der Amerikaner die Gelegenheit, einem *marabutto* zu Hilfe zu kommen, und der *targui*

* Volksstamm, der von der Viehzucht lebt, jedoch vor allem Krieger hervorbringt, in den südlichen Randgebieten der Sahara angesiedelt ist und schon seit undenklichen Zeiten die afrikanischen Staaten mit Söldnern versorgt; wahrscheinlich handelt es sich dabei um die älteste Volksrasse der Sahara.

** Kurzer Säbel türkischen Ursprungs, mit breiter, nur einseitig scharfer Klinge.

ist davon überzeugt, daß der fromme Mann ihn vor seinem Tod zum Zeichen seiner Dankbarkeit in das Geheimnis des Sprechenden Berges eingeweiht hat. Vor wenigen Tagen ist der Amerikaner in den Tassili zurückgekehrt und von dort aus weitergereist; es hat den Anschein, als verfolge er eine bestimmte Route.«
»Schon seit Jahrhunderten redet man hier von dem Sprechenden Bergen und von den sagenhaften Schätzen, die sich in ihm verbergen sollen, aber niemals ist es jemandem gelungen, ihn zu finden«, erläutert der Kalif mit hitziger Stimme und vor Habgier leuchtenden Augen. »Du mußt den Amerikaner finden, El Hallem.«
»Ich werde ihn finden.«
»Wenn wahr ist, was du sagst, wird er uns direkt zum Sprechenden Berg führen!« schließt der Herr über Timbuktu und blickt dabei so begehrlich drein wie ein Kind, dem man eine große Leckerei versprochen hat.
Dann plötzlich nimmt sein Gesicht wieder einen scharfsinnigen und bösartigen Ausdruck an, und er klatscht dreimal in die Hände. Alle Blicke richten sich auf eines der beiden Becken, die mit klarem Wasser gefüllt sind, und erst jetzt bemerkt El Hallem, daß dort mittendrin ein spindeldürrer Mann halbnackt und unbewegt, an Händen und Füßen gefesselt, auf den Knien liegt, so daß man nur den Kopf und die Schultern erkennt.
Aus einem Wasserzufluß des Beckens taucht jetzt der Kopf einer riesigen Felsenpython auf, die unter bedrohlichem Zischeln ihre lange, gespaltene Zunge hervorschnellen läßt.
Die Augen des bemitleidenswerten Gefangenen weiten sich vor Schreck, während sein ganzer Körper von einer eindrucksvollen Starre befallen wird.
»Was hat jener Mann getan, daß er einen solchen Tod verdient?« fragt El Hallem den Kalifen, ohne die Augen von dem Opfer abzuwenden, dessen schreckliches Los in ihm Abscheu und Widerwillen weckt.
»Ich erinnere mich nicht mehr, aber etwas wird es wohl gewesen sein«, lautet die lakonische Antwort des Befragten.
Das riesige Reptil, das nicht weniger als neun Meter lang ist, betrachtet den Unglückseligen einige Sekunden lang, dann entrollt es die Windungen seines Leibes und schlingt ihn um jenen armseligen, abgezehrten Körper, dessen Knochen unter dem unerbittlichen, schraubstockähnlichen Druck mit einem Knirschen zerbrechen.

Der gewaltige Schlund der Python schließt sich um den Kopf des Mannes, der ganz in seinem Inneren verschwindet.
»Ich muß etwas Neues erfinden«, bemerkt der Kalif mit einem betrübten Kopfschütteln, dem er noch ein breites Gähnen folgen läßt.
An diesem Punkt zieht El Hallem seinen Dolch; die Umstehenden durchläuft ein Schauder der Furcht und der Anspannung, weil man für den Kalifen fürchtet, der plötzlich erschrickt und sich ängstlich an die Armlehnen klammert. Eine Sekunde später fliegt der Dolch durch die Luft und trifft den Gefangenen ins Herz, um ihm einen schrecklichen Todeskampf zu ersparen.
Die *kissouri* sind in Alarmbereitschaft, um gegen El Hallem einzuschreiten, doch der Kalif, der den Moment der Angst überspielen will, den er erlebt hat, trägt eine ungerührte Gleichgültigkeit zur Schau.
»Weißt du, wie lange sie brauchen wird, um ihn zu verdauen?« fragt er El Hallem mit der größten Selbstverständlichkeit. »Sechs Tage und sechs Nächte. Und so lange währt auch unser Bündnis, wenn du mir nicht jenen Amerikaner bringst ... hast du gehört, El Hallem?«
»Ich habe gehört«, antwortet der *targui*, ohne die geringste Beunruhigung zu zeigen.
»Ich will diesen Mann«, erklärt der Kalif und springt, gepackt von einer plötzlichen Erregung, auf, »und ich will den Sprechenden Berg ... und alles, was darin ist!«
Dann zieht er aus einer kleinen Geldtruhe eine mit Münzen prallgefüllte Börse und reicht sie El Hallem.
»Nicht alles, was darin ist ...« korrigiert ihn El Hallem und gibt ihm die Börse zurück, » ... nur die Hälfte. Wir sind Verbündete, nicht wahr?«
Der Herr von Timbuktu nickt mehrmals mit kleinen, wackelnden Bewegungen seines Kopfes, während er die Börse gelassen in die Truhe zurücklegt.
»So ist es also abgemacht«, bestätigt er El Hallem und mustert ihn dabei mit einem zweideutigen Lächeln.
Der dreiste Räuber erwidert den Blick, dann verzieht auch er den Mund zu einem spöttischen Lächeln. Beide wissen, daß sie dem anderen ebensowenig trauen können wie einer Schlange, doch gehört es für sie zum alltäglichen Leben, eine solche Herausforderung anzunehmen und ihre Risiken einzugehen.

Vor einer Festung der Fremdenlegion herrscht stets ein buntes Treiben. Alles mögliche kann man hier antreffen: von den fliegenden Händlern, die ihre kümmerliche Ware auf dem Rücken eines Eselchens herbeibringen, bis zu den Kaufleuten, die auf großen Markttischen ihr reichhaltiges Angebot ausbreiten; von Vermittlern über gelegentliche und berufsmäßige Spitzel bis hin zu den großen Scharen von Bittstellern verschiedener Art, die meist zum Kommandanten wollen; von den Händlern für Pferde und *mehari* bis hin zu den Kupplern, die die Reize junger Mädchen anpreisen, welche sie auf dem Sklavenmarkt von Timbuktu oder anderen großen Zentren gekauft haben.
Durch diese vielfältige und pittoreske Menschenmenge bahnt sich der Trupp unter dem Befehl von Leutnant Ryker einen Weg und ist gerade dabei, das Tor des Vorpostens zu durchreiten, wo er von einer salutierenden Abteilung Legionäre und zwei Trompetenstößen begrüßt wird.
Im Inneren gibt es einen Auflauf unter den Legionären, die, neugierig auf das Schicksal der Deserteure, von den Unterkünften in den Hof strömen, während bereits die ersten aufregenden Gerüchte von Mund zu Mund gehen.
Mitten auf dem Platz erwartet der Kommandant der Festung, Major de Brosse, den Trupp.
Er ist um die Fünfzig und hat das verfeinerte und kultivierte Aussehen eines Mannes adliger Herkunft, ebenso wie man in ihm sowohl an der eher kleinen Statur als auch an der quadratischen, fast gedrungenen Gestalt sofort den typischen Franzosen erkennen kann. Er steht fest, mit leicht gespreizten Beinen, da, die Hände auf dem Rücken verschränkt, und wartet auf den Bericht Rykers, der vom Pferd gestiegen ist und auf ihn zukommt.
»Herr Major«, teilt ihm der Leutnant mit, nachdem er salutiert hat, »zwei Deserteure verstorben, einer wieder eingefangen. Erwarte Ihren Befehl.«
»Man wird dem Reglement entsprechend vorgehen«, ordnet der Major an, ohne Orso kaum mehr als eines zerstreuten Blickes zu würdigen.
Ryker macht kehrt und nickt Sergeant Halimi zu; dieser geht mit zwei Legionären auf Orso zu, die ihn packen und an den Ketten hinter sich her zu einer Seite des Forts ziehen, fast zerren.
Die Augen Jordans wandern von Orso zu de Brosse und Ryker, aus dessen gedämpftem Flüstern er schließt, daß nun von ihm die Rede ist.

Die beiden Offiziere kommen auf ihn zu.
»Jordan, Desmond Jordan ...« beginnt der Major. » ... Ich habe einige von Ihren Büchern gelesen und sie sehr interessant gefunden.«
»Ich fühle mich geschmeichelt.«
»Ich werde Ihnen Ihre Unterkunft zeigen. Und seien Sie mein Gast zum Abendessen, wenn es Ihnen angenehm ist. Punkt sieben.«
»Es ist mir eine Ehre. Ich werde pünktlich sein.«
»Ich glaube, eine schöne Dusche wird Ihnen Freude machen. Leutnant Ryker zeigt Ihnen den Weg. Auf Wiedersehen.«
Der Major geht auf die Kommandantur zu, während Jordan Ryker folgt, nicht ohne noch einen verstohlenen Blick zu Orso hin zu werfen, der mit auf dem Rücken gebundenen Händen von Halimi gezwungen wird, hinter einem Pfahl niederzuknien.
Der Sergeant legt Orso ein Seil um den Hals und bindet dessen anderes Ende am Pfahl fest, um dann eine große, mit Wasser gefüllte Schüssel so vor ihn hinzustellen, daß er, auch wenn er sich ganz ausstreckt, mit den Lippen nur bis auf wenige Zentimeter an ihren Rand herankommt; sollte ihn jedoch der Durst in seiner Verzweiflung so weit bringen, sich noch mehr zu strecken, so wird sich die Schlinge unweigerlich zuziehen und ihn erwürgen.
»Du krepierst, wenn du trinkst, und du krepierst, wenn du nicht trinkst. Du hast die Wahl«, faßt Halimi zynisch und mit offenem Sarkasmus zusammen, bevor er mit einem zufriedenen Grinsen davongeht.
Jordan hofft von ganzem Herzen, daß Orso sich von der alptraumartigen Situation nicht überwältigen läßt und dem möglicherweise aufkommenden Wunsch, sie zu beenden, widersteht.
Die Duschanlagen sind notdürftig ausgerüstete Kabinen im Freien. Ryker und Jordan treten, nachdem sie sich ausgezogen haben, in zwei nebeneinanderliegende Abteile.
Wasser tritt reichlich aus dem durchlöcherten Brausekopf und wäscht die Müdigkeit und die Sandschicht vom Körper des Leutnants der Legion, doch die Wut in seinen Augen ist geblieben.
»Wir haben im selben Schützengraben gelegen«, beginnt er, an Jordan gerichtet, der seinen Blick ebenso kalt erwidert, »wir haben unser Leben zusammen riskiert ... und ohne deine Aussage hätten sie mich nicht aus der Armee entlassen!«
»Du hattest kaltblütig einen deutschen Gefangenen umgebracht«, ruft ihm Jordan nüchtern ins Gedächtnis.

»Weißt du, wie viele unserer Kameraden er getötet hatte? ... Er hat meine Männer wie Tiere niedergeschossen!« greift ihn Ryker heftig an und tritt vor Erregung aus der Dusche hervor. »Mit mir zusammen waren Franzosen, Belgier, Holländer, Engländer, Amerikaner wie du! Und er hatte sie ohne Gnade niedergemetzelt! Ich habe ihn bestraft, Jordan. Ich mußte ihn bestrafen!«
»Und wenn es noch so grausam war – er hatte doch nichts anderes getan als das, was der Krieg von ihm verlangte. Du dagegen hast aus Rache gehandelt. Wie auch immer ... du bist wieder Offizier einer Abteilung. Reicht dir das nicht?«
Ryker würde Jordan auf dessen verächtliche Äußerung nur allzu gerne etwas erwidern, findet aber in seiner Wut nicht die richtigen Worte, um ihn seinerseits zu verletzen, und verfällt in ein finsteres Schweigen, während immer noch Wasser in kleinen Bächen über sein wie versteinertes Gesicht rinnt. Schließlich kehrt er unter den Wasserstrahl zurück und beginnt erneut, sich mit heftigen Gesten zu waschen, um wenigstens einem Teil seines unterdrückten Zorns Luft zu machen.

Leise und schnell decken einige Legionäre den Tisch ab, an dem de Brosse, Ryker und Jordan zu Abend gegessen haben, während draußen die Sonne untergeht und ihr blendendes Licht langsam in weichere Töne übergeht.
Die Unterkunft des Kommandanten ist kaum mehr als eine in vier Räume unterteilte Baracke, von denen einer auch als Offiziersmesse genutzt wird; die anderen drei dienen als Arbeitszimmer, als Büro und als Schlafraum.
Nachdem sie in das anliegende Zimmer übergewechselt sind, entdeckt Jordan auf einer Staffelei, auf Leinwand gemalt, das Bild eines Wüstennomaden, dessen charakteristische Kleidung allerdings ganz in Rot gehalten ist.
»Gefällt Ihnen mein Gemälde?« fragt de Brosse.
»Mein Kompliment. Die Farben sind bis in die Nuancen hervorragend getroffen. Auch die Zeichnung ist bemerkenswert gut gelungen«, erwidert Jordan mit aufrichtiger Bewunderung, wobei er jedoch besonders an dem Abgebildeten selbst interessiert ist. »Wen stellt sie dar?«
»Einen Mann vom Volk des Berges.«
»Hatten Sie ein Modell, oder malen Sie aus dem Gedächtnis?«
»Ich habe einmal einen gesehen, vor langer Zeit, einen Toten«, gibt

der Major genaue Auskunft, während sie vom Arbeitszimmer in das Büro gehen. »Lebend lassen sie sich niemals fangen.«
Jordan wirft nur einen flüchtigen Blick auf den nüchternen Schreibtisch, hinter dem, mitten an der Wand, das Bild des Präsidenten Gaston Doumergue und daneben die französische Flagge hängen: Seine ganze Aufmerksamkeit ist von dem in Beschlag genommen, was de Brosse sagt.
»Um die Männer des Berges rankt sich noch immer ein Rätsel«, fährt der Major fort, während die drei nach draußen treten. »Unvermittelt tauchen sie auf, dann verschwinden sie wieder ... ungreifbar, unbegreiflich ... Was beschützen oder verbergen sie nur? Es gibt Gerüchte, in denen von unermeßlichen Schätzen die Rede ist, andere sprechen von Mächten, die uns unbekannt sind. Für mich sind das nur Legenden; was meinen Sie dazu?«
»Ich bin nicht in der Lage, ein Urteil dazu abzugeben«, erwidert Jordan und trägt dabei eine gelassene Gleichgültigkeit zur Schau. »Warum sprechen Sie mich auf diese Leute an?«
»Was könnte wohl ein so berühmter Archäologe wie Sie in dieser Hölle suchen, wenn nicht den Sprechenden Berg?«
Die Schatten der drei Männer werden länger, während sie gemächlich das innere Gelände der Festung abschreiten. Jordan ist überrascht und verblüfft darüber, wie genau der Major mit seiner Vermutung ins Schwarze getroffen hat, und blickt nur starr auf seinen Schatten hinab, als könnte ihm von diesem Hilfe oder eine Eingebung zuteil werden, wie er seine Tarnung wiederherstellen kann, die dieser Mann mit seinem detektivischen Instinkt im Handumdrehen durchschaut hat.
Dann aber begreift er, daß es keinen Sinn mehr hat, Versteck zu spielen; es wäre aussichtslos, zu versuchen, den Mann, der bereits unter Beweis gestellt hat, mit welch durchdringender Klarheit sein Gehirn zu arbeiten pflegt, auf eine falsche Fährte zu bringen.
»Haben Sie ihn denn gesehen?« fragt ihn Jordan, ohne noch den Versuch zu unternehmen, sein Interesse herunterzuspielen; jedoch ist er ebensowenig bereit, auch nur mit einem Wort das preiszugeben, was er weiß.
»Meiner Meinung nach gibt es ihn nicht, und ich würde auch keinen Finger krumm machen, um mehr darüber zu erfahren!« antwortet ihm der Major mit feiner Anspielung, um bei Jordan jeglichen Verdacht auszuräumen, es könnte ihm bei seinen Forschungen von seiner Seite aus eine Konkurrenz oder gar Rivalität erwachsen.

»Meine Welt ist diese hier: Sand, Schützengräben und sechzig Männer ohne Vergangenheit und ohne Zukunft.«
»Ihre Welt ist dazu verurteilt, bald zu sterben, Major«, meint Jordan, nicht ohne jedoch in seinem Ton die Bewunderung für diesen Soldaten anklingen zu lassen, der es versteht, der bewußtgewordenen Demütigung seines Ichs mit Würde zu begegnen.
»Was kümmert das mich, ich werde früher sterben!« kommt prompt und mit einem Lächeln die Antwort, die nur von einer Spur Bitterkeit gefärbt ist.
»Ich hasse die Fremdenlegion!« macht Ryker, der bis dahin stummer Zuhörer gewesen ist, ein unerwartetes Geständnis, das jedoch mehr nach einem vor sich hin gesprochenen Gedanken klingt als nach einer Einmischung in das Gespräch.
Jordan kann sich bei dieser Enthüllung ein ironisches Lächeln nicht verkneifen; die drei Männer setzen wie mechanisch ihren Weg fort, ein jeder in seine eigenen Gedanken versunken. So geschieht es auch während dieser Gesprächspause, daß sie auf der Höhe von Orso vorbeikommen; das müde und leidende Gesicht des Riesen bewegt sich etwas zur Seite, gerade rechtzeitig, um den Blick geheimen Einverständnisses aufzufangen, den Jordan ihm zuwirft.
Im selben Moment wirft die untergehende Sonne ein paar Meilen weiter östlich, vor dem verfallenen Fort, andere, unnatürlich lange Schatten in den Sand; einer von ihnen, das düstere Abbild eines roh gezimmerten Kreuzes, weckt Unruhe in El Hallem. Auf den Spuren von Jordan ist er an der Spitze eines starken Aufgebots von Wüstenhunden an der Stelle angekommen, wo der amerikanische Archäologe, die Deserteure und die von Ryker angeführten Legionären aufeinandergetroffen sind.
Als er in dem rasch zugeworfenen Grab die Überreste von Kroll entdeckt, stößt der Anführer der Räuber einen Seufzer der Erleichterung aus: Er hat gefürchtet, den Leichnam von Jordan dort zu finden. Ein Stück weiter weg trifft er auch auf die entfleischten Gebeine des armen Grübel, bedeckt von der zerfetzten Uniform, die die Geier in Stücke gerissen haben.
»Ich begreife einfach nicht, was hier vorgegangen ist!« meint El Hallem, an seinen Statthalter gerichtet, der gerade neben ihn getreten ist. »Hast du die Spuren verfolgt, Ibrahim?«
»Ja, sie führen alle zu der Festung. Der Amerikaner muß dort sein«, antwortet Ibrahim.
Letzterer ist ein *targui* von auffällig finsterem und grimmigem

Aussehen; zu allem Überfluß ist sein Gesicht auch noch durch eine breite Narbe verunstaltet, Überbleibsel eines Säbel- oder Dolchhiebs, den ihm wohl eines der Opfer seiner zahlreichen Überfälle oder ein Rivale in einem Kampf um die Ehre beigebracht hat.
El Hallem verflucht sich selbst: Wenn der Amerikaner Gefangener der Fremdenlegion ist, kann es leicht passieren, daß er die Übereinkunft mit dem Kalifen nicht einhalten kann ... und seinen Kopf verliert!
Er besteigt wieder sein Pferd und gibt barsch einen Befehl aus; einen Moment später galoppiert der Trupp der Wüstenhunde dicht an dicht auf den Vorposten der Fremdenlegion zu.

Das Leben eines Mannes, der bei Nacht in der Sahara Wache hält, hängt stets am seidenen Faden, und der Wachlegionär auf dem Türmchen des Forts weiß dies auch ganz genau: Die Möglichkeit, sich vom Schlaf überwältigen zu lassen oder auch nur die extrem strapazierten Sinne ein wenig zu entspannen, existiert nicht, denn schon die geringste Ablenkung könnte den Tod durch eine Messerklinge oder die Spitze einer Lanze bedeuten, ein Schicksal, das ihn als allerersten, noch vor seinen Kameraden, ereilen würde.
In der Stille der Nacht jagt dem Wachenden jedes Geräusch einen Schrecken ein; mit heftig klopfendem Herzen muß er dann sofort herausfinden, ob es nur der Wind oder der leise Schritt eines Feindes gewesen ist, der jenes kaum wahrnehmbare Rascheln verursacht hat.
Der Wachsoldat hat erst vor kurzem seinen Kameraden abgelöst und denkt gerade darüber nach, daß er noch fast ganze zwei Stunden warten muß, bis er sich wieder auf seiner Pritsche ausstrecken kann, als er aus dem Innenhof ein leises Scharren vernimmt. Er hält den Atem an, spitzt die Ohren und kneift die Augen zusammen, kann aber nichts erkennen. Also kehrt er zu seinem Rundgang zurück, der ihn um die äußere Begrenzung der Festung führt; in jedem Fall, davon ist er überzeugt, droht größere und tödliche Gefahr nur von draußen.
Jordan hat, ohne es zu wollen, während des Großen Krieges die Kunst des »Leopardenschritts« gelernt: Er ist stocksteif stehengeblieben, als die Wache auf das nur winzige Geräusch hin, das er beim Schleichen verursacht hat, in Richtung Unterkünfte geblickt hat, und nimmt nun mit größerer Vorsicht seinen Weg wieder auf, der ihn zu Orso führt.

Auf den Schultern trägt er ein großes zusammengerolltes Bündel mit den wertvollsten Stücken seiner Ausrüstung. Es ist offenkundig, daß er nicht nur die Absicht hat, Orso zu befreien, sondern selbst fliehen will.
Ein letzter Abschnitt, und er ist bei Orso angekommen, der überhaupt nicht überrascht ist, ihn herannahen zu sehen. Mit wenigen Messerschnitten hat er das Seil durchtrennt, mit dem man Orso an den Pfahl gebunden hat; dieser bemächtigt sich der Wasserschüssel und stürzt ihren Inhalt mit langen Schlucken und ohne auch nur einmal einzuhalten herunter.
Jordan erklärt Orso seinen Plan mit Hilfe der Zeichensprache; dieser gibt zu verstehen, daß er begriffen hat, und geht auf das Tor der Festung zu. Jordans Ziel dagegen ist die Einzäunung, in der sich die Pferde und *mehari* befinden.
In der Zwischenzeit betritt Ryker, wie von einer Ahnung getrieben, die Unterkunft Jordans und findet sie leer vor. Leise und rasch weckt er Halimi, und sie erreichen gemeinsam den Pfahl, wo sich der Verdacht des Leutnants bestätigt, als sie die durchschnittenen Seile sehen und feststellen, daß der Deserteur verschwunden ist.
»Soll ich Alarm geben?« fragt Halimi flüsternd.
»Nein. Schnell, zum Wachturm«, befiehlt ihm der Leutnant, in dessen Hirn bereits ein ebenso schlauer wie grausamer Plan Gestalt anzunehmen beginnt.
Nach dem ersten Verdacht haben andere kleine, unbestimmte Geräusche den Wachposten in höchste Anspannung versetzt, doch noch immer halten ihn Zweifel und Unsicherheit davon ab, Alarm zu geben. Nun aber hört er unverwechselbar das Knirschen von Holz, als mache sich jemand am Tor der Festung zu schaffen: Es ist Orso, der versucht, den großen, quer vorgelegten Balken herauszuziehen, wobei er sich Mühe gibt, sowenig Lärm wie möglich zu machen.
Der Wachposten greift rasch nach seinem Gewehr und legt an, doch sein Alarmruf erstirbt ihm in der Gurgel, die von einer langen, spitzen Klinge durchbohrt wird – dem Dolch, den Halimi geworfen hat und der nicht nur dem Geräusch, sondern auch seinem Leben ein Ende bereitet.
Im selben Moment ist Jordan auf ein Pferd gesprungen und setzt zum Galopp an, wobei er ein weiteres Roß mit sich führt. Wie der Blitz durchquert er den Hof, während Orso den Balken von sich schleudert, einen Türflügel öffnet und in perfekter Zeitabstimmung

auf das zweite Pferd springt; beide sprengen, tiefgebeugt über die Pferderücken, aus der Festung; die Hufe der Tiere rufen im Sand nur ein gedämpftes Klopfen hervor.

Alles ist so schnell gegangen, daß die beiden Flüchtenden gar nicht bemerkt haben, daß kein einziger Schuß auf sie abgegeben worden ist; erst nach einigen hundert Metern Entfernung beginnen sie sich darüber zu wundern und sich nach dem Grund zu fragen.

Es kann nur eine beunruhigende Erklärung dafür geben, und Jordan fürchtet einen Hinterhalt, denn es scheint ihm alles zu glatt gegangen zu sein. Ihre einzige Chance besteht jedoch darin, soviel Vorsprung wie möglich vor den Legionären zu gewinnen und auf den Schutz der Dunkelheit zu bauen; so treiben die beiden ihre Pferde an und reiten weiter.

Halimi hat in der Zwischenzeit den Wachturm erreicht und sich seinen Dolch wiedergeholt, der noch im Hals des armen Wachsoldaten steckte; für diesen hatte das Schicksal einen Tod von der Hand eines Feindes vorgesehen, der nicht von außen, sondern von innen kam, und ihn damit zum zufälligen Opfer der kriminellen Machenschaften zweier seiner Kameraden gemacht.

Der Sergeant läßt sich leise vor Leutnant Ryker auf die Erde fallen.

»So ist es ihnen also gelungen zu fliehen!« flüstert er mit einem ironischen Grinsen und wischt dabei die Klinge seines Dolches ab.

»Und nachdem sie einen Wachsoldaten getötet haben! Das erschwert die Situation Jordans erheblich, denn er wird keine Immunität mehr genießen können ... erst recht nicht vor meinen Gewehrkugeln!« grinst der Leutnant mit boshafter Genugtuung, denn nun, dank seines Planes, hat er endlich die Möglichkeit zur Rache, auf die er so lange gewartet hat.

»Soll ich Alarm geben, damit wir die Verfolgung aufnehmen können?« fragt Halimi.

»Nein, lassen wir ihnen diesen kleinen Vorsprung, dann wird die Jagd um so amüsanter!« entscheidet Ryker, der schon im voraus seine Rolle als »Katze« auf der Fährte der »Maus« Jordan genießt.

Nachdem sie einige Meilen hinter sich gebracht haben, lassen die beiden Flüchtenden ihre Reittiere langsamer gehen und bleiben schließlich stehen. Der Moment des Abschieds ist gekommen, und die beiden Männer sehen sich mit großer Sympathie und Herzlichkeit an.

»Hier trennen sich unsere Wege, Orso. Ich bin froh, dich kennengelernt zu haben«, macht Jordan den Anfang und zieht dabei nach

einiger Suche die beiden Stücke der Photographie aus der Tasche, die Halimi zerrissen hat. Er reicht sie dem Hünen, in dessen Augen es freudig aufleuchtet.
»Du wirst sie wiederfinden, dessen bin ich mir sicher«, ermutigt ihn Jordan. »Viel Glück.«
Dann streckt er dem Sarden die Hand hin, die dieser heftig und ohne Worte schüttelt, wie es seiner schweigsamen und scheuen Art entspricht.
Jordan gibt seinem Pferd die Sporen und reitet davon. Orso sieht ihm nach, wie er im verhangenen Licht des Mondes immer kleiner wird, dann kommt Bewegung in ihn, als hätte er plötzlich eine Entscheidung getroffen; er gibt seinerseits seinem Pferd die Sporen und läßt es der Spur Jordans folgen.
Der Archäologe hört das gedämpfte Geräusch von näherkommenden Hufen hinter sich und begreift; er wird langsamer, ohne jedoch den Kopf zu drehen, sondern wartet einfach, bis der Legionär zu ihm aufschließt, und lächelt Orso an.
»Möchtest du mit mir kommen?« fragt er ihn, glücklich darüber, einen neuen, verläßlichen, ehrlichen Freund gefunden zu haben.
»Ich habe noch eine Schuld bei dir zu begleichen«, murmelt der Riese nur. Was er sonst noch sagen möchte, drückt er in dem ersten offenen Lächeln aus, das sich seit langer Zeit auf seinem Gesicht zeigt.

VI

Der Jude der Großen Oase

Die Tatsache, daß sie sich mit frischem Wasser versorgen mußten, hatte Orso, der sich in der Gegend gut auskannte, dazu veranlaßt, eine Oase anzusteuern, auch wenn außer Frage stand, daß ihre Verfolger ihre notgedrungene Entscheidung erraten und sich ohne zu zögern und in der Gewißheit, sie abfangen zu können, ebenfalls dorthin begeben würden.

Tatsächlich waren Orso und Jordan, nachdem sie den Rest der Nacht im Freien gelagert hatten, gleich beim ersten Schimmer des Morgens wieder aufgebrochen und hatten nach einigen Stunden eine Oase erreicht, die zwar kaum mehr als etwa dreihundert Meter an Ausdehnung besaß, jedoch mit schattigen Plätzen und Blattwerk reich gesegnet war.

Obwohl von sandigem Untergrund, war das Gelände mit prachtvollen *aloe** und Kaktusfeigen übersät – ein Phänomen, das einem unterirdischen Wasserspeicher zu verdanken war.

Über diese erste Vegetationsstufe ragten die langen, zylindrischen Stämme von Palmen mit ihren Wipfeln aus dreißig bis vierzig gefächerten Blättern in die Höhe, kostbare Pflanzen, weil sie Früchte ähnlich den Datteln tragen, die reich gefüllt mit zuckerhaltigem Fruchtfleisch sind, während sich aus ihrem Stamm eine mehlige und genießbare Substanz gewinnen läßt.

Mitten in der Oase fanden sie in kleinem Abstand voneinander mehrere Brunnen vor. Wie alle Brunnen der Sahara waren auch diese mit Palmstämmen abgedeckt, womit verhindert wird, daß der sandige Grund in die Gruben einbricht, die zwischen sieben und acht Meter tief sind.

Sie ließen ihre Feldflaschen hinab und tranken sich mit gierigen Schlucken an dem kühlen und klaren Wasser satt. Dann tränkten sie die Pferde und sammelten reichlich Früchte ein, während sie, mangels Waffen, darauf verzichten mußten, auch nur einen einzi-

* Dauerpflanzen mit fleischigen, stachligen Blättern und röhrenförmigen Blüten in sehr intensivem Rot oder Gelb.

gen der vielen, großen *otarde**, gemächlichen Vögeln, die in der Oase umherflatterten, zu erlegen.
Fast steht die Sonne in ihrem Zenit, und die Temperatur ist auf fünfzig Grad geklettert, als Jordan und Orso, seit einigen Stunden wieder unterwegs, ihre Pferde anhalten, um noch einmal einen Blick auf die Karte zu werfen. Orso nutzt die Pause, um auch einen Schluck Wasser aus der Feldflasche zu nehmen.
Ein Mensch kann in der Sahara über zehn Liter an Schweiß verlieren, was den Tod bedeutet, wenn er diesen Verlust nicht regelmäßig durch Flüssigkeit ersetzt.
Immer wieder blickt Jordan von der Karte zu der riesigen Fläche aus Sanddünen auf, die sich zum Horizont hin verliert, als wollte er einen Vergleich anstellen, doch es ist Orso, der, als er seine Feldflasche verstaut, einen Warnruf ausstößt: »Da, sieh mal!« sagt er und zeigt auf eine Stelle links von ihnen.
Noch weit in der Ferne erblicken sie eine Sandwolke, die von mehreren galoppierenden Pferden aufgewirbelt wird. Jordan beobachtet sie angestrengt und bemerkt, daß die Reitergruppe, als sie auf ungefähr eine halbe Meile herangekommen ist, anhält und sich etwas ausbreitet. Es folgen Sekunden der Stille und der absoluten Reglosigkeit.
Man kann nun deutlich die charakteristischen, in Rot gehüllten Gestalten der Männer des Berges erkennen, die hoch und gerade in ihren Sätteln sitzen.
Dann hebt einer der Männer in der Mitte den Arm und läßt ihn abrupt nach vorne fallen: das Zeichen zum Angriff. Die Reiter strömen fächerförmig aus, und nun kann Jordan sie zählen: Es sind dreizehn.
Er hebt die Hände mit den Handflächen nach vorne und ruft das arabische Wort für »Frieden«. Die Männer des Berges zeigen keine andere Reaktion, als ihre Pferde noch mehr anzutreiben und ihre Krummsäbel zu zücken, die grell in der Sonne aufblitzen.
Orso wendet sein Pferd, bereit zur Flucht, doch Jordan stellt sich ihm in den Weg.

* Großtrappe; kranichähnlicher Vogel, der bis zu einem Meter lang wird; sein Gefieder ist grau an Hals und Kopf, am Oberkörper fuchsrot mit schwarzen Strichen, weiter unten weiß und leuchtend kastanienbraun auf der Brust. In Europa ist die Großtrappe wegen ihres reichlichen und wohlschmeckenden Fleisches ein begehrtes Jagdtier und deshalb sehr selten geworden, während sie in Nordafrika und Mittelasien noch häufig anzutreffen ist.

»Nein, bleib stehen, wir warten auf sie«, sagt er vollkommen ruhig. Orso ist wenig überzeugt, verläßt sich aber dennoch auf das sichere Gefühl seines Freundes. Jordan gibt seinem Pferd leicht die Sporen und setzt sich langsam in Bewegung: Allein und offenkundig unbewaffnet reitet er dem furchterregenden Ansturm der roten Krieger entgegen.
Noch einmal hebt er die rechte Hand mit offen dargebotener Handfläche, wobei er versucht, so gut wie möglich das Symbol nachzuahmen, das er auf der *Clavicula Salomonis* und in der Grabesnische unterhalb der verfallenen Festung gesehen hat.
Diese Geste, oder vielleicht auch die bewundernswerte Haltung, in der er der Gefahr trotzt, scheint eine gewisse Unsicherheit unter den Reitern hervorzurufen, die instinktiv die Wucht ihres Angriffs etwas zurücknehmen, ja, der Anführer des Trupps hebt sogar mit einem einhaltgebietenden Rucken die Hand, woraufhin der wilde Galopp sich schließlich zu einem leichten Trab verlangsamt.
Jordan rückt weiter vor, bis er dem Anführer der Männer des Berges von Angesicht zu Angesicht gegenübersteht. Sie blicken sich einige Sekunden lang in die Augen. Jordan will gerade zu sprechen beginnen und hat eben noch die Zeit, zu bemerken, daß diese Augen, die ihn mit so großer Intensität anblicken, von außergewöhnlicher Schönheit sind, als ein Schuß die Stille zerreißt und einer der Männer des Berges im Sattel zusammensinkt und lautlos zu Boden gleitet.
Einen Moment später bricht die Hölle über sie herein. Aus den umliegenden Dünen tauchen ungefähr dreißig Legionäre auf, die, angeführt von Ryker und unter ständigem Schießen, auf die Gruppe der Roten Reiter zugaloppieren.
Ein Kugelhagel prasselt auf die Männer des Berges hernieder, von denen weitere drei im selben Moment fallen. Die Überlebenden sammeln sich um ihren Anführer, der auf der Stelle, mitten in dem Durcheinander und den Sandwolken, die die scheuenden Pferde aufwirbeln, den Gegenangriff organisiert.
Heftige Kämpfe setzen ein, während die Männer des Berges versuchen, den Kamm einer Düne zu erreichen, um sich besser verteidigen zu können. Sowohl das unausgewogene Kräfteverhältnis als auch die Überraschung der Roten Reiter führen jedoch dazu, daß ihre Reihen sich rasch lichten und sie einer nach dem anderen niedergemetzelt werden, ohne eine Chance zum Widerstand zu haben; nur einer ist dem Massaker bisher entgangen.

»Es ist der Anführer! Ich will ihn lebend!« befiehlt Ryker in herrischem Ton und zeigt dabei auf den einzigen Entkommenen. Doch der Überlebende ist nur allzu entschlossen, sein Leben teuer zu verkaufen, und schlägt sich mit überraschender Kraft und Tapferkeit. An der Klinge seines Krummsäbels klebt bereits das Blut von mehreren Legionären, und selbst jetzt, als er sich vom Gegner eingekreist und bedrängt sieht wie das Wildschwein von einem Rudel Hunde, kämpft er wie ein Besessener, und tatsächlich gelingt es ihm, alle Angriffe zurückzuschlagen, und sein wirbelnder Säbel gräbt sich in das Fleisch von weiteren drei Legionären.

An diesem Punkt gibt Ryker einen Schuß mit der Pistole ab und trifft das Pferd des Anführers, der, aus dem Sattel geworfen, die Düne hinabrollt. Blitzartig fallen die Legionäre über ihn her, und während der eine ihm mit dem Fuß die Hand in den Boden tritt, die noch immer den Säbel hält, wird er von den anderen endgültig überwältigt.

Jordan und Orso, die von drei Legionären mit Gewehren in Schach gehalten werden, haben dem schnellen und blutigen Kampf hilflos zusehen müssen. Nun kommt Ryker auf sie zu, hinter ihm Halimi und die anderen Legionäre, die den unbeugsamen Überlebenden des Bergvolkes mit Gewalt hinter sich her zerren.

»Freust du dich nicht, mich zu sehen?« fragt Ryker Jordan in offen spöttischem Ton, auf den dieser nur mit einem entrüsteten Schweigen antwortet.

»Täusche ich mich, oder schienst du in bestem Einvernehmen mit diesen Banditen zu stehen?« fügt der Leutnant provozierend hinzu. »Vielleicht bist du nicht nur ein Freund von Deserteuren und Mördern, sondern auch ein Verräter deiner Rasse?«

Der Archäologe schweigt beharrlich und beschränkt sich darauf, ihn voller Verachtung anzusehen.

»Ist nicht wichtig, das werden wir schon von unserem Gefangenen erfahren«, schließt Ryker. Ihn erfüllt die Tatsache, daß er sich seinem verhaßten Rivalen gegenüber endlich in einer Position der Stärke befindet, mit Genugtuung.

Er geht auf den Roten Reiter zu, der instinktiv versucht, sich mit einer raschen Drehung aus dem Griff seiner Bewacher zu befreien, doch wird dieser sinnlose Versuch sogleich und mit roher Gewalt von den Legionären unterbunden.

»Laßt ihn los!« befiehlt Ryker in anmaßendem Ton, der in Anwesenheit seiner Männer noch überheblicher klingt als sonst.

Der tapfere Überlebende wird losgelassen, und der Offizier streckt die Hand aus, um ihm den *litham* vom Gesicht zu reißen; dabei kommt ihm jedoch der Rote Reiter zuvor, der sich mit einer blitzartigen Bewegung den Turban mitsamt dem Schleier abnimmt. Eine Woge schwarzen Haares fällt über die Schultern von Anthea, der Königin der Männer des Berges, und fügt sich wie ein Rahmen um das atemberaubend schöne und zarte Gesicht.

Wie aus einem Munde entfährt allen Anwesenden ein Ausruf der Überraschung; die Verwunderung ist so groß, daß alle wie versteinert die betörende Schönheit von Anthea betrachten und dabei vergessen, daß eben diese zerbrechliche, graziöse junge Frau mit Mörderhand in ihren Reihen gewütet hat.

Auch Jordan ist sichtlich beeindruckt und zugleich bezaubert von dieser Frau, die die Eigenschaften des Kriegers mit überwältigender körperlicher Schönheit verbindet.

Ryker mustert lange die unerwartete, prachtvolle Beute und streckt schließlich eine Hand aus, um das Gesicht des Mädchens anzuheben, doch dieses reagiert blitzschnell, und eine Ohrfeige landet mit einem heftigen Klatschen auf der Wange des Offiziers.

Ryker bleibt stocksteif stehen, während sich auf seinem Gesicht ein Ausdruck heller Wut breitmacht. Er tritt einen Schritt zurück, zieht den Säbel aus der Scheide und führt dessen Spitze langsam an die Kehle des Mädchens, das jedoch nicht eine Sekunde seinen wilden Blick vor ihm senkt und, selbst als die Eisenspitze sich in seine Haut bohrt, einfach nur darin fortfährt, ihn mit offener Herausforderung und ohne Furcht anzusehen.

Das ärgert den Leutnant, in dessen Augen deutlich Mordlust glitzert, gewaltig; tatsächlich hat er bereits beschlossen, ihr die Kehle zu durchstoßen. Dann, plötzlich, kommt ihm eine andere Idee: Bevor er sie tötet, will er sie erniedrigen, um sich an ihr für eine andere, noch schlimmere und demütigendere Erniedrigung zu rächen, die ihm selbst widerfahren ist.

Mit einem boshaften und verächtlichen Grinsen läßt er die Spitze des Schwerts sinken und trennt mit der Klinge, einen nach dem anderen, die kleinen Knöpfe ab, die das Leibchen der jungen Frau über der Brust zusammenhalten.

»So etwas kannst du nicht tun!« gebietet ihm Jordan empört Einhalt, stößt den Sergeanten von sich und stellt sich schützend vor das Mädchen, ohne an die Gefahr für seine eigene Person zu denken.

Der unerwartete Beistand gibt Anthea Mut und Tatkraft zurück,

und sie ruft mit einem scharfen Pfiff die Pferde ihrer Leute zu sich, welche sich aufbäumen und, an den Zügeln zerrend, versuchen, sich loszureißen. Damit versetzen sie auch die Pferde der Legionäre in eine solche Unruhe, daß die Soldaten von Anthea ablassen müssen, um Hals über Kopf auf ihre Reittiere zuzustürzen und diese daran zu hindern, in die Wüste zu fliehen.
Es bricht ein heilloses Chaos aus, das durch den Staub, den die vierzig stampfenden Pferde aufwirbeln, ebenso wie durch die wild durcheinander rufenden Soldaten, die sie im Zickzack verfolgen, noch größer wird.
Ein Pferd kommt nahe an Jordan vorbei; er ist geistesgegenwärtig genug, es am Zügel zu packen.
»Steig auf«, befiehlt er Anthea, während er das unruhige Tier festhält.
Anthea blickt Jordan für den Bruchteil einer Sekunde lang an: In ihren Augen leuchtet Dankbarkeit, doch sprechen auch Bewunderung und Sympathie aus ihnen, und der Wunsch, ihn kennenzulernen. Dann springt sie, so geschwind wie ein Gedankenblitz, auf und gibt dem Pferd die Sporen.
Ryker bemerkt den Fluchtversuch sofort.
»Haltet sie auf!« schreit er wütend und führt die Hand rasch zur Pistolentasche.
Schon richtet sich der Pistolenlauf auf den Rücken der Königin, und schon hat Ryker den Finger am Abzug, als Jordans Hand auf die Waffe herabsaust. Der Schuß wird abgelenkt und verliert sich in der Wüste.
Als sie den Schuß knallen hört, beugt sich Anthea tief über den Pferderücken und schaut zurück, wo sie Jordan im Kampf mit Ryker sieht. Sie ist zu nah, um hoffen zu können, einem zweiten Schuß zu entkommen, also jagt sie auf ihrem Pferd unter anfeuernden Rufen den anderen Reittieren hinterher und entfesselt so ein Höllenkarussell.
Unter Fluchen und nach so manchem unfreiwilligen Flug in den Sand gelingt es den Legionären schließlich, ihre Pferde aufzuhalten; die schnellsten unter ihnen greifen zu den Gewehren, doch nun müssen sie abwarten, bis sich die dichte Staubwolke wieder legt; und als dies geschehen ist, sehen sie Anthea nur noch in weiter Ferne, nunmehr außer Schußweite, davongaloppieren.
Ryker ballt die Fäuste und fletscht die Zähne zu einer Grimasse schrecklichen Zorns: Ihm ist der Anführer der geheimnisvollen und

furchterregenden Männer des Berges entkommen, und er hat noch nicht einmal die gemeine Strafe über ihn verhängen können, die er ihm zugedacht hatte. Vor Wut außer sich, wendet er sich Jordan zu: »Du wirst mir teuer bezahlen, was du angerichtet hast! Du hast einen Offizier der Legion angegriffen und einem blutrünstigen Banditen zur Flucht verholfen ...« schreit er ihm wütend ins Gesicht und spricht damit praktisch sein Todesurteil aus.
»Ich habe eine Bande wahnsinnig gewordener Schurken in Schach gehalten«, stellt Jordan gelassen, jedoch mit einem Ton tiefster Verachtung, richtig, »eine Bande, die von einem Offizier befehligt wird, der schon immer die Uniform, die er trug, in den Schmutz gezogen hat!«
Diese Beschimpfung ist schlimmer als eine schallende Ohrfeige, weil ihr beleidigender Inhalt haarscharf ins Schwarze trifft und weil sie in Gegenwart der Soldaten ausgesprochen wurde, unter denen es mucksmäuschenstill geworden ist. Von einem Moment zum anderen ist Ryker alles Blut aus dem Gesicht gewichen.
»Diese Beleidigung wirst du büßen ... Auf der Stelle!!!« brüllt der Leutnant und legt dabei die Hand an den Griff seines Säbels.
»Halimi, gib ihm deinen Säbel«, befiehlt er dem Sergeanten.
Der Sergeant zögert und geht auf Ryker zu, um ihn von seinem Vorhaben abzubringen.
»Aber, Herr Leutnant ...« beginnt er leise auf ihn einzureden; ein Duell sei immer ein Risiko, während eine gut gezielte Kugel jeder Gefahr ein Ende machen könnte, zumal man ihn an diesem Punkt sogar umbringen könnte wie einen Hund: Die Lage, in die sich Jordan selbst gebracht habe, würde es ihnen ermöglichen, dies mit gutem Recht zu tun.
»Gib ihm deinen Säbel!« unterbricht ihn statt dessen Ryker, indem er seinen Befehl wiederholt, denn die Wut, die in ihm brodelt, läßt ihn die Augen vor einer vernunftbetonten Lösung verschließen.
Halimi muß wohl oder übel gehorchen und übergibt seinen eigenen Säbel Jordan.
»Ich werde dich töten, Jordan!« kündigt Ryker an, als sich die Spitzen der Säbel im Ritus der Begrüßung berühren.
Wilde Mordlust blitzt in den Augen des Leutnants, als er sich mit schrecklichem Ungestüm auf seinen Gegner stürzt. Jordan pariert die Hiebe, die Ryker nach allen Seiten austeilt, und weicht unter dem stürmischen Angriff ein paar Schritte zurück.
Bebend und mit lautem, metallischem Klirren treffen die Klingen

aufeinander, nicht selten mit solcher Wucht, daß die Funken sprühen.
Alle Anwesenden, die in ein spannungsgeladenes Schweigen verfallen sind, haben um die Duellanten herum einen Kreis gebildet, stets bereit, zur Seite zu springen, wenn diese ihnen, unter der Wucht ihrer Angriffe, allzu nahe kommen.
Orso ist verblüfft und angenehm überrascht von den unvorhersehbaren Fechtkünsten Jordans, die nun zutage treten.
Hart folgt ein Schlag dem anderen. Rykers Angriffe haben etwas von dem Ungestüm eines Flusses, der über seine Ufer tritt, und trotz der großen Anzahl der Angriffe, die er durchführt, bleiben seine Wendigkeit und die Schlagkraft seines Armes ungebrochen.
Jordan, der geordneter und mehr in der Vertikalen kämpft, erwidert kühl und elegant einen Schlag nach dem anderen und zeigt dabei eine gute Beherrschung der Technik, die ihn seinem Gegner durchaus ebenbürtig macht.
Plötzlich befindet sich Jordan in einer Stellung, in der ihm die Sonne voll ins Gesicht scheint. Ryker bemerkt dies sofort und läßt eine rasche Serie von Hieben folgen, die der geblendete Archäologe gerade eben noch abwehren kann; auf den letzten Hieb freilich, der direkt auf sein Herz zielt, kann er nicht schnell genug reagieren, seine Verteidigung bricht zusammen; nur mit einem instinktiven Gegenstoß gelingt es Jordan noch, ihn abzufangen, wobei sein Säbelgriff sich mit dem von Rykers verhakt.
Der Amerikaner versucht zu kreisen, um sich aus dieser Position zu bringen, in der keine Verteidigung möglich ist; noch immer ist dabei seine Klinge mit der seines Gegners verkantet. So geschieht es, daß ein Sonnenstrahl von seinem Säbel zurückgeworfen wird und dem Leutnant in die Augen trifft, der nun seinerseits geblendet ist. Jordan nutzt diese momentane Behinderung seines Gegners aus, um sich blitzartig aus der Verhakung zu befreien und zuzustoßen.
Ryker, der auf diese Weise aus dem Gleichgewicht gebracht und überrumpelt wird, kann nicht mehr rechtzeitig parieren, und der Stoß geht ihm, nur knapp über dem Herzen, quer durch die linke Schulter. Er stößt einen erstickten Schrei aus und sinkt im Sand zusammen.
Halimi ist der erste, der bei seinem Offizier ankommt, um ihm Hilfe zu leisten. Auch Jordan stürzt herbei und kauert neben seinem Gegner nieder.
Er untersucht die Wunde; sie ist nicht lebensgefährlich, blutet aber

heftig. Ryker hat das Bewußtsein verloren und atmet mit Mühe. Jordan verbindet die klaffende Wunde, so gut es geht, um den Blutfluß zu stoppen, dann richtet er sich auf.
»Bringt ihn sofort in die Festung«, rät er Halimi.
»Ihr beiden kommt mit uns!« gebietet ihm der Sergeant in drohendem Ton und zeigt dabei auch auf Orso, der hinter Jordan steht.
»Ich werde hierbleiben, und Orso ebenso«, widersetzt sich Jordan ihm ruhig, aber mit Entschiedenheit.
Der Sergeant ist einen Moment lang unschlüssig. Er weiß nicht, welche Haltung er dem selbstsicheren Jordan gegenüber einnehmen soll. Der amerikanische Archäloge wirft zuerst Orso einen beschwichtigenden Blick zu, dann wendet er sich erneut an den Sergeanten: »Oder ...« beginnt er wieder mit leicht bedrohlichem Unterton, » ... oder ich werde gezwungen sein, einen genauen Bericht darüber zu erstatten, was hier vorgefallen ist: ein Offizier der Legion, der seine Männer dazu anstiftet, einer Gefangenen Gewalt anzutun!«
Halimi schaut sich verwirrt um und blickt bei den Legionären ringsum nur in besorgte Gesichter. Dieser verfluchte Jordan hat recht: Ihnen allen stehen große Schwierigkeiten ins Haus!
»Und Sie, was schlagen Sie vor ... mein Herr?« fragt der Sergeant Jordan, plötzlich voller Respekt und Furcht.
»Eine ehrenhafte Lösung«, rät Jordan. »Die Abteilung ist mit einer Bande der Männer des Berges zusammengetroffen und als Sieger daraus hervorgegangen. Leutnant Ryker wurde im Kampf verletzt, als er heldenhaft den Angriff führte.«
»Und ... Professor Jordan? Und ... Orso, der Deserteur?« fragt Halimi demütig, der sich nun ganz und gar Jordan anvertraut, um in der schwierigen und verwickelten Situation eine Lösung zu finden.
»Sind im Hoggar-Gebirge verlorengegangen«, erklärt der amerikanische Archäologe leichthin. »Wie so viele andere vor ihnen. Es wird genügen, daß ihr uns zwei Pferde, Waffen, Wasser und Lebensmittel laßt, und wir werden unserer Wege ziehen und froh sein, euch niemals wiederzusehen.«
Halimi blickt ihn einige Augenblicke lang an; diese Zeit braucht sein Gehirn, um den Vorschlag von allen Seiten zu überdenken und um, insgesamt betrachtet, darin die einzige Lösung zu erkennen, die ihm und seinen Kameraden Glaubwürdigkeit verleiht und die Hoffnung bereithält, noch einmal mit heiler Haut davonzukommen.
»Fangt die Pferde ein! Fertigmachen zum Abmarsch!« brüllt er plötzlich seinen Männern zu.

Während sich die Legionäre, bereit zum Abmarschieren, in der Kolonne aufstellen, heben Halimi und zwei seiner Soldaten ihren Offizier behutsam hoch und betten ihn auf eine Art Bahre, ein Stück Zelttuch, das sie zwischen vier Pferde gespannt haben.
Ryker verzieht dabei das Gesicht vor Schmerz – Zeichen dafür, daß er langsam wieder zu Bewußtsein kommt. Die noch getrübten Augen suchen Jordan, der gleich neben ihm steht.
Der Amerikaner begreift sofort, daß er es ist, den der Verletzte sehen will, und verändert seine Stellung derart, daß dieser ihm ohne große Anstrengung ins Gesicht schauen kann. Ryker blickt ihn starr an, während er versucht, seine Stimme wiederzuerlangen, und die Lippen öffnet und schließt, ohne daß ihnen ein Ton entwichen wäre; man sieht ihm an, daß es sehr schwierig und schmerzhaft für ihn ist zu sprechen, doch ebenso offensichtlich ist sein Wunsch, es zu tun, wobei es Feindseligkeit ist, die ihn drängt.
»Ich werde dich noch schnappen, Jordan ...« gelingt es ihm unter großer Anstrengung zu sagen. Er legt eine lange Pause ein, dann bemüht er sich weiterzusprechen: »Jener Berg ... auch ich will ihn finden ...« fügt er schließlich in einem geheimnisvollen Ton hinzu, wobei die Worte nur noch in einem Gurgeln seinem Mund entweichen.
Weiter kann er nichts mehr sagen, weil ihm wieder die Sinne schwinden. Die Kolonne macht sich auf den Rückweg zur Festung, beladen mit der Bürde des Todes und des Blutes, dem Tribut, den sie einem erbarmungslosen und unveränderlichen Gesetz zollen mußte, das schon seit Jahrhunderten dieses Land und seine wilden Bewohner beherrscht: dem Gesetz der Wüste Sahara.

Nachdem sie sich unter den Pferden, die herrenlos geblieben sind, die beiden besten ausgesucht haben, blicken Jordan und Orso der sich betrübt und langsam entfernenden Reihe der Legionäre Rykers noch eine Weile hinterher, denn sie ziehen es vor, noch etwas abzuwarten, damit die erschöpften Vierbeiner wieder zu Atem und zu Kräften kommen können.
Sie selbst wagen es nicht, sich im Sand auszuruhen, der sie, mit einer Temperatur von über sechzig Grad, empfindlich verbrennen würde. Nach einer halben Stunde steigen sie wieder in den Sattel; Jordan wählt die Richtung, die Anthea bei ihrer Flucht eingeschlagen hat.
Weniger als zehn Minuten später kommt El Hallem mit seiner

Bande der Wüstenhunde an dem Ort des Massakers an. Während der narbige Ibrahim und die anderen *tuaregh* von den Pferden steigen und sich daran begeben, voller Habgier auf der Suche nach Waffen und irgendwelchen Wertgegenständen die Leichen der Gefallenen zu durchstöbern, bleibt El Hallem aufrecht im Sattel sitzen und blickt angestrengt zum Horizont, an dem er schließlich, in weiter Ferne, die Gestalten der beiden Reiter entdeckt.
Dank seiner scharfen Augen, die die Sehkraft eines Raubvogels besitzen, erkennt er in einer von ihnen sofort Jordan und lächelt erleichtert. Die verlorengeglaubte Beute hat sich wieder eingefunden.
Er hat Glück gehabt: Wenn der Amerikaner in der Festung geblieben wäre, wäre es praktisch unmöglich gewesen, ihn zu fangen und zum Kalifen zu bringen.
»Sag den Männern, sie sollen sich sofort zum Weiterritt bereitmachen«, befiehlt er dem Narbigen. »Wir müssen die beiden ereichen, bevor es dunkel wird.«
Sein Statthalter versucht, seine Gefährten rasch zu überzeugen, muß dabei aber viel Redegewandtheit aufbringen, weil niemand von einer Bande *tuaregh* verlangen kann, das zu durchbrechen, was heilige Regel unter den Räubern der Wüste ist – zu plündern, um so mehr, als es sich um leichte Beute handelt.
Ibrahim aber ist ebenso geschickt mit der Zunge wie mit dem Dolch, und so geschieht es, daß wenige Minuten später Orso, der sich, einem Instinkt folgend, umgewandt hat, die Wüstenhunde, allen voran El Hallem, in bedrohlicher Geschwindigkeit auf sie zukommen sieht.
»Die Wüstenhunde! Die wildesten Räuber der Wüste!« ruft er warnend aus und treibt das Pferd zu einem Galopp an, was ihm Jordan sogleich nachtut. Die Räuber jedoch sind so schnell, daß sie immer mehr aufholen. Jordan errechnet rasch den Stand der Sonne.
»In einer Stunde ist es dunkel«, schätzt er erleichtert.
»Sie werden uns früher erreichen«, urteilt Orso, der sich keine Illusionen macht, und zieht sein Gewehr aus der Sattelhalterung.
El Hallem, wie alle *tuaregh* ein geschickter und müheloser Reiter, der daran gewöhnt ist, während des Reitens zu schießen, hält das Gewehr mit einer Hand und zielt abwechselnd auf Orsos und dann wieder auf Jordans Rücken, weil er unschlüssig ist, auf wen er den ersten Schuß abgeben soll.
Dann läßt er die Gewehrmündung sinken, zielt auf die Beine des

Pferdes von Jordan und drückt ab. Die Kugel läßt einen dünnen Strahl Sand vom Boden aufschießen und streift den Huf des Reittieres.

»Wer auf den Legionär schießt, dem hacke ich die Hände ab. Wer den Amerikaner tötet, dem hacke ich den Kopf ab!« teilt El Hallem drohend seinen Leuten mit.

Der Narbige sieht ihn verblüfft an: Seit wann machen die Wüstenhunde so viele Umstände mit ihren Opfern? Auch die anderen *tuaregh* der Bande sind überrascht, doch wagt es niemand, die Befehle des Anführers zu kritisieren oder in Frage zu stellen.

El Hallem zielt erneut und gibt einen Schuß ab: Auch die anderen Räuber schießen jetzt, sehr bedacht darauf, nicht die beiden Flüchtenden zu treffen.

Schließlich stellt sich einer von ihnen, ein wahrer Akrobat, im Sattel auf die Füße, ohne aus dem Gleichgewicht zu geraten, zielt einige Sekunden lang und drückt den Abzug.

Auf den Schuß folgt das schmerzvolle Wiehern des Pferdes von Orso, das getroffen zusammenbricht und seinen Reiter abwirft. Jordan hält sein sich aufbäumendes Roß sofort an.

»Orso!« ruft er verzweifelt aus und zerrt an den Zügeln, um sein Pferd so schnell wie möglich umkehren zu lassen.

Der sardische Hüne hat jedoch noch sein Gewehr, geht geistesgegenwärtig nach dem Fall hinter seinem Pferd in die Knie, zielt und gibt kaltblütig sechs Schüsse hintereinander auf die *tuaregh* ab, die mittlerweile sehr nahe herangekommen sind.

»Auf mein Pferd, schnell!« ruft da Jordan, der gewendet hat und von hinten auf ihn zu reitet.

Drei Räuber der ersten Reihe fallen und geraten unter die Hufe der nachfolgenden Pferde, die straucheln, gegeneinanderprallen, ausbrechen und schließlich übereinanderstolpern. Auch El Hallem ist in die Stürze verwickelt, die fast die ganze Gruppe lahmlegen.

Einer der wenigen, die noch im Sattel sitzen, ist Ibrahim, doch da kommt im wahrsten Sinne des Wortes Hilfe vom Himmel, in Gestalt eines Wanderfalken: Es ist Ares, der den Narbigen im Gesicht angreift und dann sein Pferd zum Scheuen bringt.

Der tapfere Falke, den Jordan in der Nacht seiner Flucht schweren Herzens in der Festung zurücklassen mußte, hat sich, nachdem er seinen Herrn aus den Augen verloren hat, instinktiv auf die Suche nach ihm begeben und ihn nach einem zähen, unermüdlichen Erkundungsflug gerade noch rechtzeitig gefunden, um ihm beizustehen.

Orso springt hinter Jordan auf, und das Pferd nimmt seine Flucht wieder auf. Noch immer herrscht unter den Verfolgern große Verwirrung, die wertvolle Sekunden verstreichen läßt. El Hallem kocht vor Wut und versucht, die Jagd wiederaufzunehmen, ohne noch mehr Zeit zu verlieren.
»In die Sättel! In die Sättel!« befiehlt er den anderen, springt auf sein eigenes Pferd, das er fast mit Gewalt wieder auf die Beine gezogen hat, und nimmt als erster wieder die Verfolgung auf.
Auch den anderen gelingt es schließlich, in die Sättel zu springen und ihrem Anführer hinterherzureiten; die Leichen ihrer drei Gefährten und zwei Pferde mit gebrochenen Beinen müssen sie in der Wüste zurücklassen.
Jordan beobachtet ängstlich den Stand der Sonne, die schon fast ganz untergegangen ist. Ihr Pferd, das bereits mit dem Gepäck beladen ist, hat Mühe, eine leidliche Geschwindigkeit zu halten, da es nun auch noch das beträchtliche Gewicht von Orso zu tragen hat. Nun steht ihm der Anstieg einer Düne bevor.
Erneut sind die Wüstenhunde in Schußweite vorgerückt und haben das Schießen wiederaufgenommen, wobei sie noch immer versuchen, stets nur die Pferde zu treffen.
»Sie könnten uns leicht treffen. Das heißt, sie wollen uns lebend«, zieht Jordan den naheliegenden Schluß.
»Du bist es, den sie wollen«, stellt Orso richtig, dem es durchaus klar ist, daß es gewiß nicht seine unwichtige Person ist, an der die Räuber interessiert sind.
Die *tuaregh* stellen jetzt das Feuer ein, sei es, weil die Pferde beim Anstieg der Düne zu sehr hin- und herschwanken, sei es wegen der zunehmenden Dunkelheit: Unter diesen Bedingungen könnte es sogar geschehen, daß die Flüchtenden zufällig von einer Kugel getroffen werden.
»Jetzt müssen wir sie kriegen!« brüllt El Hallem, der mit Besorgnis beobachtet, wie die abendlichen Schatten rasch länger werden. »Los, schneller! Beeilt euch! ...«
Er spornt rücksichtslos sein Pferd an, das sich noch mehr ins Zeug legt, und auch die anderen Räuber erhöhen ihre Geschwindigkeit, um dann fächerförmig auszuschwärmen: Ihr Ziel ist es, die Flüchtenden einzukreisen, sobald sie den Kamm der Düne überschritten haben.
Es ist eine wilde Hetzjagd und eine Qual für die Pferde, die man dazu antreibt, auch ihr Letztes zu geben.

Jordan und Orso bringen den Kamm der Düne hinter sich und erblicken am Ende des kurzen und leicht abfallenden Hanges den dunklen Flecken einer Oase. Sie ist ihre einzige Hoffnung.
Jordan gibt seinem Pferd wild die Sporen, um am Abhang etwas Vorsprung zu gewinnen, während der Falke, der sich bislang dicht über ihren Köpfen gehalten hat, ihnen nun in rasender Geschwindigkeit zur Oase hin vorausfliegt und dabei laute, schrille Schreie ausstößt.
Kurz darauf tauchen von zwei Seiten der Düne die Wüstenhunde auf. Die beiden Flüchtenden nähern sich der Oase, während die beiden Flügel der *tuaregh* versuchen, sie in die Enge zu treiben, um zu verhindern, daß sie die Oase erreichen.
Es ist ein Wettrennen mit der Zeit: Nur wenige Meter trennen Jordan und Orso von der Oase, aber ebenso kurz ist auch ihr Abstand zu den ersten Verfolgern.
Doch da galoppiert das Pferd Jordans schon unter den ersten Palmen hindurch, und El Hallem zieht bei seinem Tier mitten im Galopp so heftig die Zügel an, daß es sich wild aufbäumt und ihn beinahe aus dem Sattel wirft. Auch die anderen Wüstenhunde unterbrechen auf diese Weise ihr rasantes Dahinpreschen, als sie bei den ersten Bäumen der Oase angekommen sind.
Die beiden Flüchtenden dringen ins Innere der Oase vor, springen zu Boden und kauern sich hinter zwei Bäumen nieder. Orso lädt auf der Stelle sein Gewehr nach, entschlossen, sein Leben, vor allem aber das seines Freundes Jordan, zu verteidigen, koste es, was es wolle.
Es vergehen einige Minuten, in denen nichts geschieht, bis sie in der eingetretenen Stille andere Geräusche wahrnehmen als die, auf die sie gefaßt waren – fröhliche Stimmen von Frauen und Kindern, welche sie nun, inmitten der unverwechselbaren Profile von mehreren *mehari*, zwischen den Bäumen und dem Blattwerk undeutlich hin und hergehen sehen.
El Hallem ist am Rand der Oase zurückgeblieben und scheint auf jemanden zu warten. Und tatsächlich tritt kurz darauf aus dem Dickicht ein Mann hervor und kommt auf ihn zu. Alle Gewehre der Wüstenhunde richten sich sofort auf ihn, doch ihr Anführer gibt ihnen ein Zeichen, die Waffen sinken zu lassen. Dann nimmt er den Neuangekommenen in Augenschein.
»Erkennst du mich wieder?« fragt El Hallem.
Der Befragte erwidert seinen Blick schweigend und mit gleicher

Intensität. Es ist ein Mann von ernstem und feierlichem Äußeren, dessen Augen eine große innere Würde ausstrahlen; um die Fünfzig, mager, groß, mit einem gutgepflegten, kurzen, fast ganz weißen Bart, ist er im Stil der Beduinen gekleidet, trägt dazu aber seltsamerweise ein Hemd europäischer Machtart.
»Du warst verletzt, und ich habe dich gesundgepflegt«, antwortet schließlich der ernste Mann.
»Und deshalb dringe ich auch nicht bei dir ein, edler Sholomon«, erklärt ihm der *targui* in hartem Ton. »El Hallem ist ein Mann der Ehre. Er betritt die Oase nicht, doch von diesem Moment an bin ich dir nichts mehr schuldig.«
Er wendet mit einem kurzen Schnalzen der Zügel sein Pferd und reitet, gefolgt von seinen Männern, davon. Ibrahim blickt seinen Anführer scheel von der Seite an: Er ist mit den letzten Entscheidungen, die dieser getroffen hat, nicht einverstanden, doch schweigt er; nur auf seinem entstellten Gesicht ist, unter dem Schutz der nächtlichen Dunkelheit, ein Ausdruck starken Widerwillens zu erkennen.
Sholomon weiß, wo sich die beiden Flüchtenden versteckt haben, und geht langsam auf sie zu, mit fast ganz ausgebreiteten Armen, um ihnen zu zeigen, daß er keine Waffen trägt und sie von ihm nichts zu befürchten haben.
»Seid willkommen in der Großen Oase«, sagt er liebenswürdig zu ihnen. »Niemand darf hier drinnen Gewalt ausüben, denn dies ist ein Ort des Friedens.«
Nachdem er so mit wenigen Worten jedes Mißtrauen ausgeräumt hat, blicken ihn Jordan und Orso neugierig und respektvoll zugleich an. Sholomon reicht Jordan die rechte, Orso die linke Hand und heißt sie mit einem schönen, strahlenden Lächeln auf dem Gesicht aufrichtig willkommen, einem Lächeln der Brüderschaft und der Solidarität.
»Mein Name ist Sholomon«, stellt er sich vor, während er beiden kräftig die Hände schüttelt. »Viele nennen mich den Juden der Großen Oase. Ich bitte Euch, meine Gastfreundschaft anzunehmen.«
Der Jude führt sie ins Innere der Großen Oase, wo sich die beiden Gäste in aller Ruhe den Einzelheiten widmen können, die zu betrachten sie zuvor gewiß nicht in der Lage waren.

Jordan und Orso sind dabei, eines der *duar** zu betreten, die man meist am Rande der Wüste antrifft und deren Behausungen ausschließlich aus Zeltplanen bestehen, die aus den Fasern der Zwergpalmen, vermischt mit Ziegen- und Dromedarhaar, gewoben und von Pfählen und Seilen gestützt werden.
Die Zelte sind acht bis zehn Meter lang, höchstens zwei Meter hoch und in ihrem Inneren durch Wände aus Binsen oder Rohr aufgeteilt, wodurch die Frauen einen gesonderten Raum für sich erhalten. Ihre Einrichtung ist schlicht: ein paar Truhen, zwei Steine, um Gerste oder Hirse zu mahlen, einige Teppiche und Vasen aus Steingut. Der Ofen befindet sich im Freien, um die Zelte nicht mit Ruß zu beschmutzen.
Um die *duar* herum hat man fast immer einen kleinen Nutzgarten angelegt, der mit großer Sorgfalt gepflegt wird. Beinahe alle Bewohner sind Hirten: Sie züchten Kamele, Dromedare, Hammel und Ziegen, und nicht selten sieht man Hunderte von Tieren um die Zelte herum grasen.
Sholomon bittet Jordan und Orso in ein geräumiges Zelt, dessen Boden mit Teppichen aus Rabat und Seidenkissen mit Goldstickereien ausgelegt ist.
Er bietet seinen Gästen frisch gemolkene Ziegenmilch an und stellt ihnen anschließend Jasmine, seine Frau, vor, eine schöne Araberin um die Dreißig mit großen, glänzenden Augen voller Leidenschaft; sie begrüßt die beiden Männer mit einem strahlenden und überaus freundlichen Lächeln, wenn auch etwas eingeschüchtert von der Anwesenheit des Falken Ares, der voller Stolz auf dem Arm von Jordan hockt.
Die Einrichtung dieses Zeltes ist geradezu widersinnig: Zum Teil traditionell afrikanisch geprägt, ist sie überraschenderweise auch mit europäischen Stücken durchsetzt.
Tatsächlich fehlen weder eine kleine Vitrine mit ärztlichen Instrumenten, noch ein Bücherregal, noch ein bequemer Tisch, um den herum sich nun alle versammeln, um ein reichhaltiges Abendessen zu verzehren.
Während sie schon ihren Minztee schlürfen, streckt ein Mädchen von etwa dreizehn Jahren verschlafen den Kopf zum Zelt herein; vielleicht hat die Unterhaltung sie geweckt: Es ist Parizad, die Tochter Sholomons und Jasmines.

*Feststehendes Lager, das sich aus einer kleinen Anzahl von Zelten zusammensetzt.

Eine lange Mähne schwarzer Locken umrahmt ein Gesichtchen mit feinen und vollkommenen Zügen, aus dem ihnen zwei große Augen, die vor kindlicher Neugier glänzen, entgegenblicken.
Sie trägt eine fein gearbeitete blaue Tunika und auf dem Kopf ein Käppchen derselben Farbe. Mehr als die beiden Gäste lenkt zuerst der majestätische Wanderfalke ihre Aufmerksamkeit auf sich, zu dem sie, unter den amüsierten Blicken der anderen, instinktiv sogleich Zutrauen faßt; tatsächlich beginnt sie sogar, ihn mit Dattelstückchen zu füttern, um sich bei ihm einzuschmeicheln, als wäre er eine sanfte Taube.
»Warum habt Ihr Polen verlassen?« fragt Jordan Sholomon in einem günstigen Moment, als Orso zu Parizad hinübergeht und Jasmine die Teetassen wegbringt.
Der Jude sieht ihn verblüfft an.
»Euer Akzent verrät Euch«, erklärt der amerikanische Archäologe.
»Etwas von unserer Vergangenheit bleibt immer an uns haften«, entgegnet Sholomon in schlichtem Ton, während seine Miene bei der Erinnerung ernst wird. »Ja, Ihr habt richtig geraten, ich bin polnischer Jude.«
Inzwischen hat sich Parizad voller Neugierde dem sardischen Hünen zugewandt.
»Heißt du wirklich Orso?« fragt sie ihn.
»Ja, wirklich.«
»Und warum?«
»Ich spreche wenig.«
»Und bist du wirklich ein Deserteur?« fragt Parizad mit der entwaffnenden Hartnäckigkeit weiter, die für ihr Alter typisch ist.
»Ja.«
»Und warum?«
Diesmal antwortet Orso nicht sofort. Er läßt eine lange Pause entstehen, die das Mädchen mit seinem süßen und unschuldigen Lächeln auszufüllen versucht. Dann deutet auch er, um seine Verlegenheit zu überspielen, ein schwaches Lächeln an und steht schließlich auf, um aus dem Zelt zu treten. Parizad begreift nur, daß sie eine indiskrete Frage gestellt hat, und verspürt aufrichtige Reue.
»Orso!« ruft sie ihm zerknirscht und voller Bedauern hinterher.
Doch der Ex-Legionär ist auf der Schwelle des Zeltes abrupt stehengeblieben. Was er dort sieht, hat ihn alles andere vergessen lassen. Einige der Wüstenhunde umrunden auf ihren Pferden im Schritttempo die Oase, jeder von ihnen mit brennenden Fackeln in der Hand.

Offensichtlich ist es ihre Absicht, einen undurchdringlichen Ring um die Oase zu ziehen und damit die Flüchtenden daran zu hindern, die Dunkelheit der Nacht auszunutzen und sich doch noch davonzustehlen.
Orso ruft nach Jordan und Sholomon, die sich zu ihm gesellen. Besorgt betrachten sie das sich langsam drehende, unheimliche Karussell der *tuaregh*, während im Lager alles stillbleibt: Kameltreiber und Hirten schlafen in ihren Zelten oder im Freien, eingehüllt in schwere Decken.
Ohne ihre unerbittlichen Verfolger aus den Augen zu lassen, nimmt Jordan wieder das interessante Gespräch auf, das er geführt hat, bevor der Ruf Orsos ihn unterbrochen hat.
»Niemand ist jemals von dem Ort zurückgekehrt, an den Ihr Euch begeben wollt«, warnt ihn der Jude.
»Zeigt mir den Weg, der mich zu jenen Männern führen kann«, beharrt Jordan mit ergreifendem Starrsinn, »ich bin sicher, daß Ihr ihn kennt.«
»Von mir werdet Ihr nichts erfahren«, erwidert Sholomon in überaus liebenswürdigem, jedoch ebenso resolut-entschiedenem Ton und schließt damit das Thema ab. »Ich jedenfalls werde Euch nicht in den Tod schicken.«
»Seht nur!« unterbricht sie von neuem Orso und macht sie damit auf die Tatsache aufmerksam, daß der Trupp der Wüstenhunde aufgehört hat, um die Oase zu patrouillieren, und rasch davonreitet. Bald schon wird das Licht der Fackeln von den Schatten der Nacht verschluckt.
»Ihr Anführer, El Hallem, ist sehr schlau und geduldig. Verlaßt Euch nicht darauf ...« rät ihnen Sholomon.
»In jedem Fall ist die Nacht besser als der Tag, um zu entwischen«, schlägt Orso vor. »Um so mehr, als der Mond fast ganz von Wolken bedeckt ist.«
»Ich bin einverstanden«, willigt Jordan ein. »Bereiten wir auf der Stelle die Pferde vor.«
Sholomon verläßt ohne ein Wort das Zelt und geht davon. Jordan und Orso bleiben verwundert stehen und sehen sich, unschlüssig, was sie tun sollen, an.
Parizad, die die Verlegenheit der beiden Gäste bemerkt hat und die Absichten ihres Vaters kennt, mischt sich sogleich ein, um sie zu beruhigen. »Mein Vater wird euch helfen«, verkündet sie in sanftem und fröhlichem Ton und setzt dabei eine verschwörerische

Miene auf, die komisch wirkt; dann wendet sie sich an Orso. »Komm, ich gebe dir arabische Kleider.«
Als Orso wieder aus dem Zelt tritt, trägt er ein klassisches arabisches Gewand; seine Uniform hat er zu einem Bündel zusammengerollt, das er zusammen mit seinem *Képi* Parizad anvertraut.
»Eines Tages wirst du es mir wiedergeben«, sagt er zu ihr.
Jordan und Orso blicken zum Mond empor, der fast völlig mit Wolken bedeckt ist. Jetzt wäre der richtige Moment für die Flucht.
Und da kehrt auch schon Sholomon zurück: Er führt zwei erstklassige Pferde am Zügel, die bereits gesattelt und mit den Feldflaschen, dem Gewehr Orsos und dem Gepäck Jordans beladen sind.
»Sie gehören euch«, sagt er schlicht und reicht Jordan die Zügel.
Jordan und Orso sind gerührt und lassen ihre ganze Dankbarkeit aus einem Blick sprechen, während Parizad zufrieden vor sich hinlächelt, um zu betonen, welch gute Prophetin sie doch gewesen ist.
»Schade, daß wir uns trennen müssen, wir hatten uns noch so viele Dinge zu erzählen«, meint Sholomon betrübt.
»Ich werde zurückkehren, das verspreche ich«, versichert ihm Jordan mit Nachdruck.
»Und du?« fragt Parizad besorgt, an Orso gerichtet.
»Ich auch«, bestätigt der Riese feierlich.
Die Kleine preßt das Uniformbündel wie eine Reliquie an ihre Brust, dann stellt sie sich auf die Zehenspitzen und drückt dem Ex-Legionär ein Küßchen auf die stachlige Wange.
Plötzlich senkt sich absolute Dunkelheit über ihre Gesichter.
»Jetzt!« sagt Orso.
Jordan stößt einen leisen Pfiff aus, und Ares läßt sich auf seinem Arm nieder. Ohne sich mit weiteren Abschiedsgrüßen aufzuhalten, springen die beiden auf die Pferde und reiten auf die andere Seite der Oase zu.
Die Wüstenhunde haben sich, versteckt hinter einer kleinen Düne, in einem Biwak versammelt, das nur aus dem bescheidenen Feuer ihrer brennenden Fackeln besteht: Sie müssen jederzeit und beim geringsten Alarmzeichen bereit sein, in Aktion zu treten, und können sich nicht mit Decken vor der Kälte schützen.
Nur El Hallem sitzt noch immer im Sattel seines Pferdes und hält vom Kamm der Düne aus Ausschau; er will nicht das Risiko eingehen, sich auf einen seiner Männer zu verlassen, dazu liegt ihm zuviel an der Beute. So ist er es auch, der als erster ein dumpfes Geräusch bemerkt, das von der Oase her kommt und das er auf der Stelle erkennt: Es ist der Hufschlag von zwei Pferden im Sand.

»Schnell, auf die Pferde!« befiehlt er in entschiedenem Ton. »Sie fliehen!«
Die *tuaregh* springen so rasch wie möglich auf ihre Reittiere, jeder greift sich eine Fackel, und so nehmen sie die Verfolgung auf.
Ibrahim, der Narbige, stößt nicht sofort zu ihnen; wie sein Anführer, der sich ebensowenig von der Stelle gerührt hat, weiß er, daß es in dieser Nacht praktisch unmöglich ist, die beiden Flüchtenden zu fangen. Er geht auf El Hallem zu.
»Nun ist es zu spät«, sagte er zu ihm, ohne den Tadel in seinem Ton zu verbergen. »Wir hätten in die Oase eindringen und sie dort fangen sollen!«
Dem fügt er nichts mehr hinzu, sondern springt aufs Pferd und reitet seinen Gefährten hinterher.
El Hallem nimmt den Ausbruch seines Statthalters mit schicksalsergebener Gelassenheit entgegen. Er läßt ihn ihm deshalb durchgehen, weil er erkennt, daß dieser nach dem Gesetz der *tuaregh* legitim ist; er jedoch hat einem Gesetz folgen wollen, das allgemeiner ist als das der Räuber der Wüste, und hat von vorn herein dessen Risiken und Gefahren auf sich genommen.
»Sie haben Glück, sehr viel Glück!« sagt er wehmütig zu sich selbst und blickt dabei zu dem völlig bedeckten Mond empor, um den sich die Wolken immer dichter zuziehen.
So bleibt er regungslos stehen, bis er einige Stunden später seine Männer erschöpft und enttäuscht zurückkehren sieht; dann macht er sich allein auf den Weg zu der Großen Oase. Als er bei dem Zelt Sholomons ankommt, tritt er ein, geht mit sicheren und leisen Schritten wie ein Leopard darin umher, findet die kleine Parizad, weckt sie behutsam und ohne ihr einen Schrecken einzujagen, nimmt sie an der Hand und führt sie zu dem Lager, auf dem der Jude und seine Frau Jasmine in ruhigem Schlaf liegen.
Mit Sholomon macht der *targui* keine Umstände, sondern rüttelt ihn unsanft wach. Auch Jasmine schreckt aus dem Schlaf hoch.
»Hier bin ich, Jude. Bravo, es ist dir also gelungen, ihnen zur Flucht zu verhelfen!« sagt er in drohendem Ton. »Nun stehst du bei mir in der Schuld.«
Sholomon erhebt sich. Er ist besorgt und verängstigt zugleich, ohne es sich jedoch anmerken zu lassen, und tritt dem wilden Anführer der Wüstenhunde mit würdevoller Fassung entgegen.
»Was willst du?« fragt er ihn gelassen.
»Das, was auch dein amerikanischer Freund wollte: den Schatz des Sprechenden Berges!«

»Einen Schatz?« ruft Sholomon überrascht aus und kann sich ein ironisches Lächeln nicht verkneifen.
»Wenn diese Männer in den roten Gewändern mit solcher Hartnäkkigkeit und Wildheit den Berg vor neugierigen Augen verborgen halten, was soll dann wohl anderes darin enthalten sein?«
»Ich weiß nichts von einem Schatz.«
»Nichts von einem Schatz? Ich habe verstanden: Dein Amerikaner will ihn ganz für sich allein und denkt dabei weder an den Kalifen noch an mich!« brüllt El Hallem nun fast, dann beruhigt er sich wieder und blickt mit einem bösartigen Grinsen zu Jasmine und Parizad, die sich ängstlich aneinanderklammern. »Etwas werde ich dem Kalifen auf jeden Fall bringen müssen: Ich habe meine Verbündeten noch nie enttäuscht ... also, welchen Weg hat dein Freund eingeschlagen, Sholomon?«
Der Jude scheint zunächst sprechen zu wollen, schweigt aber schließlich doch. Da geht El Hallem auf Parizad zu und beginnt ihr beharrlich über das Haar zu streichen.
»Welchen Weg hat er eingeschlagen?« fragt er noch einmal mit offen drohendem Ton, der anzeigt, daß er auch vor der Erfüllung seiner Drohung nicht haltmachen wird.
»Er ist in Richtung Hoggar geritten«, gibt Sholomon zu, dem keine andere Wahl bleibt, wenn er seine Tochter retten will.
Nun ist es an El Hallem, hochmütig zu sein: Das ist seine kleine Wiedergutmachung für die erlittene Schlappe: »Der Jude der Großen Oase hat soviel Mut im Bauch, und doch kommt aus seinem Mund nur Feigheit!«
»Wenn du wüßtest, was es mich kostet, mit der Feigheit zu leben, wie ich es tue, El Hallem!« hält ihm der Jude voller Stolz entgegen. »Dein Mut dagegen kostet nichts, wenn ihn jeder dahergelaufene Kalif sich kaufen kann!«
Die Worte Sholomons treffen ins Schwarze: El Hallem zuckt zusammen, zieht blitzschnell seinen Dolch und richtet ihn auf die Kehle des Juden, ohne daß dieser mit der Wimper zuckt.
Gern hätte der Anführer der Wüstenhunde Furcht in den Augen Sholomons, oder zumindest in denen von Jasmine und Parizad, gesehen, doch selbst sie bewahren ihre stolze Haltung, ja, das Mädchen schenkt ihm sogar ein, wenn auch gequältes, Lächeln.
Es ist dieses bläßliche, zarte, angstvolle Lächeln, das das eigentlich längst versteinerte Herz des *tarqui* zum Schmelzen bringt; schließlich, nach ein paar zermürbenden Sekunden des Schweigens, steckt

er seinen Dolch in die Scheide zurück und begibt sich eiligen Schritts zum Eingang des Zeltes. Schon auf der Schwelle, hält er jedoch noch einmal an und dreht sich um: »Jener Amerikaner wird niemals dort ankommen«, verspricht er Sholomon in einem Ton grimmiger Gewißheit. »Vorher werde ich ihn fangen!«
Dann geht er hinaus und läßt die unheilvolle Bedeutung seiner Drohung im Raume schweben.

VII
Die Luftspiegelung des Hoggar

Auf ihrer notgedrungen hastigen und unüberlegten Flucht haben Jordan und Orso kostbare Zeit verloren, und ihre Feldflaschen sind schon seit Stunden leer. Die beiden Araberpferde, die ihnen Sholomon geschenkt hat, sind von langsamer Gangart, kämpfen sich aber noch immer hartnäckig in dem unendlichen Meer aus Sanddünen vorwärts.

Jordan blickt prüfend auf die Landkarte; die Oase von Tamanrasset ist zu weit entfernt, und zudem müßten sie, um sie zu erreichen, einen Umweg von vielen Meilen in Kauf nehmen und würden auf halber Strecke sterben; Tod hin, Tod her – er beschließt, dem einmal gewählten Weg zu folgen und auf die Vorsehung zu hoffen.

Weitere Stunden vergehen unter großen Mühen; endlich hört die Sandwüste auf, und es beginnt die von schwarzen Felsen aller Größen durchzogene Steinwüste, der Jordan und Orso mittlerweile auf nur mehr einem Pferd entgegenreiten: Das andere, das von Orso, ist einige Meilen hinter ihnen zurückgeblieben, wo es bald nur noch eines der zahlreichen Gerippe sein wird.

Die beiden Männer sind erschöpft, vor allem Jordan scheint trotz der großen Willenskraft, die ihn noch aufrechterhält, dem Zusammenbruch nahe. Sein Gesicht ist angespannt, der Bart struppig und wirkt noch stacheliger als sonst, weil die gnadenlose Sonne ihm die Haut verbrannt hat.

Das Pferd tut noch ein paar Schritte, wobei es die Hufe langsam einen vor den anderen setzt, als wäre es ein aufziehbares Spielzeug, dann geschieht das Unvermeidliche: Es geht plötzlich in die Knie und bricht auf einen Schlag zusammen.

Jordan und Orso richten sich mit Mühe auf; nur noch einem Instinkt folgend, blicken sie sich um. In der Weite der glühendheißen Mulde, in der sie sich befinden, entdecken ihre von der Sonne geblendeten Augen einige pechschwarze Hügel mit scharfen Umrissen; doch sie sind viel zu weit entfernt für sie.

Entmutigung macht sich in ihren Herzen breit; Jordan, der leicht gebeugt steht, hebt keuchend das geschwollene und wunde Gesicht empor und sieht seinen Falken hoch über sich seine weiten Kreise

ziehen. Er möchte einen Schritt tun, fällt aber statt dessen wie eine Gliederpuppe in sich zusammen. Orso kommt zu ihm heran und zieht ihn mit der wenigen Kraft, die ihm geblieben ist, an die Seite eines Felsens, so daß wenigstens sein Kopf im Schatten zu liegen kommt.
Er fächelt ihm mit der Hand ein wenig Luft zu; unter heftigem Schütteln kann er der Feldflasche noch die letzten Tropfen entlocken und läßt sie auf die rissigen Lippen Jordans und seine schwärende Stirn fallen.
Der amerikanische Archäologe öffnet die Augen. Sein Gesicht zeigt bereits einen fieberhaften, tranceähnlichen Ausdruck.
»Mein Traum ... Orso ... ihn auf diese Weise aufgeben zu müssen ... als ich glaubte, seiner Verwirklichung schon so nahe zu sein ...«
Dem Hünen fehlen Worte des Trostes, und so bettet er nur Jordans Kopf höher und spendet ihm mit seinem breiten Rücken Schatten; sein eigener Tod kümmert ihn nicht, doch allein der Gedanke, daß sein Freund sterben könnte, versetzt ihn in Angst und Schrecken.
Jordan scheint in der Tat plötzlich ins Delirium zu verfallen: In seinem Gesicht leuchtet auf einmal ein Ausdruck der Verwunderung und des Erstaunens auf, als hätte er eine Vision.
»Der Berg«, murmelt er voller Ekstase, » ... der Berg!« schreit er dann mit voller Kraft.
Orso versucht, ihn in einer ruhigen und ausgestreckten Lage zu halten, denn Jordan wirft sich heftig umher und macht verzweifelte Anstalten, sich aufzurichten. Dann tritt an die Stelle der Ungläubigkeit auf dem Gesicht seines Freundes ein Ausdruck wilder Freude.
»Ich phantasiere nicht, Orso«, beharrt er, über alle Maßen erregt, »dreh dich um und schau: Das ist der Sprechende Berg!«
Etwas in seinem Ton klingt so überzeugend, daß Orso sich umdreht: Was er nun sieht, macht ihn sprachlos.
Zwischen den niedrigen Hügeln bildet sich langsam eine Luftspiegelung: Es ist ein Berg, dessen Umriß Jordan sofort als identisch mit dem des Modells aus den Vatikanischen Museen und der eingeritzten Abbildung in der Grabesnische der verfallenen Ruine erkannt hat.
Seine Umrisse werden immer deutlicher und erhalten zugleich einen unwirklichen Charakter durch die regenbogenfarben schillernden Lichtbündel, die ihn durchlaufen. Es ist zugleich ein realer und phantastischer Anblick.

»Es ist nur eine Luftspiegelung«, redet Orso behutsam auf Jordan ein.
»Es ist nicht nur eine Luftspiegelung ... jene Worte in der Nische ... der Sprechende Berg, Sohn des Lichts! ... Dort siehst du die Erklärung ... Endlich habe ich sie vor mir!«
Jordan richtet sich auf; seine Kräfte scheinen sich durch die Erregung, die sich bei der Entdeckung seiner bemächtigt hat, vervielfacht zu haben. Wie durch Zauber tauchen jetzt auch Dutzende von Männern des Berges vor ihm auf; sie reiten in fächerartiger Formation und sind von einem unwirklichen Licht umgeben, auch sie Ergebnis einer Luftspiegelung.*
Jordan eilt ihnen entgegen wie im Fieberwahn, läuft durch sie hindurch, läßt sie hinter sich, wie magnetisch angezogen von der lichtdurchfluteten Vision des Berges, die ihn immer mehr in ihren Bann zieht.
Auch Orso beginnt, verwirrt und seiner eigenen Sinne so wenig sicher, daß er glaubt, in einen wilden Traum verfallen zu sein, hinter Jordan herzulaufen, um ihn einzuholen, doch dann bleibt er plötzlich stehen.
In jene Reiter, die unbeweglich schienen, kommt Leben, jetzt ziehen sie die Säbel und galoppieren auf ihn zu. Er macht kehrt, packt sein Gewehr und bemerkt erst im letzten Moment, daß die Männer des Berges, leise und unerwartet, auch von hinten auftauchen. Während er noch versucht, die Waffe anzulegen, ist einer der Reiter schon über ihm und versetzt ihm einen schweren Schlag in den Nacken; er fällt betäubt zu Boden.

* Das Phänomen taucht in zwei Formen auf, bei denen man die gesenkte Luftspiegelung von der gehobenen unterscheidet; beide entstehen durch die Brechung von Lichtstrahlen, die Luftschichten durchqueren, welche eine andere Dichte als die umliegenden aufweisen. Was Jordan sieht, ist eine gesenkte Luftspiegelung, die typisch ist für sehr heiße Wüstengegenden. In diesem Fall kann ein Objekt, zum Beispiel eine Palme, in zwei Bildern wahrgenommen werden, nämlich einmal dem normalen und zum zweiten einem auf den Kopf gestellten darunter. Der Betrachter gewinnt, indem er sowohl die reale Palme als auch die umgedrehte sieht, den Eindruck, als befinde sich zwischen den Bildern eine reflektierende Wasseroberfläche, zumal auch ein Teil des Himmels dabei gebrochen wird, wodurch eine bläuliche Tönung entsteht, die den Eindruck einer Wasserfläche suggeriert. Die gehobene Luftspiegelung findet sich dagegen meist auf dem Meer und läßt eine umgedrehte Spiegelung oberhalb des realen Bildes erscheinen.

Durch einen Schleier hindurch sieht Orso, daß die Roten Reiter bei Jordan angelangt sind und einer von ihnen den Säbel hebt, um ihm im Vorüberreiten den Kopf abzuschlagen.
»Halt!« befiehlt da plötzlich eine weibliche Stimme in harschem und befehlendem Ton.
Der Mann des Berges hält inne und bleibt mit in der Luft schwebendem Arm stehen. Orso sieht noch, wie Anthea rasch näher kommt, dann werden die Schleier vor seinen Augen dichter, und ihm schwinden die Sinne.
Jordan erkennt sofort die Reiterin, die vor ihm stehenbleibt, da ihr Gesicht nicht von einem *litham* bedeckt ist: Es ist die junge Frau, die er vor Ryker und seinen Legionären in Schutz genommen hat.
Die Augen der Königin heften sich mit einem undurchdringlichen, dem Anschein nach völlig gefühllosen Blick auf Jordan. Jordan sieht Orso leblos am Boden liegen und hält ihn für tot, woraufhin er sich wieder zu Anthea hinwendet und ihr einen kummervollen Blick zuwirft, aus dem ein stummer Vorwurf spricht; ansonsten aber ist er zu erschöpft, um noch Regungen zu zeigen, und auch die Säbelklinge, die noch immer über seinem Kopfe schwebt, macht ihm keine Angst mehr. Er spürt, wie ihm das Leben entgleitet, und so sinkt er auf der Erde zusammen wie eine Marionette, der man die Fäden durchschnitten hat.

Das Leben in der Fremdenlegion, stets auf der Kippe zwischen Überlebenskampf und drohendem Tod, ist ein ewiger Schmelztiegel von Mühen und Ängsten, von Verrat und Gewalt; auf der Bühne der Legion finden die verschiedensten Schauspiele statt, an denen die Legionäre teilnehmen: von der schlichten Verbitterung über die Verzweiflungstat der Desertion bis hin zum Trauma der Erschießung und zur demütigenden Degradierung.
Es ist diese letzte peinliche Zeremonie, der alle Legionäre des Vorpostens, im Quadrat aufgestellt, die Waffen bei Fuß, in vollkommenster Reglosigkeit und Stille beiwohnen müssen.
In der Mitte des Lagers steht Ryker, totenbleich, kochend vor Wut, die er kaum zurückhalten kann. Seine ganze linke Schulter ist verbunden, der Arm hängt in der Schlinge. Vor ihm steht steif und mit einem deutlich strengen Ausdruck auf dem Gesicht der Kommandant der Festung, Major de Brosse.
Obwohl Halimi seine Version, den Vorschlägen Jordans folgend, weitergegeben hat, ist die Wahrheit langsam durchgesickert und

von Mund zu Mund gegangen, bis sie schließlich dem Kommandanten zu Ohren kam; einem ersten Verdacht ist eine rasche Untersuchung gefolgt, und schließlich hat es einen Prozeß gegeben, in dem unwürdiges Verhalten und die Beschmutzung der Ehre der Legion zur Anklage standen.
Um so besser für Ryker und Halimi, daß es wenigstens für den Mord an dem Wachposten keinen zufälligen Zeugen gibt, denn dann stünden sie nun vor dem Exekutionskommando.
Mit raschen, abgehackten Bewegungen reißt de Brosse Ryker die Kragenspiegel von der Uniform, zieht ihm schließlich den Säbel aus der Scheide, zerbricht ihn und wirft die beiden Stücke auf den Boden.
»Sie werden Zeit zum Nachdenken haben, Legionär Ryker!« ermahnt er den Ex-Offizier in hartem Ton. »Die Legion ist auch für Kriminelle Gesetz. Die Legion ist Disziplin und Ehre. Die Legion ist Frankreich.«
Die Bestrafung ist eindeutig gerechtfertigt, doch Ryker will sie nicht akzeptieren und richtet nur einen eiskalten Blick auf de Brosse. Dann strafft sich der Ex-Offizier zu einem militärischen Gruß, tritt ab und geht im Marschschritt davon, vor den Augen der Soldaten, die alle zu Boden blicken, um nicht seinem Blick zu begegnen und ihn zusätzlich zu erniedrigen. Nur einer senkt die Augen nicht vor ihm, als wollte er seine Aufmerksamkeit auf sich lenken: Es ist Halimi, mit dem Ryker einen Blick des Einverständnisses, oder genauer gesagt heimlicher Komplizenschaft, wechselt.

In Unkenntnis des erbärmlichen Schicksals, das Ryker viele Meilen entfernt von ihm widerfahren ist, und in Unkenntnis auch dessen, was mit ihm selbst geschehen ist, kommt Jordan langsam wieder zu Bewußtsein; er ist verwirrt, benommen und stützt sich instinktiv auf die Ellbogen auf, um sich aufzurichten, während er versucht, zu begreifen und sich zu erinnern.
Das erste, was in seinem Gedächtnis wieder Form annimmt, ist das Bild einer Frau mit schwarzen, glänzenden Augen: Es ist das wunderschöne Gesicht der Königin der Männer des Berges.
Er stützt sich mit den Händen ab, und so gelingt es ihm, sich aufzusetzen und umzuschauen. Mit Verwunderung bemerkt er, daß er in einem kleinen, schwarzen Zelt auf einem Strohlager gebettet liegt; auch seine ganze Ausrüstung liegt da in einer Ecke, noch immer so zusammengerollt, wie er sie auf dem Rücken seines Pferdes verstaut hatte.

Durch den Schlitz zwischen den beiden Zeltplanen am Eingang fällt ein Lichtstreifen. Jordan steht langsam auf, hebt eine der Klappen hoch und sieht nach draußen: Das rötlich glühende Licht des Sonnenuntergangs hüllt ihn ein. Er bleibt stehen, bis sich seine Augen an den flammenähnlichen Widerschein gewöhnt haben, und tritt ins Freie.
Rings um ihn ist Steinwüste; im Hintergrund zeichnet sich der gewaltige dunkle Umriß des Sprechenden Berges ab. Er setzt sich ungläubig zu Boden und bemerkt kaum, wie Ares sich auf seinem Arm niederläßt.
Jordan streichelt ihn mit mechanischen Bewegungen, während sein Blick nicht von dem Berg ablassen kann: Nach Jahren der Forschungen und der Reisen, der Hoffnungen und Enttäuschungen steht er vor ihm, dort vor seinen Augen, wirklich und wahrhaftig, und er ist dermaßen erstaunt darüber, daß die Spuren eines Traumes ihn zu einem greifbaren Beweis geführt haben, daß er sich dagegen fast schon nicht mehr darüber wundert, noch am Leben zu sein.
Erst jetzt wird ihm auch dies langsam wieder bewußt: Nun fällt ihm ein, was zuletzt geschehen ist. Was war danach? Wieso befindet er sich an diesem Ort? Und Orso? Bei der Erinnerung an seinen Freund verharrt er schweigend einige Minuten in schmerzlicher Andacht.
Die Sonnenscheibe ist bereits fast ganz hinter dem Horizont verschwunden; nur eine schmale Kappe verbreitet noch ein streifiges, rötlich-weiches Licht, das sogar dieser trostlosen Ansammlung von Steinen noch einen gewissen Liebreiz verleihen kann.
Umgeben von jenem fast surrealen Lichtschein ist auch der Reiter, der jetzt auf Jordan zukommt, wobei er ein zweites Pferd hinter sich herzieht. Noch bevor er vor ihm anhält, erkennt Jordan verwundert, daß es sich um einen Jungen handelt, obwohl sein Gesicht hinter dem *litham* verborgen ist.
Es ist Kerim, der kleine Edelmann, der zusammen mit dem blinden Großen Wächter Hared dem blutigen Kampf beigewohnt hat, in dem Anthea, die Königin der Männer des Berges, sich so tapfer geschlagen hat.
An seinem roten Gewand erkennt Jordan sofort, daß der Junge dem Volk des Sprechenden Berges angehören muß. Als er vor dem Zelt angekommen ist, hält der kleine Rote Reiter an.
»Verstehst du das, was ich sage?« fragt der Junge, ohne vom Pferd zu steigen.
»Ja.«

»Dieses Pferd gehört dir. Es ist gut genährt und abgerichtet. Es wird dich überall hinbringen, wo du willst. Du hast Glück; kein Fremder hat es jemals geschafft, bis hierher zu gelangen und lebend wieder zurückzukehren!«
»Ich will bleiben!« erwidert Jordan und blickt dabei voller Zärtlichkeit den Jungen an, der sich so feierlich gebärdet und wie ein Erwachsener spricht.
Der Junge steigt von seinem Pferd ab, geleitet das andere bis zum Zelt, bindet die Zügel an einen Pfahl und wendet sich erneut an Jordan. »Kein Fremder ist jemals an diesem Ort geblieben«, wiederholt er mit Entschiedenheit. Dann dreht er sich langsam um und zeigt auf einen Punkt am Horizont. »Dort hinten wird der Mond aufgehen. Reite ihm entgegen, er wird dir den Weg zeigen. Du darfst dich nicht umdrehen, darfst nicht zurückschauen. Alles, was du gesehen hast, mußt du vergessen.«
Er schickt sich an, wieder in den Sattel zu steigen, stutzt aber neugierig, als sein Blick auf den Photoapparat fällt. Jordan ergreift die Gelegenheit beim Schopf.
»Der Mond ist noch nicht aufgegangen. Bleib noch ein wenig bei mir. Möchtest du?«
Kerim zögert, doch seine Neugierde ist zu stark: nun ist er ein Kind wie alle anderen Kinder seines Alters. Und in der Tat kann er nicht widerstehen: »Wenn du versprichst, mir keine Fragen zu stellen.«
»Versprochen«, versichert ihm Jordan und hebt dabei mit gewollt komischer Feierlichkeit die Hand.
»Du kennst mein Gesicht«, unterstreicht Jordan, »ich möchte das deine kennenlernen.«
Kerim ist unsicher, wie er sich verhalten soll; Jordan beharrt gelassen: »Ich werde es wieder vergessen, später. Ich werde alles vergessen, was ich gesehen habe.« Er lächelt ihm freundlich zu.
»Aber wie kann ich vergessen, was ich nicht gesehen habe?«
Diesmal hält die Unsicherheit Kerims nicht lange an; rasch überzeugt, enthüllt er sein feines, engelsgleiches Gesicht und erwidert das Lächeln Jordans voll kindlicher Freude.
»Du weißt, wie man um Dinge bittet«, meint er, denn er ist sich seines eigenen Entgegenkommens durchaus bewußt.
»Und du weißt, wie man darauf reagiert, ohne ein Wort zu sagen. Du bist schlauer als ich.«
Dann greift Jordan in die Innentasche seiner Jacke und holt ein Photo heraus, das ihn selbst zusammen mit Philip und dem Wanderfalken zeigt.

»Das bist du!« ruft der Junge überrascht aus und zeigt dabei auf die Gestalt Jordans auf dem Photo.
»Das bin wirklich ich ... und ihn, erkennst du ihn? Das ist mein Falke.«
»Und er hier, wer ist das?« fragt Kerim und zeigt auf Philip.
»Das ist mein Sohn. Er ist nicht mitgekommen. Er ist weit weg, jenseits der Wüste, jenseits des Meeres ... Wenn du mich nicht fortjagen würdest, könntest auch du ganz, ganz klein auf einem solchen Stück Papier erscheinen und dich selbst betrachten.«
»Nicht ich jage dich fort.«
»Aber jemand hat dir gesagt, daß du es tun sollst. Ist es nicht so?«
Kerim ist einen Moment lang verwirrt, ohne es zu zeigen. Jordan nimmt den Photoapparat und den Blitz.
»Steig auf das Pferd ...« fordert er ihn auf, und der Junge gehorcht, ebenso wie er die folgenden anderen Befehle genau ausführt: » ... ja, gut so ... nicht bewegen ...«
Der Magnesiumblitz verpufft mit einem Knallen und jagt Kerim einen Schauder der Furcht durch den Körper.
»Laß mich aus der Schachtel heraus!« drängt der Junge in ebenso neugierigem wie besorgtem Ton.
»Nicht sofort. Dafür muß es dunkel und Nacht sein. Erst morgen früh wirst du dein Bild sehen, so wie du eben das meine gesehen hast.«
Kerim schüttelt verzagt den Kopf.
»Ich lüge dich nicht an«, beharrt Jordan, »morgen, und dann gehe ich weg.«
»Ich will nicht, daß du stirbst!« entgegnet Kerim und schaut ihm direkt und mit einem Ausdruck vollkommener Aufrichtigkeit und Unschuld in die Augen.
Schließlich zieht der Junge, der traurig und nachdenklich geworden ist, die Zügel an, läßt sein Pferd wenden und gibt ihm leicht die Sporen.
»Darf ich dich nach deinem Namen fragen?« erkundigt sich Jordan.
Kerim verlangsamt sein Tempo, denn er ist im Zweifel, ob er diesem Wunsch nachgeben darf; schließlich überwiegt sein eigenes Verlangen, das Gespräch mit dem Mann ein wenig zu verlängern, für den er bereits Zuneigung, Freundschaft und Bewunderung zu empfinden beginnt, er dreht sich um und antwortet: »Kerim«, um sich gleich darauf wieder nach vorne zu kehren und den Gang seines Pferdes mit leichtem Sporendruck zu beschleunigen.

»Kerim, hör mir zu!« ruft ihm Jordan noch nach und läuft ihm hinterher. »Da war eine Frau ... sag mir wenigstens ihren Namen!«
Doch diesmal kann Kerim den Wunsch Jordans nicht erfüllen, sondern läßt sein Pferd angaloppieren und reitet rasch davon.
Jordan verfolgt ihn noch einige Meter, dann bleibt er außer Atem stehen, während der letzte Sonnenstrahl hinter dem Horizont verschwindet. Auf einmal verschluckt die Dunkelheit alle Schatten, bis auf diejenigen, die in dem unruhigen Herzen des mutigen Archäologen zurückgeblieben sind.

Vom Berg aus sieht man sowohl den Aufgang der Sonne als auch den des Mondes früher als in der Ebene. Es sind dies Schauspiele, die zwar unterschiedlich intensiv und auf verschiedenen Wahrnehmungsebenen empfunden werden können, im Betrachter jedoch stets verzauberte Freude und ehrfürchtige Bewunderung wecken.
Doch es ist weder Fröhlichkeit noch Begeisterung, die an diesem Abend in den Augen Antheas zu lesen sind, während sie zuschaut, wie der Mond aufgeht – majestätisch, riesengroß, in vollkommenem Rund und von phantastisch glühendem Rot, wie man ihn nur in wenigen Nächten zu sehen bekommt. In ihr herrscht statt dessen eine große und stark empfundene Traurigkeit. Sie betrachtet diesen Mond, den sie am liebsten vom Himmel verscheucht hätte, wenn dies in ihrer Macht stünde, voll schmerzlichen Bedauerns, denn er wird es sein, der jenen großmütigen Mann, jenen Fremden ohne Fehl und ohne Furcht von ihr fortträgt, ihn, dessen Name allein schon ihr Herz schneller schlagen läßt.
Sie weiß, daß sie als Frau, sosehr sie auch zum Kämpfen wie ein Mann ausgebildet sein mag, in ihrer Gefühlswelt zerbrechlicher ist. Es gibt Fälle von bedeutenden Frauen, die sich von der Liebe besiegen ließen und die gefügte Ordnung und das Schicksal ihres eigenen Volkes aufs Spiel setzten, doch ihr wird dies nicht geschehen, es darf einfach nicht geschehen.
Es wird ihr gelingen, ihre Gefühle im Keim zu ersticken und ganz in ihren Pflichten aufzugehen. Und doch muß sie im selben Moment gegen die absurde Hoffnung ankämpfen, daß Jordan nicht abreist, daß er bleibt; absurd deshalb, weil dieser tollkühne Akt für den Archäologen einzig und allein den Tod, den unausweichlichen Tod, bedeuten würde, den sie mit eigener Hand herbeiführen müßte.
Auf denselben Mond, den Anthea betrachtet, trabt in diesem Mo-

ment Jordan zu; er reitet das Pferd, das ihm Kerim zurückgelassen hat. Immer wieder, als wollten sie ihn nicht mehr loslassen, fallen ihm dabei die düsteren Ermahnungen des edlen Knaben wieder ein. Plötzlich aber hält er an und dreht sich zu dem Umriß des Sprechenden Berges um: Eine große Spannung hält ihn in ihrem Bann.
Kerim, der sich einige Stunden hinter einem hohen, einzelnen Felsen versteckt gehalten hat, bemerkt mit Bestürzung, daß Jordan stehenbleibt: Seine Augen werden angsterfüllt, während ein besorgter Ausdruck sein kindliches Gesicht überschattet.
Jordan verharrt regungslos mehrere Minuten lang in dieser unbequemen Haltung. Dann plötzlich läßt er sein Pferd eine volle Kehrtwendung machen und treibt es entschlossen auf den Sprechenden Berg zu. Er hat sich für ein Schicksal des Todes, des Wissens, der Herausforderung entschieden und damit gegen das Leben, gegen die Leere und gegen den Verzicht.
Rasch und mühelos hat er schon bald dank der besonderen Helligkeit des Mondlichts den Abhang des Sprechenden Berges erreicht. Jordan ist sich bewußt, daß er unter Umständen die ganze Nacht damit verbringen wird, einen Eingang zu finden, noch dazu ohne eine Garantie, daß ihm dies überhaupt gelingen wird.
Da fällt ihm die einfachste Lösung ein: Das Pferd wird ihn nach drinnen führen, wo ja sein Zuhause liegt. Und so geschieht es: Er steigt ab, hängt sich das Gepäck über die Schulter, gibt dem Pferd einen kräftigen Klaps auf den Schenkel und treibt es vorwärts.
Das kluge Tier beginnt rasch den felsigen Abhang hinaufzuklettern, dicht gefolgt von Jordan, der läuft und springt wie eine Gemse, und kurz darauf verschwindet es im Felsgestein. Als Jordan die Stelle erreicht, sucht er die ganze Umgebung sorgfältig ab, bis er einen breiten und hohen Riß im Felsen entdeckt, der gerade groß genug ist, um einen Mann zu Pferde hindurchzulassen.
Jordan spitzt die Ohren: Kein Laut ist zu hören. Dennoch macht er sich keine Illusionen darüber, daß man seine Ankunft bemerkt hat und ihn schon erwartet. Auch zurückkehren kann er nun nicht mehr; er ist aufgeregt, doch entschlossen, schlüpft durch den Spalt und beginnt sich im Dunkel vorwärtszubewegen, dem Unbekannten entgegen.
Nachdem er sich ohne Schwierigkeiten einen langen, geraden, stark ansteigenden Gang entlanggetastet hat, nimmt Jordan zu seiner Rechten plötzlich eine Öffnung wahr; als er noch einige Schritte weitergeht, findet er den Weg von einer Felsmauer abgeschnitten;

gleichzeitig spürt er einen Hauch frischer Luft auf dem Gesicht, wie ein Luftzug, und entdeckt zu seiner Linken eine weitere Öffnung; er befindet sich vor einer natürlichen Gabelung, wobei ihm die Wahl des Weges, den er einschlagen soll, leichtgemacht wird, denn aus dem Dunkel des zweiten Tunnels scheint ein schwacher Lichtschein zu dringen.
Tatsächlich wird der Lichtschein, je weiter er vordringt, immer stärker, bis er schließlich den Weg deutlich vor sich sieht. Nun kommt er in dem Tunnel, der in schwieriger und geduldiger Arbeit in den Felsen eingegraben ist, schneller voran und tritt nach ein paar Minuten in einen breiten Gang.
Jordan schaut sich verblüfft um. Über allem liegt nun ein grünlicher Schein, der von keiner erkennbaren Lichtquelle herrührt, jedoch eine gute Sicht ermöglicht.
Er geht vorsichtig weiter; auf einer Wand sind mit großer Genauigkeit einige menschliche Gestalten in Lebensgröße dargestellt, deren Antlitz von einem Helm umgeben ist, welcher nur die Augen und die Nase freiläßt; zwischen einer Figur und der nächsten befinden sich, wie in den Felsen eingeprägt, große, offene Hände mit geraden Inschriften darunter.
Jordan bleibt jedoch nicht stehen, um sie genauer zu entziffern, sondern liest sie nur flüchtig und nähert sich dem Ende des Ganges, wo eine Öffnung zu einem weiteren Tunnel führt, dem ersten einer Reihe von Durchgängen, die in andere Stollen und in ein ununterbrochenes Labyrinth von großen und sehr großen Grotten abzweigen, unter denen sich hell erleuchtete und im Halbdunkel liegende Aushöhlungen abwechseln; und fast überall finden sich neue Symbole, neue Inschriften.
Furchtlos und mit der Aufmerksamkeit des Verblüfften setzt Jordan seinen Erkundungsgang fort, bis ein Rascheln ihn erstarren läßt; nun kann er deutlich den Widerhall von sich nähernden Schritten hören, und schließlich werden Schatten vor ihm zu Männern des Berges, die in abgehackten Schritten auf ihn zukommen.
Mitten unter ihnen, zwischen zwei Marschkolonnen, geht Hared, der Große Wächter, der mit seiner herrischen Gestalt alle überragt. Sein Kopf ist unbedeckt, und er trägt ein langes, sakrales Gewand in intensivem Blau mit Goldstickereien sowie einen weiten Umhang in derselben Farbe.
Seine Hände schließen sich um den Griff eines schweren Krummsäbels, dessen Klinge länger und schmäler ist als üblich; er läßt ihn

nach rechts und nach links ausschwingen und rückt dabei trotz seiner Blindheit mit derselben Schnelligkeit und Mühelosigkeit voran wie seine Männer, ja, sein Gang wirkt sogar noch drohender als der ihre.
Jordan weicht zurück, stolpert über sein Gepäck, steht wieder auf und flieht in der entgegengesetzten Richtung, wo er sich jedoch kurz darauf einer weiteren Gruppe von Männern des Berges gegenübersieht, die ihm den Weg versperren.
Wieder weicht er instinktiv zurück, doch nun zieht sich der Kreis um ihn zusammen, und es bleibt ihm nichts anderes übrig, als sich gegen die Felswand zu drücken, in einer Haltung, aus der es keinen Ausweg gibt. Hared ist jetzt schon sehr nahe bei ihm, läßt noch einen machtvollen Hieb durch die Luft sausen, dann richtet er mit größter Genauigkeit die Säbelspitze auf die Kehle des Eindringlings.
Jordans Nerven sind bis zum Zerreißen gespannt: Auch wenn er sich dessen bewußt war, einem sicheren Tod entgegenzugehen, ist er nun doch beklommen. Im nächsten Moment wird diese Schwertspitze ihm die Kehle durchbohren; sein einziger Trost ist die Tatsache, daß er keine Furcht empfindet und dies auch zeigen kann.
Hared aber dreht sich um, als warte er noch darauf, daß ihm jemand den endgültigen Befehl gibt zuzustoßen. Und dieser Jemand nähert sich jetzt inmitten der beiden dichten Reihen von roten Kriegern, die ihm den Weg freimachen: Es ist Anthea, mit dem kleinen Kerim an ihrer Seite.
Die Königin der Männer des Berges trägt nicht ihr rotes Kampfgewand, sondern ein prächtiges, scharlachrotes Kleid von ungewöhnlichem Schnitt, ähnlich einer langen Tunika mit sehr breit zulaufenden und über dem Handgelenk reich bestickten Ärmeln; um den Hals trägt sie ein Goldmedaillon und auf dem Kopf ein kostbares Diadem, dessen Goldschimmer sich mit dem Glitzern der Edelsteine vermischt, mit denen es besetzt ist.
Wie ihre Rolle es von ihr verlangt, bewegt sie sich mit steifem und strengem Gebaren auf ihn zu; ihre langen, schwarzen Haare streifen raschelnd ihre Schultern.
Jordan sieht sie wie verzaubert an; überrascht fängt Anthea den klaren Blickes des Fremdlings auf, aus dem Zuneigung spricht, und ist so betroffen davon, daß auch ihr Blick weicher wird. Doch es ist nur die Schwäche eines Moments, dann wird sie erneut starr, und als sie vor ihm stehenbleibt, ist in ihren Augen nur noch ein harter Vorwurf und ein unerbittlicher Urteilsspruch zu lesen.

»Du hättest nicht zurückkehren dürfen!« beginnt sie in strengem Ton. »Wir haben dir das Leben gerettet und dir den Weg gezeigt, auf dem du diesen Ort verlassen solltest. Zurückkehren durftest du nicht!«
»Hör mich an!« bittet Jordan sie unterwürfig, indem er verzweifelt nach einer Antwort sucht, obwohl er weiß, daß er keine finden wird. »Laß mich sprechen!«
Auf diese Worte hin drückt Hared die Spitze des Säbels so tief in die Haut über der Kehle Jordans, daß ein paar Blutstropfen hervortreten.
»Er muß jetzt sterben, in diesem Moment!« verkündet er und dreht sich mit erzürnter und wütender Miene zu Anthea um.
Die Königin gebietet ihm mit befehlend erhobenem Arm Einhalt.
»Nur ich allein entscheide, wann er sterben muß!« betont sie gebieterisch.
»Anthea!« ruft der Große Wächter, mehr kummervoll als überrascht, aus.
»Ich bin deine Königin, denk daran!« lautet die Mahnung, die sie an ihn richtet. Dann wendet sie sich an Jordan: »Sprich!«
»Ich möchte jene Inschriften interpretieren«, erklärt ihr voller Eifer Jordan, in dessen Herzen sich ein Funke Hoffnung entzündet hat. »Ich möchte das Geheimnis des Sprechenden Berges erkunden!«
»Nein! Dieses Geheimnis geht dich nichts an! Es gehört uns allein!« gibt Hared voller Verachtung zurück.
»Es gehört allen, es gehört der Welt!« unterstreicht Jordan beschwichtigend.
»Wir bewahren es seit Tausenden von Jahren. Niemand hat es je verletzt, niemand wird es je verletzen!« beharrt Hared.
»Wer seid ihr?« nimmt Jordan einen neuen Anlauf, ohne auf das Gebot des Großen Wächters zu achten. »Auf einer Wand steht geschrieben: ›Hört uns an, ferne Freunde! Helft uns, Brüder des fernen Vaterlandes!‹ ... An wen richtet sich diese Anrufung? ... Euer Aussehen, eure Riten ... woher kommt ihr? Ihr seid nicht von der Erde, das weiß ich, das habe ich begriffen: Aus welcher fernen Welt stammt ihr?«
Sowohl im Gesicht Antheas als auch in dem Hareds hat sich eine plötzliche und gewaltsame Wandlung vollzogen. Die Überraschung darüber, daß ihr jahrtausendealtes Geheimnis ergründet und aufgedeckt worden ist, ist so groß, daß sie nicht sprechen können. Jordan macht sich ihre Bestürzung sogleich zunutze, um seine Trümpfe

auszuspielen: »In jenen Inschriften sind auch noch andere Botschaften enthalten, und ich kann sie lesen«, sagt er in flehendem Ton zu Anthea. »Laß es mich versuchen, ich bitte dich! Ich bitte dich nur um diese Gnade, bevor ich sterbe!«
Der flammende Blick Antheas hat sich nach Jordans überraschender Enthüllung nicht mehr von dessen Augen gelöst. Sie ist die Königin, und einer Königin würdig ist auch ihre Antwort.
»Du wirst sterben!« spricht sie mit eisiger Miene das Urteil über ihn.
Es folgt ein langes Schweigen. Hared läßt den Säbel sinken und reicht ihn feierlich Anthea. Die Königin ergreift ihn und tritt vor Jordan hin: Nun stehen sie sich von Angesicht zu Angesicht gegenüber. Die geladene Spannung des Augenblicks ist zum Greifen spürbar.
In die Augen Kerims ist eine Mischung aus Neugierde und Bestürzung getreten, doch weiß er, daß er den Blick senken wird, wenn der Moment gekommen ist: Er kann einen Freund nicht sterben sehen.
Auch Hared läßt leichte Anspannung erkennen. Anthea hebt den Säbel langsam an, packt ihn mit beiden Händen, ist bereit zuzuschlagen. Da plötzlich erscheint mit einem Flügelschlagen und unter kurzen und schrillen Schreien Ares, vollzieht über Jordans Kopf eine Wendung und sieht dabei Anthea an, bereit, im Sturzflug auf sie herabzustoßen.
»Hierher, Ares!« ruft ihn Jordan mit sanfter Stimme.
Der Falke läßt sich zielsicher auf dem ausgestreckten Arm nieder, ohne dabei Antheas Säbel aus den scharfen und wachsamen Augen zu lassen.
Alle Blicke sind dem Manöver des Wanderfalken gefolgt; auch Anthea hat sich aus ihrer eisigen Konzentrierheit reißen lassen und steht wie erstarrt da, den Säbel noch immer hoch über ihren Köpfen haltend. Jordan ist wachsam genug, dies auszunutzen.
»›Weisheit und Wissen von allen Dingen. Jedes Ding der Schöpfung wird dir gehorchen‹«, skandiert er mit lauter Stimme und zeigt dann auf das Medaillon der Königin. »Diese Worte sind auf deinem Medaillon eingeritzt!«
Es sind entscheidende Sekunden voll prickelnder Spannung. Einige Gewehre haben sich schon gehoben, bereit, den Falken zu erschlagen, sobald er die Königin angreifen sollte.
»Wegen jener Hand und wegen jener Inschrift habe ich die Welt bereist, habe ich mein Heim verlassen, Meer und Wüste durchquert,

bis ich euer Reich gefunden hatte.« Jordan hält ein glühendes Plädoyer für sich selbst; alles hängt davon ab, was er sagt und wie er es sagt, ob er überzeugend und glaubwürdig sein wird; in diesem Fall hat er vielleicht eine Chance, sein Vorhaben doch noch durchzuführen. »Ich wußte, daß mich hier drinnen der Tod erwarten würde ... aber vorher will ich noch das Geheimnis des Sprechenden Berges kennenlernen ... Tötet mich nicht gleich!«

Anthea kann nicht länger empfindungslos bleiben wie ein Stein; so stark auch ihr Wille sein mag, können doch ihr Herz und ihre Seele sich dem nicht entziehen, was ihre Ohren gerade eben gehört haben. Es ist nur ein Moment der Unentschlossenheit, den sie erlebt und der doch ausreicht, um eine Bresche in die Mauer der Kälte und Abgestumpftheit zu schlagen, die sie unter Schmerzen um sich aufgerichtet hat, und durch diese Bresche hindurch breitet sich ihre nun nicht mehr zurückgehaltene *pietas* aus und läßt mit einemmal ihr blutrünstiges Vorhaben von ihr abgleiten; Anthea gibt nach, überzeugt davon, dem Tod Jordans nur Aufschub zu gewähren, doch in Wirklichkeit ist ihre Großherzigkeit nur ein Vorwand, hinter dem sich ein viel tieferes Gefühl verbirgt, ein Gefühl, vor dem sie selbst jedoch noch die Augen verschließt. Sie läßt den Säbel sinken.

»›Weisheit und Wissen von allen Dingen‹ ... Wer von allen Dingen weiß, hat das Schicksal der Menschen in der Hand«, deklamiert die Königin; und das ist auch ihre Erklärung den Anwesenden gegenüber für ihr Nachgeben, ihre Großzügigkeit, ihr Zugeständnis.

Spontan legt Jordan einen Ausdruck in seinen Blick, der mehr ist als nur Dankbarkeit, und stürzt Anthea damit in Verwirrung. Jordan bemerkt dies, und angesichts dieser Entdeckung ist es nun an ihm, verwirrt zu sein.

»›Der Mensch ist nicht der erste und nicht der letzte Herr der Erde‹ ...« fährt Jordan fort, indem er einen nach dem anderen all die Sätze preisgibt, die er schon kennt, als könnte jeder von ihnen dazu beitragen, daß man es sich nicht noch einmal anders überlegt ... »›Die Alten waren es, die Alten sind es, die Alten werden es sein‹ ... Auf diesen Moment habe ich mein Leben lang gewartet: wissen zu dürfen, bevor ich sterbe.«

Hared ist unter allen Anwesenden derjenige, der die größte Spannung und Unruhe erkennen läßt; seine Ängste dem Fremdling gegenüber gelten nun nicht mehr nur der Gefahr, die dieser für die Männer des Berges und ihr Geheimnis bedeutet, sondern auch der

Bedrohung, die er für ihn selbst darstellt, denn er hat sehr wohl die Wellen der Sympathie und der Anziehung gespürt, die zwischen Jordan und Anthea hin- und herwogen – er selbst liebt seine Königin voller Inbrunst, die schließlich auch nach ihrem Gesetz die Braut des Großen Wächters werden wird!
»Wenn ich dich nur wiedersehen könnte, o Königin, bevor ich sterbe«, murmelt Jordan voller Zärtlichkeit.
Diese Worte erwecken im Herzen Antheas ein ungekanntes Gefühl der Sehnsucht; zugleich aber lösen sie eine tiefe Veränderung in den Gesichtszügen und der Miene Hareds aus.
Nur Jordan nimmt in diesem Moment die Anzeichen von Eifersucht an ihm wahr, ebenso wie ihm die deutliche Botschaft des Todes auf jenem Gesicht mit den erloschenen Augen nicht entgeht: Nun muß er sich nicht mehr vor der Königin in acht nehmen, sondern vor dem Großen Wächter, und vielleicht wird ihm sogar ein »Unfall« zustoßen, der das Zugeständnis Antheas vorzeitig zunichte macht.
Deshalb beschließt er, seine letzte Botschaft und seinen Gruß an den Sohn sofort auf den Weg zu schicken, denn später wird dies nicht mehr möglich sein; beides vertraut er dem klugen Raubvogel an. Er streichelt ihn wie beiläufig, führt ihn ganz nahe an sein Gesicht heran, und ist ehrlich, als er ihm sagt: »Flieg fort! Kehr nach Hause zurück, ich brauche dich nicht mehr!«
Ares breitet die Flügel aus und fliegt los, ohne daß jemand seinem unschuldigen Tun eine besondere Bedeutung beigemessen hätte. Voll eleganter Harmonie und Kraft durchquert er sicher und schnell das ganze Labyrinth aus Gängen und Höhlen und gelangt ins Freie. Es ist bereits Morgen.
Die scharfen Augen auf den Horizont gerichtet, hat er mit seinem untrüglichen Orientierungssinn bereits die Richtung ausgemacht, die er einschlagen muß.
So fliegt der majestätische und unangefochtene König des Himmels über die Wüstenhunde mit ihrem Anführer El Hallem hinweg; er kommt an der Großen Oase vorbei, wo ihn Parizad erkennt und ihm fröhlich mit beiden Armen zuwinkt; er überquert Dörfer, Karawanen, Festungen, bis er die Wüste und Afrika hinter sich gelassen hat und den Weg über das Meer antritt.
In der Zwischenzeit hat Jordan, der den Aufschub der Hinrichtung, den die Königin angeordnet hat, ohne Zeit zu verlieren ausnutzen will, begonnen, die Inschriften auf den Wänden der Höhlen zu photographieren. Ein Magnesiumblitz folgt dem anderen; er ist

nervös und voller Eifer, denn die Zeit drängt. Bevor die Frist verstrichen ist, die man ihm zugebilligt hat, will er alle Mauerinschriften gefunden und entziffert haben.
Auf seinem Erkundungsgang trifft er an einem gewissen Punkt auf eine große menschliche Figur, die in den Felsen eingemeißelt ist; wie die anderen scheint auch sie in einen Raumanzug gehüllt, mitsamt dem Helm, der, wie sonst auch, nur die Augen und die Nase freiläßt. Neben der Zeichnung befindet sich eine Tafel. Mit Hilfe seines Vokabelbuchs beginnt Jordan die rätselhaften Inschriften zu entziffern, die darin eingeritzt sind.
»›So gedachten ... die Alten ... die aus der Vergangenheit kamen ... des großen Ereignisses ... heute ... in unserer Gegenwart ...‹« wiederholt er langsam, denn die Übersetzung bereitet wegen der seltsamen Bedeutung der Worte einige Schwierigkeiten. »›So bereiten die Alten der Zukunft den Weg ...‹«
Jordan hat plötzlich einen Einfall, der ihn in höchste Erregung versetzt; er könnte ebensogut das Notizbuch durchblättern, in das er die entzifferten Sätze der alten Handschrift *Clavicula Salomonis* übertragen hat, doch haben sich diese so tief in sein Gedächtnis eingegraben, daß er sie wie mechanisch abspulen kann: »›Heute halten sie sich nicht in den Räumen auf, die wir kennen, sondern in Zwischenräumen. Unbemerkt und ohne Dimension, bleiben diese als Reste zwischen den Räumen übrig, an einsamen Orten, an denen schon alle Worte gesagt, gehört und verstanden worden sind.‹«
»Vielleicht habe ich es jetzt begriffen«, murmelt er vor sich hin und macht damit den Anfang zu einer ganzen Serie von Vermutungen und Überlegungen, » ... Diese Wesen kommen nicht aus ›unserem‹ Raum, sondern aus einer anderen Dimension, aus dem Hyperraum! Sie können durch die Dimensionen reisen, indem sie sich je nach Wunsch materialisieren und entmaterialisieren! Vielleicht kennen sie den Begriff der Ewigkeit und sogar den Ursprung Gottes und der Schöpfung ... aber aus irgendeinem mysteriösen Grund ist es ihren Gefährten nicht mehr gelungen, sie wieder aufzuspüren, und sie warten noch immer darauf, gefunden und wieder in ihre Ursprungswelt zurückgeholt zu werden. Bei dem verheerenden Aufprall ist das Raumschiff verlorengegangen, und mit ihnen ihr Wissen ... vor mindestens zehn- oder zwölftausend Jahren; und von da haben sie, wenn man von der Erinnerung absieht, die sie sich bewahrten, dieselben Stadien der Evolution durchlaufen wie alle anderen Erdenbewohner. Doch sind wir dann die wirklichen Bewohner der

Erde, oder sind sie unsere Vorfahren? Nein, das kann nicht sein: Auch wenn sie menschlich sind, müssen sie von einer anderen Rasse sein, weil sie so abgeschieden und unter sich bleiben wollten. Aber es können nicht nur diese Inschriften das Geheimnis sein, das sie seit Jahrtausenden mit solcher Hartnäckigkeit und solch verbissener Ausdauer verteidigen, und ich muß es entdecken, bevor sie mich töten!«

Inmitten dieser Hetzjagd von Gedanken hat Jordan nicht bemerkt, daß Kerim hinter ihn getreten ist. Der Junge ist überrascht darüber, seinen Freund mit einem so strahlenden Gesichtsausdruck und einem Licht des Triumphes in den Augen anzutreffen, die er noch immer auf die Tafel gerichtet hält. Er kann nicht begreifen, wie er so froh sein kann, wenn er selbst doch zutiefst besorgt und traurig ist.

»Warum wolltest du sterben?« fragt er ihn und zupft ihn am Ärmel.

Endlich wendet sich Jordan um, erblickt ihn und hockt sich vor dem Jungen nieder, um ihm auf gleicher Höhe ins Gesicht sehen zu können.

»Ich hatte dich gewarnt ... Warum hast du nicht auf mich hören wollen? ... Ich will nicht, daß du stirbst!« sagt das Kind hastig mit erstickter und bebender Stimme und senkt dabei den Blick, damit sein Gegenüber nicht die Tränen sieht, die ihm in die Augen treten.

Jordan ist gerührt und bewegt von der Zuneigung und der aufrichtigen Sorge, die Kerim ihm gegenüber an den Tag legt. Auch er hat das Kind liebgewonnen, und so legt er mit großer Sanftheit und Zärtlichkeit den Finger unter sein Kinn und hebt sein Gesicht empor.

»Hör mir zu, Kerim, mein kleiner Freund«, sagt er. »In dem Universum, in dem wir leben, hat die Zeit weder einen Anfang noch ein Ende. Meine Zeit dagegen ist sehr kurz bemessen, doch wäre sie weniger als ein Nichts, wenn ich sie nicht auf diese Weise nutzen würde ... Bevor ich sterbe, will ich wissen. Erst dann wird mein Leben einen Sinn haben.«

Kerim hat ihn mit überraschendem Interesse angehört; jene Worte scheinen eine Anziehungskraft auf ihn auszuüben.

»Ich will wissen ...« fährt Jordan mit großer Schlichtheit fort, » ... alle Menschen wollen wissen. Alle fragen wir uns: Wer sind wir? Woher kommen wir? ... Wer war vor uns da? Wer wird nach uns kommen? ... Bist nicht auch du neugierig, es zu erfahren? Ich glaube, Kerim ... ich glaube wirklich, daß ich hier, hier in diesem Sprechenden Berg, eine Antwort finden werde!«

Kerim hat begriffen; plötzlich fühlt er sich solidarisch mit Jordan. Mit einemmal blicken sich der Mann und der Junge voller Vertrauen und Aufrichtigkeit an, wie zwei alte Freunde, die sich stets auf Anhieb verstehen. Und in ihre beiden Gesichter tritt ein Lächeln des Einverständnisses und der Brüderschaft.

VIII

Die Revolte der Legionäre

Schon am Abend zuvor haben die ausgewählten Legionäre die klassische Feldausrüstung – Rucksack, Decke, Zeltplanen – zusammengepackt, ihre Gewehre geölt und die Patronentaschen aufgefüllt.

Wecken ist an diesem Morgen eine halbe Stunde vor Sonnenaufgang. Beim Licht der Azetylenlampen legen die Männer letzte Hand an ihr persönliches Gepäck, beladen selbst ihre Pferde, nehmen ihr karges Frühstück ein und füllen die Feldflaschen mit frischem Wasser.

Überall ist die nervöse Angeregtheit zu spüren, die großen Märschen vorausgeht. Kaum hat der erste Sonnenstrahl die Spitze des Fahnenmasts erreicht, geben drei Trompetenstöße das Zeichen zum Appell.

Rasch, schweigend und mit genau aufeinander abgestimmten Bewegungen steigen die Auserwählten in die Sättel und reihen sich in eine Kolonne ein. Sie machen zwei Drittel der kampffähigen Truppen des Forts aus; diejenigen, die zurückbleiben, nehmen in zwei Reihen rechts und links vom Eingangstor Aufstellung.

Sergeant Halimi geht Major de Brosse und Leutnant Delon entgegen, die auf die Mitte des Platzes zuschreiten.

»Der Zug ist bereit, Herr Major«, verkündet Halimi salutierend. »Ich selbst habe die Männer ausgewählt: Es sind die besten.«

»Ich vertraue Ihnen bis zu unserer Rückkehr das Kommando über die Festung an, Leutnant Delon«, sagt de Brosse zu dem jungen Leutnant an seiner Seite.

»Verlassen Sie sich ganz auf mich, Herr Major«, versichert ihm der Leutnant und steht stramm.

Der Major steigt auf sein Pferd und läßt dabei den Blick über die Gruppe der Legionäre schweifen, die mit ihm an der Expedition teilnehmen werden. »Rufen Sie mir den Legionär Ryker«, befiehlt er Halimi, bevor er sich an die Spitze der Kolonne setzt.

Der Sergeant wendet sich dem hinteren Teil des Trupps zu, gibt Ryker ein Zeichen, und sie kommen gemeinsam bei de Brosse an. Der Ex-Offizier tritt wortlos und mit einem angespannten und

betrübten Ausdruck auf dem Gesicht neben den Major. Ohne ihn dabei auch nur anzusehen, sagt de Brosse zu ihm: »Sie werden mich an die Stelle führen, wo Ihre Begegnung mit den Männern des Berges stattgefunden hat ... und mit jener Kriegerin!«
Ryker nickt, ohne bei dieser Geste der Zustimmung strammzustehen oder ihr ein »Jawohl, Herr Major« hinzuzufügen; damit will er seine Verachtung dem Kommandanten gegenüber zum Ausdruck zu bringen.
De Brosse bemerkt das ungehörige Benehmen Rykers, beschließt jedoch, es ihm für den Moment nachzusehen: Es wird noch Gelegenheiten genug geben, ihn seine hochmütige Auflehnung bitter büßen zu lassen.
Er hebt den Arm und läßt ihn abrupt nach vorne fallen: das Signal zum Abmarsch. Im Trab verläßt die gesamte Kolonne die Festung, vorbei an den Wachsoldaten, die die Gewehre präsentieren.

Anthea, die sich in ihrem unterirdischen Reich noch in Sicherheit befindet und nicht ahnt, daß sie es ist, der die Suche und die Expedition von de Brosse gelten, empfängt in dem prachtvollen Saal, den sie bewohnt, den Besuch des Großen Wächters.
Hared kommt mit eiligen, raschen Schritten auf sie zu und bleibt vor der Königin stehen: Seine Körperbeherrschung, die Mühelosigkeit und Genauigkeit, mit der er sich bewegt, sind so vollkommen, daß es schwerfällt, in ihm einen Blinden, geschweige denn einen behinderten Menschen zu sehen.
Er ist innerlich so aufgewühlt und unruhig, daß er kaum in abgeklärter Direktheit die richtigen und angemessenen Worte finden kann, mit denen er seinem Groll Ausdruck verleihen will; doch er zögert nur kurz: »Warum hast du zugelassen, daß er sich frei bewegen kann, daß er suchen und daß er begreifen kann ...« beginnt er in angriffslustigem Ton und versucht dabei, das Zittern in seiner Stimme unter Kontrolle zu bekommen.
»Das Urteil über jenen Fremden ist gesprochen«, rechtfertigt sich Anthea. »Er wird sterben, Hared.«
»Aber warum hast du dann seinen Wunsch erhört?«
»Seine Wißbegier und sein Wunsch, das große Geheimnis zu erfahren, treiben ihn rasch auf den Tod zu«, erklärt Anthea, wobei sie die letzten Worte bewegt und von einem leichten Beben erschüttert spricht, » ... und das weiß er.«
»Du liebst ihn ...« kommt Hared zu dem Schluß, der ihm endlich

auch den Grund für seinen eigenen Unmut aufzeigen kann; seine Stimme klingt dabei jedoch, trotz seiner Aufgewühltheit, verhalten. »Warum?«

»Sein Schicksal wird sich erfüllen«, erwidert Anthea und dreht ihm dabei den Rücken zu. Es irritiert sie, daß ein Gefühl in ihr aufgedeckt wurde, das sie selbst nicht wahrhaben will. »Und ich werde nichts tun, um das zu verhindern!«

»Ich sehe, Anthea«, beginnt Hared betrübt, doch auch zärtlich, von neuem, »ich sehe, wo Augen nicht sehen. Ich sehe deinen Eifer, sehe deine Qualen ... sehe, wie dein Herz pocht, so wie ich einst auch den Schwung deiner Brauen sehen konnte.«

»Hared, ich bin die Königin, und du bist der Große Wächter«, entgegnet sie nüchtern. »Auch unser Schicksal wird sich bald erfüllen.«

Die Traurigkeit in den Zügen Hareds vertieft sich, denn die kalten und »offiziellen« Worte Antheas stellen nichts anderes dar als eine schmerzliche Bestätigung dessen, was er schon geahnt hat.

Und doch gibt er nicht auf; sein Versuch, sie zurückzugewinnen, hat etwas Fieberhaftes: er sucht nach Antheas Hand, ergreift sie und führt sie an sein Gesicht.

»Wir beide waren so alt wie Kerim, als ich das Große Licht erblickte«, erinnert er sich in zärtlich scheuem Ton, in dem seine Verliebtheit nun deutlich zum Ausdruck kommt. »Bevor ich in jenen dunklen Abgrund hinabstieg, schaute ich dich ein letztes Mal an, um dein Antlitz in mein Gedächtnis einzugraben, die Linie deiner Lippen ... Das ist das Bild, das meine Erinnerung beherrscht. Für jenes Bild habe ich gelebt, Anthea ... ich ...«

»Der Große Wächter wird sich mit der Königin vereinen«, unterbricht ihn Anthea freundlich, doch wie zuvor kühl und voller Distanz. »Ich werde dich heiraten, Hared, wie es unser Gesetz vorschreibt.«

Die Königin entzieht ihm ihre Hand; es ist mehr ihr eigener Gemütszustand, der sie dazu treibt, als der Wunsch, Hared zu verletzen, doch diese letzte Geste läßt den Großen Wächter erstarren. »Du sprichst vom Gesetz. Ich spreche zu dir von Liebe«, tadelt er sie, noch immer mit zärtlicher Stimme.

»Laß mich allein, Hared!« befiehlt sie ihm ungeduldig und hart.

Noch einmal gelingt es Hared, seinen Ärger zu beherrschen. Er gibt ihrem Wunsch nach und will sich schon mit nervösen Schritten entfernen, als er nach ein paar Metern abrupt stehenbleibt und sich erneut zu der Königin umwendet.

Sein Zorn und seine Wut sind plötzlich nicht mehr einzudämmen und brechen aus ihm hervor: einem Impuls folgend, zieht er den langen Krummsäbel und schwenkt ihn wild in der Luft.
»Hared ist böse! Hared ist unnachgiebig!« brüllt er und teilt dabei schreckliche Hiebe nach rechts und links aus, als wollte er einen unsichtbaren Feind damit treffen. »Hared ist grausam! ... Vielleicht bin ich es nicht genug gewesen, Anthea ... aber von diesem Moment an werde ich es wirklich sein!«
Die Königin sieht ihn an, doch scheint sie abwesend, als befände sie sich in Gedanken ganz woanders und hätte die wütenden Worte nicht gehört, hätte den Zornesausbruch des Großen Wächters nicht gesehen.
Der Wind von Hareds Eifersucht streicht unbemerkt über das schon stürmische Meer in ihrem Herzen hinweg, und Anthea zieht sich in sich selbst zurück, die Augen voller Traurigkeit, während sie in Gedanken zurückwandert zu dem einzigen Moment des Glücks, den sie mit Jordan verbinden kann, nämlich als sie ihm zum erstenmal in der Sahara begegnete und er ihr furchtlos, mit der offen dargebotenen Handfläche, entgegenkam: Wie sehr wünschte sie, ihrer beider Geschichte wäre an jenem Punkt stehengeblieben, auf jener namenlosen Düne mitten in der Wüste.

Auf genau diese Düne reiten in diesem Moment de Brosse, Ryker, Halimi und die vierzig Legionäre zu.
De Brosse, der an der Spitze der Kolonne reitet, macht einen gelassenen Eindruck: Er wird Ryker so lange weitertreiben, bis er ihn an den Ort seiner Begegnung mit der schönen Königin der Roten Reiter gebracht hat, und danach wird er ihn mit erniedrigenden Aufträgen so lange schikanieren und bis aufs Blut quälen, bis er sich entweder beugt oder desertiert. Ryker dagegen ist sichtbar angespannt und wechselt ständig rasche Blicke mit Halimi.
»Ein guter Legionär läßt alles hinter sich«, wettert de Brosse und sieht Ryker dabei unter geschlossenen Lidern hervor von der Seite an. »Ein schlechter Legionär dagegen trägt seine Vergangenheit mit sich herum, seinen Namen, seine Wut, seinen alten Groll.«
Ryker begreift sehr wohl, daß diese Worte ihm gelten; er unterdrückt seinen Ärger und verkneift sich eine Antwort.
»In Europa ist es einfacher, sich zu verstellen«, setzt der Major seine Rede fort. »In der Wüste nicht: Hier erscheint jeder so, wie er in Wirklichkeit ist. Deshalb liebe ich die Sahara.«

Ryker schluckt seinen Unmut auch dieses Mal stillschweigend herunter, doch in seinem Innern sieht es ganz anders aus; schließlich geht seine heftige und unduldsame Natur mit ihm durch und drängt ihn dazu, den zurechtgelegten Plan vorzeitig zur Durchführung zu bringen. Er wirft Halimi einen bedeutsamen Blick zu, den dieser mit einem Nicken beantwortet: Er hat verstanden.
»Ihr Platz ist nicht in der Legion, Ryker!« urteilt de Brosse streng, wobei er diesmal den Kopf wendet und den Ex-Offizier direkt anblickt.
»Sie haben recht, Major!« antwortet Ryker endlich mit einem höhnischen Lächeln und legt dabei eine ironische Betonung in das letzte Wort.
Kurz darauf dreht er sich zu Halimi um und gibt ihm mit dem Zeigefinger der rechten Hand rasch ein Zeichen, das ihm sagt, er möge sich bereithalten.
»Ein Typ wie Sie kann weder führen noch sich unterordnen: Er sollte allein leben und allein sterben«, steigert sich de Brosse noch in seiner Grausamkeit, zufrieden darüber, daß Ryker schon erste Anzeichen der Zermürbung erkennen läßt.
Der Major bemerkt erst Dutzende von Metern später, daß er mit diesen Worten sein eigenes Todesurteil gesprochen hat. Wieder hat sich Ryker zu Halimi umgedreht und ihm kurz zugenickt; das war das entscheidende Zeichen. Kurz darauf fliegt der Dolch des Sergeanten durch die Luft und bohrt sich tief in den Rücken von de Brosse.
Der Major verzieht schmerzhaft das Gesicht und begreift, noch während er vom Sattel in den Sand gleitet, daß er sterben wird und wer seinen Tod auf dem Gewissen hat.
Die Aktion ist so schnell und plötzlich vor sich gegangen, daß niemand eingreifen konnte. Ryker gibt mit gewohnter Autorität das Zeichen zum Anhalten, und alle bleiben automatisch stehen. Wohl liegt Spannung in der Luft aufgrund des Geschehenen, doch niemand scheint auch nur ein Körnchen Mitgefühl oder Mitleid für den Mann zu empfinden, der mit seinem Blut den Wüstensand rot färbt: ein deutliches Zeichen dafür, daß Halimi die Männer für die Unternehmung sorgfältig ausgesucht hat. Es sind die Schlimmsten von allen und diejenigen, die am ehesten bereit sind, das, was geschehen ist, hinzunehmen, ohne auch nur mit der Wimper zu zucken.
Einige steigen ab und kommen näher, während Halimi den Dolch aus dem Rücken des Majors zieht, die Klinge säubert und ihn in sein Futteral zurücksteckt.

Der Sergeant dreht de Brosse mit der Fußspitze herum, reißt ihm die Rangabzeichen von der Jacke, nimmt ihm das *képi* ab und übergibt dies alles Ryker, der sich voller Genugtuung die Mütze des Kommandanten auf den Kopf stülpt, bevor er an den Sterbenden herantritt, um ihn mit kalter Gleichgültigkeit von oben herab anzusehen.
»Ich bin sehr wohl ein Mann, der führen kann! Und du bist es, der allein sterben wird!« sagt er voller Verachtung und Spott zu ihm.
De Brosse sieht den Verräter ohne Haß oder Furcht an. Sein Blick trübt sich rasch; er nimmt seine letzte Kraft zusammen, und es gelingt ihm noch zu murmeln: » . . . dies hier ist meine Welt . . . «, um Ryker zu zeigen, daß er ihn mit diesem Tod nicht treffen kann, ja, daß er ihm damit sogar genau das Schicksal bereitet hat, auf das er gehofft hat. Und so stirbt er mit einem ironisch-heiteren Lächeln auf den Lippen.
Ryker zieht sich auch die Jacke des Majors an, dessen tapferer Tod so manchen der Anwesenden weder interessiert noch gerührt hat, und steigt dann wieder aufs Pferd.
»Vergeßt die Legion, die Fahne, euren Eid!« sagt er in leidenschaftlich erregtem Ton zu den anderen. »Von diesem Moment an gehorcht ihr mir in allem, was ihr tut, und seid mir mit eurem Leben dafür Rechenschaft schuldig. Ich werde euch quer durch die Wüste jagen und Blut spucken lassen, wenn nötig . . . aber ihr werdet den Sprechenden Berg sehen und den Schatz in Händen halten, der darin versteckt liegt!«
Ryker hat die richtige Saite in ihnen zum Klingen gebracht: ihre Habgier. Plötzlich lauschen die Legionäre ihrem neuen Anführer voller Interesse und Teilnahme, wie einem Propheten.
»Der Berg hält für all jene Gold und nie gesehene Reichtümer bereit, die mir bis zum bitteren Ende folgen werden.«
Die letzten Worte haben in vielen das Interesse noch gesteigert und eine spürbare Erregung geweckt, doch fehlt auf den Gesichtern von einigen auch nicht ein Ausdruck der Ungläubigkeit und der Bestürzung. Ryker bemerkt dies. »Ich weiß, einige von euch beginnen zu zweifeln«, versucht er ihrer Skepsis zuvorzukommen. »Die Sahara ist riesengroß, und wir nur vierzig Mann . . . Nun, wir werden Verbündete finden. Bald schon werden wir ein wehrhaftes und unschlagbares Heer sein. Aus diesem Grund zögert nicht, laßt alle Skrupel hinter euch. Ich werde jeden vernichten, der mich aufhalten will. Ich werde jeden von euch umbringen, der versuchen sollte, mir den Rücken zuzukehren.«

Eine deutliche und schnörkellose Rede: die einzige, die diese unerbittlichen Männer begreifen können, denen Ideale oder edle Gefühle fremd sind und die bereit sind, sich jeder Art von Söldnerbande anzuschließen, sofern ihnen dies günstig und gelegen erscheint.
Keiner von ihnen hat etwas einzuwenden; ihre eigenen Gedanken werden sie für sich behalten, bis sich die Gelegenheit zu einer neuen Verschwörung ergibt, bei der sie gegebenenfalls auch ihre früheren Verbündeten verraten und töten werden.
Ryker gibt das Zeichen zum Abmarsch, und die Kolonne setzt sich geordnet in Bewegung. Man hat sich nicht einmal damit aufgehalten, den Leichnam de Brosses zu begraben; Schakale und Geier werden sich seiner annehmen, ihn unkenntlich machen und zu einem jener namenlosen Skelette werden lassen, die in den Weiten der Sahara verstreut sind.
Trotz ihrer Millionen von Quadratkilometern an Fläche kann auch die größte Wüste der Welt ganz klein werden. Auf ihrer Jagd nach Jordan und Orso kreuzt sich der Weg der Wüstenhunde mit dem der desertierten Legionäre unter Führung von Ryker.
El Hallem bemerkt dank seinem Adlerblick als erster, daß sich eine Gruppe von Reitern nähert, als diese nur als kleiner Punkt am Horizont zu erkennen ist.
Ohne zu wissen, daß es sich um Legionäre handelt, folgt El Hallem einfach seinem Räuberinstinkt und gibt auf der Stelle Alarm; seine Männer haben genügend Zeit, sich hinter einer großen, mauerartigen Ansammlung von Felsbrocken zu verbergen, um gegebenenfalls zu einem ihrer tödlichen Angriffe aus dem Hinterhalt auszuholen.
Hinter einem Felsvorsprung versteckt, beobachtet El Hallem, wie die von Ryker angeführte Kolonne in einer halben Meile Entfernung an ihnen vorbeizieht; sie ist zahlenmäßig zu groß und zu gut bewaffnet, um ihnen eine Chance zum erfolgreichen Überfall zu geben, doch nachdem er die Möglichkeit eines Angriffs verworfen hat, beginnen andere Überlegungen Gestalt in ihm anzunehmen.
»Was tun sie nur hier, so weit weg von der Festung und in so großer Anzahl?« fragt sich der kühne Anführer der Räuber verwirrt.
Plötzlich scheint ihm, als verfolgten sie genau dieselbe Spur wie er; er wird den Eindruck nicht los, daß er schon sehr bald eine Antwort auf seine Fragen finden wird.

Dank der besonderen geographischen Karte, die viele Tiere in ihr Gehirn eingeprägt haben, und auch dank ihres hervorragenden Orientierungssinnes, um den die Menschen sie so sehr beneiden, weiß Ares, sobald er die große Kuppel der Basilika von St. Peter erblickt, daß er an seinem Ziel angekommen ist.
Philip ist gerade beim Ausritt im Park der Villa, als der Falke plötzlich haarscharf über seinem Kopf hinwegfliegt. Der junge Sohn Jordans erkennt ihn auf der Stelle und mit tiefer Bewegtheit. Ares vollzieht eine formvollendete Wendung und läßt sich auf dem Arm des Reiters nieder.
»Papa lebt ...« murmelt dieser aufgeregt, » ... und er braucht mich!«
Philip hat die Ankunft des Falken als Hilferuf interpretiert, während sein Vater ihn ihm eigentlich als Abschiedsgruß geschickt hat. Und tatsächlich durchlebt Jordan die Zeit des Aufschubs, den man ihm gewährt hat, mit dem Eifer und dem unermüdlichen Antrieb dessen, der weiß, daß ihm nur noch wenig Zeit zum Leben bleibt.
Nachdem man ihm völlige Freiheit in seinen Bewegungen und Erkundungen gelassen hat, hat er schließlich den Zugang zum Herzen der unterirdischen Zuflucht der Männer des Berges gefunden.
Dort, am Fuße einer steilen Treppe, die in den Felsen gehauen ist, steht ein großes und weiträumiges Gebäude, wie das Innere eines hohen Turmes, von uralter Bauweise, die gewiß viele Jahrtausende zurückliegt; wenn auch das Mauerwerk an einigen Stellen rissig oder eingestürzt ist, so ist es als Ganzes hervorragend erhalten.
In jeder Einzelheit trägt der Bau einen feierlichen Charakter, als diente er der Wächterschaft über etwas Heiliges, das sich in seinem Inneren befindet.
Auf einer Seite liegt ein kleiner See, auf den in diesem Moment, plötzlich und blitzschnell, ein heller Sonnenstrahl fällt. Jordan, dessen Verwunderung bereits kaum mehr zu steigern ist, begibt sich zum Ufer des kleinen Sees und sieht, als er hochblickt, daß das Lichtbündel vertikal herabfällt, und zwar durch einen natürlichen, einer gewaltigen Röhre ähnlichen Schacht, dessen Ende zum Berggipfel hin ins Freie mündet.
Der Blick Jordans wandert wieder nach unten und bleibt an der Oberfläche des Sees hängen, der fast grell beleuchtet von dem blinkenden Sonnenlicht wird; er bemerkt mit Erstaunen, doch auch voller Ahnungen, daß die große Wassermasse beginnt, sich zu

bewegen und zu kräuseln, als erwecke eine rätselhafte Macht sie plötzlich zum Leben.
Und noch etwas Neues und Unerwartetes fällt Jordan auf: Unerklärlicherweise wird das Sonnenlicht auf dem Wasser mannigfach zurückgeworfen, wie auf einem Spiegel, und überflutet mit seinem Widerschein auch die hohen Wände und die steile Steintreppe, an deren oberem Ende, wie Jordan erst jetzt bemerkt, Kerim steht.
Der Junge blickt fasziniert und wie gebannt auf das plötzlich aufgetretene Licht, das Bewegung in den kleinen See bringt. Dann steigt er rasch hinab und tritt an die Seite Jordans, dem er ein zerstreutes Lächeln schenkt.
Immer stärker brodelt es unter der Wasseroberfläche, während aus den großen bogenförmigen Toren, die rund um das Gebäude herum in das Felsgestein eingelassen sind, unvermittelt und leise zahlreiche Männer des Berges treten; seltsamerweise tragen sie Kampfgewänder.
Die Aufmerksamkeit aller richtet sich nun auf einen Strudel im Wasser, der mit seinem Sog den See in der Mitte leert und damit einen Gegenstand riesigen Ausmaßes, der auf dem Grund liegt, freigibt und dem Auge des Betrachters darbietet.
Jordan bemerkt, daß er eine höchst seltsame Form besitzt, ähnlich dem oberen Teil eines Kreisels, jedoch von einem Durchmesser von über zwanzig Metern; das Innere scheint aus Metall zu sein, mit durchsichtigen Oberflächen, die nach der Art von Bullaugen geschnitten sind und jeweils ein Lichtbündel zurückwerfen.
Die Spannung des amerikanischen Archäologen wächst ins Unermeßliche, so sehr ist er in Beschlag genommen von dem Neuen und Rätselhaften, die sein Instinkt bereits als außergewöhnlich erkannt hat. In den anderen dagegen überwiegt eine Art abwartende Haltung, wenngleich auch ihnen eine Spur Verwunderung anzumerken ist.
Intuitiv schließt er daraus, daß jenes seltsame »Ding« den Männern des Berges bereits zur Genüge bekannt ist und sie ihm nur jene ungeduldige Spannung entgegenbringen, mit der man ein lang erhofftes Ereignis erwartet, bei dem irgendein Phänomen oder Wunder von lebenswichtiger Bedeutung Wirklichkeit wird.
Auch Hared kommt mit seiner stets von neuem überraschenden Gehsicherheit herbeigeeilt. Sein Antlitz ist von freudiger Erregung erleuchtet, die seine gestrenge und granitharte Miene in einen Ausdruck der Ekstase verwandelt.

Als er in der Nähe von Jordan vorbeikommt, bleibt er jedoch plötzlich stehen: Er spürt die Anwesenheit des Fremden und geht auf ihn zu, indem er den vor sich liegenden Raum mit ausgestrecktem Arm ertastet, bis seine Hand Jordans Gesicht berührt.
»Früher, als ich es mir vorstellen konnte, ist das geschehen, was schon seit langem nicht mehr geschehen war«, sagt er in feierlichem und geheimnisvollem Ton zu ihm, »zu früh, um deinen Wunsch noch zu erfüllen.«
Jordan versteht den Sinn dieser Worte nicht und schenkt Hared zudem auch nicht allzuviel Aufmerksamkeit, weil er, wie die anderen auch, gebannt das verfolgt, was in dem kleinen See vor sich geht.
»Dein Tod ist gekommen!« beginnt Hared von neuem, nun ohne umschreibende Worte. »Er ist plötzlich gekommen, jetzt und hier!«
Das deutliche und unvermittelte Todesurteil hallt dramatisch in den Ohren der Anwesenden wider und löst selbst Jordan nun aus seiner Verzauberung; er hat nicht einmal mehr die Möglichkeit zu einer Erwiderung, denn der Große Wächter wendet sich bereits an die Männer des Berges. »Ergreift ihn!« befiehlt er ihnen mit überschlagender Stimme.
Die Krieger marschieren gleichzeitig los, um den Befehl Hareds auszuführen, als im selben Moment ein neuer, riesiger Wasserstrudel das »Ding« in seiner ganzen gigantischen Struktur und Dimension erscheinen läßt. Der Archäologe, der sich nun umzingelt sieht, macht einen Schritt rückwärts und springt, ohne zu zögern, in die aufgewirbelten Wasser des Sees.
Überrascht und ratlos angesichts des unerwarteten Handelns von Jordan, treten die Roten Reiter an den Rand des spiegelnden Wassers heran, doch wagt es niemand, dem Fremdling hinterherzuspringen, nicht aus Angst, sondern aus einem heiligen, uralten Respekt heraus, der sich von Generation zu Generation zu einem wirklichen und echten Tabu entwickelt hat.
Jordan taucht zwischen undefinierbaren Geräuschen und durchbrochenen Lichtern hindurch bis zum Grund hinab. Dies könnte sein letzter Erkundungsgang sein, von dem er nicht zurückkehren wird, denn er hat keine Vorstellung davon, wie gefährlich das Unbekannte sein mag, das sich hinter diesem Objekt aus geometrischen, Licht absondernden Formen verbirgt, welches er nun mit den Händen berühren kann; doch er denkt nicht daran, sich aufhalten zu lassen.
Obwohl seine Sicht beschränkt ist, bemüht er sich, einen Spalt oder ein Türchen zu finden, durch das er in das rätselhafte Ding einstei-

gen kann, welches nun beginnt zu pulsieren und von heftigen Vibrationen erschüttert wird.
Die Luft wird ihm knapp, und Jordan bleibt nichts anderes übrig, als wieder hochzusteigen, weil seine Lungen dem Platzen nahe sind. Er taucht auf und schnappt keuchend nach Luft. Kerim und Hared stehen direkt vor ihm; die Männer des Berges haben den ganzen See umstellt.
Er ist erschöpft, hat aber keine andere Wahl: Niemals wird er Hared davon überzeugen können, seine Drohung zurückzunehmen und sich auf eine Zusammenarbeit und ein gemeinsames Forschen einzulassen. Ja, als der Entweiher ihres Heiligtums riskiert Jordan sogar, von einem Moment auf den anderen von einer tödlichen Kugel getroffen zu werden; er macht sich die Unentschlossenheit seiner Bewacher zunutze, um zu Atem zu kommen, dann holt er tief Luft und taucht erneut auf den Grund hinab.
Gegen das Licht betrachtet, ist das »Ding« in seinen Umrissen und Ausmaßen sehr viel deutlicher zu erkennen. Das Pulsieren und Vibrieren, das Jordan an einen startenden Motor erinnert, hat sich noch verstärkt. Als er ganz um das »Ding« herumschwimmt, entdeckt er schließlich einen Durchlaß zwischen den ansonsten homogenen Strukturen; er drückt sich mit aller Kraft gegen die von Verkrustungen blockierte Wand, und so gelingt es ihm, durch den Spalt ins Innere zu schlüpfen.
Zunächst hat Jordan Mühe, Einzelheiten zu erkennen, da es für die Augen anstrengend ist, sich in dem Wechselspiel aus Reflexen und Lichtern zurechtzufinden, doch schließlich gelingt es ihm, eine Art Konsole auszumachen, die die gesamte Wand entlangläuft und mit, allerdings unwiderruflich verwitterten, Steuermechanismen versehen ist; auch erkennt er einige Bildschirme sowie nicht weniger als ein Dutzend Sessel ähnlich denen eines Flugzeugs, die jedoch schmäler und mit höheren Rückenlehnen ausgestattet sind.
Das Pulsieren wird immer stärker, und Jordan, den plötzlich eine unsägliche Erregung gepackt hat, hat gerade noch die Zeit, sich zu fragen, welches Ende es wohl mit ihm nähme, wenn es dem »Ding« gelingen würde, sich in Bewegung zu setzen, was es zweifellos gerade versucht, als die Vibrationen sich abzuschwächen beginnen und die Helligkeit rasch an Intensität verliert.
Auch das Wechselspiel der Lichter im Inneren wird deutlich schwächer, und Jordan erkennt, daß bald völlige Dunkelheit um ihn herrschen wird.

Mit wenigen Schwimmzügen erreicht er rasch den Spalt, durch den er eingedrungen ist, während der Sonnenstrahl sich innerhalb von Sekunden von der Mitte des Objekts aus zu seinen Rändern hin verlagert, um schließlich ganz zu verschwinden.
Am Ende seiner Kräfte und kurz vor einer Ohnmacht stehend, taucht Jordan wieder auf. Während er, von Krämpfen geschüttelt, Luft holt, bemerkt er, daß er allein ist. Langsam schwimmend erreicht er den Rand des Sees und zieht sich mühsam an Land.
Er streckt sich auf dem Rücken aus, um seinen Atem, der nach dem langen Tauchgang nur unregelmäßig und unter Schmerzen geht, zur Ruhe kommen zu lassen.
Wie zuvor ist die Oberfläche des Sees glatt und stumpf, und die rätselhaften Vibrationen und das Pulsieren haben gänzlich aufgehört. Jordan steht auf und muß sogleich einer neuen Gefahr ins Auge blicken: Hared kommt mit schnellen Schritten auf ihn zu. Zwar hat er nicht den schrecklichen Krummsäbel in Händen, doch Jordan ist trotzdem auf der Hut vor ihm.
Der Große Wächter bleibt vor seinem Rivalen stehen.
»Wenn du jetzt aufhörst, wirst du leben!« teilt er ihm in ebenso ruhigem wie hartem Ton mit.
Jordan antwortet nicht sofort. Er hängt seinen eigenen Gedanken nach, während sein Blick erneut auf der Oberfläche des Sees und dem »Ding« verweilt, das nun auch für ihn kein Rätsel mehr darstellt.
Er beobachtet, wie es langsam durchsichtig wird; obwohl die es umgebende Wasserschicht das Bild verzerrt und verwischt, kann er die äußeren Umrisse noch erkennen, zumal auch die runden Lichtbündel, die aus den kleinen Bullaugen fallen, noch nicht ganz erloschen sind.
»Dort unten liegt ein Gefährt aus dem Weltraum ...« murmelt Jordan, als müßte er an erster Stelle für sich selbst seine Schlüsse ziehen, » ... das Raumschiff, von dem ich glaubte, es sei bei dem Aufprall auf die Erde zerstört worden, ist dort unten ...«
»Du kannst es noch schaffen ...« drängt ihn Hared.
Jordan hört ihm nicht einmal zu. Er ist mit den Folgerungen aus dem Geschehenen beschäftigt, die sich rasch in seinem Kopf abspulen, und während er die letzten Stücke seines Gedankengebäudes zusammensetzt, überkommt ihn eine wachsende Erregung angesichts dessen, was er gerade entdeckt hat: » ... und in diesem Raumschiff sind eure Vorfahren vor Tausenden von Jahren auf der

Erde gelandet! Zwölf menschliche Wesen ... elf Überlebende und ein Toter, der in jenem seltsamen Sarkophag begraben liegt ...«
»Verzichte!« beharrt Hared.
» ... sein Motor wird von Sonnenlicht angetrieben ... der Berg, Sohn des Lichts: Da haben wir die ganze Erklärung! Wenn das Sonnenlicht ab und zu einmal darauf fällt, wird es angeregt, will zum Leben erwachen und sich auf den Weg ins Sternenall machen, dorthin zurückkehren, von wo aus es gestartet ist ...«
»Es ist genug, Jordan, halte ein!« mahnt ihn der Große Wächter nochmals.
»Ich muß euer Geheimnis erfahren ... Erst dann werde ich einhalten!«
»Verzichte, und du wirst leben.«
»Warum willst du plötzlich das Gesetz brechen?« fragt ihn Jordan verwundert. »Ausgerechnet du, warum denn?«
»Seit dem Tag der Tage besagt unser Gesetz, daß der Große Wächter die Königin heiraten wird ...« verkündet Hared langsam und mit Bedacht. » ... und an jenem Tag darf Gnade walten. Du bist verurteilt worden, doch ich bewundere dich: Du bist mutig und rechtschaffen, und ich will nicht, daß du stirbst ... Ich will es nicht mehr!«
Bei der plötzlichen Ankündigung der Heirat zwischen Anthea und Hared überkommt Jordan ein großer Schmerz: Die Überraschung ist so groß, daß ihm die Worte fehlen.
Er hat auf die Liebe Antheas gehofft, wenngleich nur für die kurze Zeit, die man ihm gewährt hatte, und nun auch nur an ihre Hochzeit mit Hared zu denken ...
In diesem Moment spürt er, wie der hauchdünne Faden zertrennt wird, der ihn noch mit seinem Lebenswillen verband.
»Ich habe meine Wahl schon getroffen: Ich werde meinem Schicksal folgen«, erwidert er mit Entschiedenheit.
»Dann ist das, was du suchst, sehr nahe«, teilt ihm der Große Wächter nach einem langen Zögern mit.
Von neuem ist Jordan von dem Gedanken an Flucht erfüllt: Gierig wie ein Raubvogel auf der Jagd nach der Beute, sucht er mit den Augen die Umgebung ab. Als sein Blick auf einen Durchgang mit besonderen Ausschmückungen fällt, geht er darauf zu; Hared folgt ihm in einigen Metern Entfernung.
Er trifft auf einen Korridor, von dessen Ende aus sich ein überaus heller Lichtschein ausbreitet. Instinktiv beschleunigt er seine

Schritte, doch im selben Moment spürt er, wie eine bleierne Müdigkeit ihn überfällt, eine Erschöpfung, die in keinem Verhältnis zu dem hindernislosen Weg steht, den er zurücklegt.
Zur gleichen Zeit tauchen an seiner Seite, schweigend und bedrohlich, mehrere Männer des Berges auf, die ihren Schritt dem seinen anpassen, als wollten sie ihn nur begleiten, dabei jedoch den Eindruck vermitteln, als führten sie ihn zu seiner Hinrichtung oder wollten ihn zumindest bewachen.
Immer schwerer und unsicherer werden die Schritte Jordans; in sein Gesicht tritt ein angestrengter und leidender Zug, sein Atmen wird abgehackt und mühevoll; auch die Augen beginnen ihm trübe zu werden; er geht wie jemand, der ein gewaltiges Gewicht auf dem Rücken trägt, das droht, ihn zu erdrücken.
Am Ende des Ganges ist das Licht gleißend hell geworden, und nun kann Jordan erkennen, woher es kommt: von einer riesigen Tür aus massivem Gold, die auf der gegenüberliegenden Wand eines Saales liegt, in den der Gang mündet.
Um die Tür herum bemerkt er eine tiefe, monumentale Ausschmiegung, eine Arbeit aus uralten Zeiten, der plastische, ausschmückende Friese ein deutlich sakrales Gepräge geben.
Es sind nur noch wenige Meter zurückzulegen, doch als Jordan die Tür aus Gold erreicht, ist er am Rande des Zusammenbruchs; während sein Geist noch völlig klar ist und er alles um sich herum wahrnehmen kann, knicken ihm die Knie ein, und er spürt, wie er aufgrund der enormen Kräfte, die er aufbringen muß, um gegen die niederdrückende Erschöpfung anzukämpfen, droht, ohnmächtig zu werden.
Er ahnt, daß sein geschwächter Zustand Folge einer Art magnetischen Einflusses ist, gegen den die anderen offensichtlich immun sind und der ihn direkt dem Tod zutreiben wird; und doch stützt er sich, nunmehr unweigerlich ins Delirium verfallen, mit den Händen an der Goldtür ab, sucht nach einem Halt, einem Griff, an dem er sich wieder hochziehen kann: vergebens, denn die Oberfläche ist völlig glatt geschliffen.
Immer noch schweigsam und bedrohlich, stehen Hared und die Männer des Berges um ihn herum. Jordan versucht sich festzukrallen, doch seine Hände rutschen ohne Grifffläche über das reine Metall, und so gleitet er zu Boden, völlig am Ende seiner Kräfte.
Er spürt, daß jemand hinzugetreten ist, hebt matt den Blick und sieht in die gestrengen Augen Antheas, die ihn kalt und königlich von oben herab mustern.

»Ich muß dort hinein! Ich muß es! ...« fleht er leidenschaftlich erregt, trotz seiner Erschöpfung. »Es ist hier ... es ist hier ... ich weiß es!«
Anthea antwortet nicht; ihre Haltung ist unergründlich, doch Hared spürt, daß das schweigende Verharren der Königin auch Nachgiebigkeit in sich birgt; er legt deshalb langsam eine Hand an den Säbel und zieht ihn mit unerbittlicher Entschlossenheit.
»Das ist der Ort, Jordan, doch es ist nicht deine Zeit«, spricht er mit der Feierlichkeit seines Amtes das Urteil. »Mehr darfst du nicht mehr sehen, mehr darfst du nicht mehr wissen ... In unseren Herzen herrscht weder Grausamkeit noch Haß ... sondern nur das Gesetz!«
Mit derselben Feierlichkeit reicht er den langen Säbel Anthea, die ihn mit zitternder Hand ergreift und dann den Blick senkt – nicht angesichts der Grausamkeit dessen, was sie tun muß, sondern weil es Jordan ist, dem sie es antut.
Es ist das Eingreifen Kerims, das ihr zu Hilfe kommt; dieser steht, in Begleitung einer Ehrengarde und bereits in die sakralen Gewänder des Großen Wächters gehüllt, hoch über ihnen auf einem Weg und blickt voller Mitleid und Rührung auf die erschöpfte Gestalt Jordans herab.
»Fremder, ich bin's, Kerim, hör mir zu!« sagt er mit vor Schmerz bebender Stimme zu ihm. »Deine Zeit ist vorbei! Die Königin schenkt das Leben ... die Königin schenkt den Tod! Du hast den Ort erreicht, über den niemand mehr hinauskann!«
Jordan hebt den Kopf etwas an und versucht zu erkennen, woher die Stimme seines kleinen Freundes kommt. Mit seinen vernebelten Augen erblickt er ihn dort oben, hoch über ihnen allen, in prunkvollen Gewändern; wieder erfüllt ihn der Gedanke an jenes Kind, das dazu verdammt ist, frühzeitig erwachsen zu werden, mit Zärtlichkeit.
»Auch ich werde in die Krypta hinabsteigen, die jenseits der goldenen Tür liegt, und dann werde ich der Große Wächter sein ...« fährt Kerim fort, dessen Stimme sich überschlägt, als wäre er dem Weinen nahe. » ... und eines Tages werde auch ich ... blind werden!«
Die Tränen, die Kerim nur mit Mühe zurückgehalten hat, treten nun statt dessen Jordan in die Augen. Sein Gesicht zeigt einen Ausdruck tiefen Mitgefühls.
»Denk daran, mich aus deiner Zauberschachtel herauszulassen!«

Nun ist es nur noch ein einfacher kleiner Junge, der aus ihm spricht. »Leb wohl, Jordan, ich werde dich niemals vergessen!«

Als Kerim Jordan seine Botschaft der Zuneigung übermittelt hat, dreht er sich um und geht davon: Er weiß nicht, wie die Königin entscheiden wird, und will der Hinrichtung, die möglicherweise folgen wird, nicht beiwohnen.

»Leb wohl, Kerim ... auch ich werde dich nicht vergessen ...« murmelt Jordan, an jenen Kopf mit den goldenen Locken gerichtet, den er nur noch von hinten sieht und der kurz darauf verschwindet. Er hat sich mit dem Tod abgefunden und läßt den Kopf sinken. Nun hat es keinen Sinn mehr, gegen die überwältigende Erschöpfung anzukämpfen, und so läßt er sich in das heitere und angenehme Vergessen der Ohnmacht hinabgleiten: Von dort aus wird es leichter sein, in die dunkle Kammer des Todes überzugehen.

Anthea blickt auf den reglosen Körper hinab, dem sie nun den tödlichen Stoß beibringen müßte. Jordans Ohnmacht kommt ihr wie gerufen, denn sie stellt einen weiteren plausiblen Vorwand zum Aufschub dar. Sie gibt Hared, der ruhelos neben ihr steht, den Säbel zurück.

»Man kann einen Menschen nicht töten, der sowieso dem Tod geweiht ist: Das wäre nicht gerecht, es wäre Mord. Bringt ihn in das Zimmer von Kerim«, befiehlt sie ihren Leuten. »Wenn er nicht von alleine stirbt, werden wir, unseren Gesetzen folgend, seinen Tod herbeiführen.«

Niemand kann gegen die Entscheidung der Königin etwas einwenden, nicht einmal Hared, doch dieser weiß, daß Antheas Beweggründe nicht im Buch der Gesetze geschrieben stehen, sondern in ihrem Herzen; und er schließt krampfhaft und nervös die Finger um den Griff des Säbels, um seinem finsteren Gemütszustand Erleichterung zu verschaffen.

Einzige Beleuchtung in dem großen Zimmer, das prunkvoll eingerichtet und mit jahrhundertealtem Stuckwerk geschmückt ist, ist in diesem Moment der grünliche Widerschein, den man in allen Gewölben des unterirdischen Reiches antrifft.

Die großen fluoreszierenden Stelen sind erloschen: Anthea zieht es vor, im Halbschatten zu sitzen, um ihre Gedanken zu ordnen und ihre Unruhe in den Griff zu bekommen. Und in dieser Haltung, allein, nachdenklich und mit einem von Angst gezeichneten Gesicht, trifft sie Kerim an, der sich ihr, selbst zutiefst beunruhigt, nähert.

»Warum ihn töten?« fragt sie der Junge.
Anthea senkt den Blick, ohne zu antworten, denn es ist ihr selbst noch nicht gelungen, inmitten des Wirrwarrs von Empfindungen in ihrem Innern eine Antwort auf diese Frage zu finden.
»Jordan ist nicht bewaffnet, er ist nicht mit bösen Absichten gekommen«, beharrt Kerim und nimmt liebevoll ihre Hand. »Er will doch nur sehen, lernen ... er ist dein Freund, also rette ihn! Du kannst es tun!«
Die aufrichtigen Worte Kerims geben der Aufgewühltheit und Unsicherheit Antheas nur noch neue Nahrung; sie überdenkt die Möglichkeit, die der leidenschaftliche Vorschlag des Jungen beinhaltet.
»Es ist das Gesetz, Kerim, das weißt du ...« murmelt sie schließlich und schüttelt dabei verzweifelt den Kopf; dennoch scheint sie selbst nicht ganz überzeugt.
»Du kannst es, wenn du es willst ... rette ihn!« beeilt sich der Junge, ihr nochmals mit gramvoller Stimme ins Gedächtnis zu rufen.
Da endlich fällt das Flehen des Jungen bei Anthea auf fruchtbaren Boden, denn im Grunde stimmt es mit dem überein, was sie selbst sich wünscht.
»Ich gehe zu Hared«, teilt ihr Kerim voller Absicht mit. »Der Große Wächter wünscht mit mir zu sprechen.«
Der Junge geht davon, und Anthea bleibt einige Minuten regungslos und nachdenklich sitzen. Sie macht sich die Entscheidung nicht leicht, die sie treffen muß: der wichtigsten und einschneidendsten in ihrem jungen Leben.
Am Schluß scheint ihr der getroffene Entschluß Ruhe und Heiterkeit, ja sogar Freude, zu schenken, und sie verläßt rasch ihr Zimmer.
Während sie die Tür zu Kerims Zimmer öffnet, begreift sie, warum der Junge ihr mitteilen wollte, daß er zu Hared gehen würde, und lächelt zärtlich vor sich hin: er wußte, oder hoffte es zumindest, daß sie sich zu diesem Schritt entscheiden würde, und wollte ihr in jedem Fall die Möglichkeit geben, mit dem Fremden allein zu sein.
Da liegt Jordan, im tiefen Schlaf der Erschöpfung versunken, auf einer Lagerstatt neben der Kerims. Anthea nähert sich mit leisen Schritten, kniet neben dem amerikanischen Archäologen nieder und rüttelt ihn behutsam am Arm.
Jordan öffnet die Augen und erblickt die Königin: Zuerst wirkt er wie verzaubert, als glaubte er sich in einem herrlichen Traum, dann

beginnt er die Wirklichkeit um sich herum wahrzunehmen, und in sein Gesicht tritt ein Ausdruck tiefen Erstaunens und angenehmer Überraschung: Er scheint etwas sagen zu wollen, doch die junge Frau bedeutet ihm zu schweigen.
Sie nimmt ihn an der Hand und hilft ihm, langsam aufzustehen, dann geleitet sie ihn zum Ausgang. Gehorsam läßt sich Jordan durch die unterirdischen Gänge und die verlassenen Säle führen, ohne Fragen zu stellen oder sich zu widersetzen, denn er hat vollstes Vertrauen zu Anthea; es kommt ihm vor, als bewegte er sich in einer Traumlandschaft.
Sie erreichen das Gehege der Pferde; Anthea sucht eines von ihnen aus, rüstet es nur mit Zaumzeug und einer Satteldecke, dann steigt sie auf und zieht Jordan hinter sich hoch.
Das Pferd läuft durch die engen Gänge, die Jordan bereits einmal durchquert hat, und tritt aus dem Berg ins Freie.
Es ist tiefe Nacht; der Sprechende Berg ist nur als dunkler Umriß zu erkennen, keine Wolke zeigt sich am sternenübersäten Himmel. Ein schwacher Widerschein kündet vom bevorstehenden Aufgang des Mondes.
Anthea und Jordan steigen vom Pferd und setzen sich unterhalb eines flachen Felsens nieder. Lange sehen sie sich nur schweigend an, scheu, doch ohne Verlegenheit; schließlich lächeln sie sich zärtlich zu.
»Ich weiß nicht, warum du mich hierhergebracht hast, aber es ist gut, daß du es getan hast«, beginnt Jordan voller Wärme und Zuneigung.
»Kennst du das Märchen vom Prinzen Harun?« fragt ihn Anthea mit einem sanften und rätselhaften Lächeln.
»Nein«, erwidert Jordan.
»Der Prinz suchte etwas, doch wußte er nicht genau, was«, beginnt die junge Frau zu erzählen. »Eines schönen Tages kam er im Königreich von Khaledàn an, am Ende der Welt. Und die Königin, die sehr böse war, warf ihn in den Kerker.«
Da kann Anthea angesichts der Ähnlichkeit mit ihrer eigenen Situation ein Lächeln nicht unterdrücken. Jordan hört ihr weiter mit glühender Wißbegier zu.
»›Was suchst du?‹ fragte die Königin. Und Prinz Harun antwortete: ›Ich suche etwas Wunderbares, was niemand zuvor gefunden hat.‹ – ›So finde es also, worauf wartest du noch?‹ – ›Aber du, Königin, wieviel Zeit gibst du mir noch?‹ Die Königin zeigte auf den Mond

und erwiderte: ›Wenn der Mond hinter den Dächern meines Palastes versunken ist, wird deine Zeit um sein, und ich werde dich dem Drachen zum Fraß vorwerfen.‹«
»Sie war wirklich böse, diese Königin!« meint Jordan lächelnd, denn er hat die allegorische Bedeutung dieser Worte sehr wohl verstanden.
»Böse und dumm!« entgegnet Anthea. Sie blickt dabei auf den Mond, der schon zu sehen ist, und macht Jordan auf ihn aufmerksam. »Sie wußte nämlich nicht, wie schlau ihr Gefangener war. Prinz Harun versteckte sich auf dem Dach des Palastes ... und sobald der Mond unterging, schob er ihn mit den Händen einfach wieder hoch ... Wieder sank der Mond, und wieder hob er ihn an ... So vergingen tausend Jahre, und dann noch tausend Jahre ... Und noch immer hebt Harun jede Nacht den Mond am Himmel hoch. Und der Drachen ist verhungert!«
»Und hat Prinz Harun das wundervolle Etwas gefunden?«
»Nein, aber er hat nie aufgehört, danach zu suchen!« antwortet ihm Anthea mit einem schalkhaften Lächeln.
»Und hat die Königin die Täuschung nicht entdeckt?«
»Wer weiß?« erwidert Anthea in einem gewollt naiven Ton.
»Vielleicht ... hatte sie sich verliebt ...« erkühnt sich da Jordan mit sanftem Lächeln und sieht die junge Frau dabei voll Zärtlichkeit an.
Anthea antwortet nicht. Jordan ergreift ihre Hand, und sie macht einen halbherzigen Versuch, sie ihm zu entziehen, ohne daß eine wirkliche Absicht hinter ihrer Sprödigkeit stünde, weshalb der Amerikaner seinen Willen leicht durchsetzen kann: Ganz natürlich neigt er den Kopf über der Hand und drückt voller Leidenschaft und Inbrunst seine Lippen darauf; Anthea gibt ihren Widerstand auf.
»Ich bin kein Märchenprinz«, sagt er zärtlich zu ihr. »Und wenn mir die Kraft nicht ausgeht, wird es mir auch gelingen, das Geheimnis zu lüften.«
»Es wäre ein Sieg gegen dich selbst«, meint Anthea erschaudernd. Sie spürt, wie seine Antwort, die sie nicht hören wollte, ihr Herz durchbohrt hat.
»Ich weiß.«
»Ich bewundere dich sehr!« Anthea sagt die Worte im Flüsterton und läßt dabei ein viel tieferes Gefühl anklingen als nur einfache Bewunderung.
»Ich liebe dich ...« murmelt Jordan. Er hat das Gefühl, von einem Zauberhauch umfangen und hinweggetragen zu werden.

»Ich liebe dich ...« sagt auch Anthea. Auch sie ist Gefangene desselben Zaubers. Jordans Gesicht nähert sich dem ihren. Sein Mund sucht die geöffneten Lippen der jungen Frau, und sie zerschmelzen in einem Kuß voller Gefühl, voller Zärtlichkeit und Leidenschaft.

Der Mond, der nun mehr als zur Hälfte aufgegangen ist, übergießt sie mit seinen Strahlen und scheint die Wüste, den Berg und die Verliebten in ein silbriges Zauberlicht einzuhüllen.

Lange halten sie sich in einer wilden Umarmung umfangen und küssen sich, wieder und wieder, als müßten sie einen Hunger stillen, der sie allzu lange gequält hat.

Dann befreit sich Anthea sanft aus der Umarmung, nimmt das große Medaillon ab, das sie um den Hals trägt, und reicht es Jordan. Jordan nimmt es mit beiden Händen entgegen und betrachtet es neugierig: Je aufmerksamer er es ansieht, um so deutlicher ist auf seinem Gesicht die wachsende Erregung zu sehen, die sich seiner bemächtigt. Er hebt den glühenden Blick und sieht Anthea voller Inbrunst an: Er hat begriffen, wozu das Medaillon dienen kann.

»Also ... ist meine Zeit noch nicht um!« ruft er hoffnungsvoll aus.

Anteah sieht ihn mit Zärtlichkeit in den Augen an, gibt aber keine Antwort.

»Damit ... werde ich die Tür aus Gold öffnen können, nicht wahr?« fragt er sie und hält ihr dabei das Medaillon vors Gesicht.

Die junge Frau nickt zustimmend und mit einem anmutig liebevollen Lächeln.

Wieder ergreift Jordan ihre Hände, küßt sie leidenschaftlich, zieht sie erneut in seine Arme. Er war auch zuvor schon glücklich, doch nun kennt seine Freude kein Maß mehr.

»Ich bin ein größerer Glückspilz als Prinz Harun!«

»Du bist auch mutiger!«

»Und der Drache wird verhungern!« ruft er voller Freude aus; dann fragt er augenzwinkernd: »Und die böse Königin?«

»Die böse Königin wird vielleicht nicht zur guten Königin, aber sie wird ihren Prinzen immer leidenschaftlich lieben und ihn als Gefangenen behalten, nicht in ihrem Schloß, aber in ihrem Herzen!« erwidert die junge Frau und blickt dabei dem Mann, dem sie so sehr zugetan ist, tief in die Augen, als wollte sie ihre ganze Liebe in diesem Blick ausdrücken.

Noch einmal küßt sie ihn voller Leidenschaft und Zärtlichkeit, doch plötzlich ist aus ihren Augen alle Freude gewichen. Jordan ist zwar

ein wenig verwirrt über die Bedeutung der letzten Worte Antheas, die ihm unklar sind, erwidert ihren Kuß aber hingebungsvoll und begierig, denn auf ihren Lippen will er gerne jeden anderen Gedanken vergessen.
So sitzen sie, verschmolzen in ihrer Umarmung, nebeneinander und betrachten die prachtvolle Scheibe des Mondes, zu glücklich über den verzauberten Moment, um ihn mit Worten zu zerstören.
»Es ist Zeit, zurückzukehren, es wird langsam kalt«, verkündet Anthea schließlich. Sie erschaudert.
»Ich würde am liebsten die ganze Nacht hierbleiben«, vertraut ihr Jordan sein Bedauern an.
»Ich auch«, erwidert Anthea, voller Sehnsucht in der Stimme; dann verdunkelt sich ihr Gesicht kaum merklich: »Aber schon bald wird die Sonne aufgehen, und ich muß die Frau in mir vergessen und wieder Königin sein!«
Anthea und Jordan stehen auf und gehen zu dem Pferd, um auf ihm ins Innere des Berges zurückzukehren. Dort, in der tiefsten Kammer des unterirdischen Reiches, sitzen Hared und Kerim Seite an Seite am Rande des Sees mit der spiegelnden Wasseroberfläche und blicken wie magnetisch angezogen auf das Raumschiff, dessen zittrige Umrisse im Wasser zu erkennen sind.
Der Große Wächter hat bereits mit der Einweisung Kerims begonnen: Er hat ihm Gedanken und Prinzipien dargelegt, denen der Junge mit ehrfürchtiger Aufmerksamkeit gelauscht hat.
Nun legt er die Hand auf den Kopf mit den dichten, goldenen Locken und kommt zu der letzten Mitteilung, die er ihm machen muß.
»Ich besitze den Schlüssel zu der goldenen Tür. Eines Tages wird er in deine Hände übergehen«, sagt er ihm voller Stolz. »Ich kann im Dunkeln das Licht des Großen Geheimnisses sehen. Morgen wirst auch du es sehen.«
Die Angst, das Augenlicht zu verlieren, ist in dem kindlichen Gemüt Kerims noch immer größer als das doch beachtliche Gefühl der Ehre, Großer Wächter zu werden, und so durchzuckt Kerim ein Schauder der Furcht bei diesen Worten. Hared spürt diesen Schauder und nimmt eine noch sanftere und verständnisvollere Haltung ein.
»Der Große Wächter wird Dinge hören, die die anderen nicht hören, er wird Dinge sehen, die die anderen nicht sehen ...« sagt er in väterlichem Ton zu ihm. » ... und er wird Dinge erfahren, die niemand weiß.«
Kerim erhebt sich und geht davon; in seinen weit aufgerissenen

Augen ist die Angst zu lesen, die ihm der Gedanke an sein bevorstehendes Schicksal einflößt; eines jedoch hat er für seine zukünftige Rolle bereits gelernt, nämlich die Entsagung, und so weint er nicht, noch verzweifelt er, sondern nimmt seine Verantwortung stoisch entgegen; freuen aber kann er sich gewiß nicht darauf.

Hared, der allein zurückgeblieben ist, legt die Maske der Friedfertigkeit und des Enthusiasmus ab, die er Kerim zuliebe aufgesetzt hat, um ihm Kraft und Begeisterung einzuflößen, und läßt statt dessen seiner tiefen Beunruhigung freien Lauf.

Nicht immer ist die Fähigkeit, einem anderen in Herz und Gemüt zu schauen, ein Privileg, wie er es Kerim gegenüber behauptet hat; er selbst stellt zu seinem eigenen Leidwesen ein Beispiel für diesen Widerspruch dar.

Wie sehr wünschte er in diesem Moment, nicht zu wissen, daß er das Herz der Frau, die er wie wahnsinnig liebt, für immer verloren hat! Ihm bleibt nicht einmal mehr die Illusion der Hoffnung. Obwohl er allein ist, senkt er instinktiv, aus männlichem Schamgefühl heraus, den Blick, um die Tränen zu verbergen, die ihm die erloschenen Augen überfluten.

Kerim ist mittlerweile in seinem Zimmer angekommen und sieht sofort nach, ob Jordan noch da ist; als er das leere Lager erblickt, macht sein Herz einen Sprung; mit einemmal ist all die Traurigkeit, die er zuvor empfunden hat, von ihm abgefallen.

Wenn sein Freund Jordan nicht hier ist, heißt das, daß die Königin beschlossen hat, ihn auf irgendeine Weise zu retten. In der einfachen, zuordnenden Denkweise, die Kindern eigen ist, hat er gespürt, daß Anthea und Jordan eine große Anziehung füreinander empfinden; er sähe sie gerne an der Stelle der Eltern, die er niemals kennengelernt hat, weil sie kurz nach seiner Geburt gestorben sind, doch weiß er nicht, daß sie sich in diesem Moment nur wenige Meter von ihm entfernt aufhalten.

Anthea hat Jordan nämlich in ihr Zimmer geführt, um die schwierige und undankbare Aufgabe zu vollenden, die sie sich vorgenommen hat. Sie hat Jordan auf einem der weichen Kissen aus damaskischer Seide Platz nehmen lassen und darauf bestanden, ihm Minztee zu servieren.

Sie kniet vor Jordan nieder, in der Hand die Tasse mit dem Tee; sie führt sie zum Mund, trinkt aber nur einen Schluck; in ihren Augen steht eine große Heiterkeit. Sie hält Jordan die Tasse hin, kann dabei aber eine leichte Berunruhigung nicht verbergen.

Diese ist Jordan nicht entgangen, der der geliebten Frau in die Augen blickt und sieht, daß sich ein undefinierbarer Schatten über sie gelegt hat. Und doch tut er so, als hätte er nichts gemerkt, nimmt ruhig ihre Hand und zwingt sich zu einem unbeschwerten Lächeln. Als Anthea ihm die Tasse reicht, zittern ihre Hände sichtbar dabei. Jordan bemerkt, daß die Königin ihn mit ihrem Blick an sich binden will, um eine Trennung zu verhindern, einen Abschiedsgruß, sei es nun ein »Auf Wiedersehen« ... oder ein Lebwohl!
Der Archäologe öffnet die Lippen zu einem sanften Lächeln, das zugleich auch traurig und bitter ist; er will der jungen Frau zu verstehen geben, daß er begriffen hat und weiß, daß er sterben muß und daß ihre Erzählung nur eine zynische Täuschung war, er aber ihre Entscheidung ohne Groll akzeptiert, weil ihre Küsse und die große Liebe, die er für sie empfindet, in seinem Herzen nur Platz lassen für ein Gefühl der Ekstase und der Seligkeit, für das er ihr in jedem Fall auf ewig dankbar sein wird.
»Danke«, murmelt er, noch immer mit großer Zärtlichkeit; dann führt er die Lippen an die Tasse und trinkt sie langsam aus, bis zum letzten Tropfen.
Anthea nimmt die Tasse zurück, stellt sie ab. Ihre Aufgabe als Königin hat sie erfüllt; nun ist sie wieder die verliebte Frau, die die Arme um Jordan legt und ihn heftig an sich drückt, als wollte sie ihn beschützen. Jordan verliert sich in den angenehmen Empfindungen, die diese Umarmung in ihm auslöst, und gleitet in das Vergessen hinüber, das sie mit sich bringt. Er schließt die Augen, scheint eingeschlafen zu sein, doch Anthea weiß, daß dem nicht so ist.
Sie drückt ihn fest an sich, während ihre Augen sich mit Tränen füllen, die schließlich haltlos zu fließen beginnen und über ihr wunderschönes, vor Kummer verzerrtes Gesicht rinnen; wieder und wieder küßt und streichelt sie ihn, von immer heftigeren Schluchzern geschüttelt: Nun ist sie nur noch eine Frau, die die dunkelsten und verzweifeltsten Momente ihres Lebens erfährt.

IX

Der Sohn der Wüste

Wie jeden Morgen erwacht die Große Oase zum Leben, sobald die Sonnenstrahlen genug Kraft haben, um zwischen den Stämmen der Palmen und dem Blattwerk durchzudringen, und mit ihrer großen Leuchtkraft auch den letzten Winkel der großen Zelte überfluten, mögen diese auch aus noch so undurchlässigem Tuch bestehen.
Alle, ob Männer, Frauen oder Kinder, werden von diesem erwachenden Leben erfaßt und beginnen ihren Pflichten nachzugehen; Herden, *mehari*, Kamele bereiten sich darauf vor, sich gemeinsam mit ihren Herren der Herausforderung der Wüste, einer stets von neuem unbekannten Größe, zu stellen, mit der unerschütterlichen Absicht, dem Kalender des Lebens, das bei den Bewohnern der Sahara nie besonders lang ist, einen weiteren Tag zu entreißen.
Und ebenso kehrt jeden Tag die Aufführung eines der vielen Dramen wieder, in denen, sei es für Mensch oder Tier, der Kampf ums Überleben auf die Bühne gebracht wird.
Heute ist die Reihe an einer Gruppe Strauße, die in ungefähr einem halben Kilometer Entfernung von der Oase vorbeiziehen und dabei eine gewaltige Staubwolke aufwirbeln. Sie sind verängstigt und fliehen in großer Geschwindigkeit, offensichtlich entweder von Menschen oder von Raubtieren verfolgt.
Es ist nicht mehr als ein Dutzend, die fast in einer Linie hintereinander herlaufen und dabei wild mit den Flügeln schlagen – dem einzigen auffälligen Hinweis darauf, daß sie Vögel sind, und zwar die größten, die auf der Erde leben. Nicht selten erreichen sie eine Höhe von zwei Meter fünfzig, eine Länge von über zwei Metern und wiegen mehr als siebzig Kilogramm.
Auf zwei hohen, muskulösen Beinen sitzt ein wuchtiger Rumpf, darüber ein langer Hals, der ebenso wie die Beine nackt und ohne Federn ist, sowie ein kleiner Kopf mit kurzem, aber recht robustem Schnabel, der spitz wie ein Nagel zuläuft. Groß und lebhaft, von einzelnen langen Wimpern überschattet, sind die Augen.
Der Rumpf ist mit den berühmten, kostbaren, weichen Federn besetzt, die, sich kräuselnd, herabhängen: Eben dieser besonderen Eigenheit der Federn ist es zuzuschreiben, daß es den Flügeln nicht

gelingt, das Tier im Flug zu halten, wenn sie es auch im Laufen unterstützen.

Die Strauße sind Allesfresser und verschlingen mit einer Freßgier, die sprichwörtlich geworden ist, alles, dessen sie habhaft werden können. Trotzdem sind sie äußerst schnelle Läufer, die oftmals größere Geschwindigkeiten erreichen als Pferde. In der Sahara sind sie noch immer zahlreich anzutreffen; sie leben dort, wo andere Tiere nicht überleben könnten, da sie, ähnlich den Kamelen, lange ohne Wasser auskommen können.

Nachdem die erste Staubwolke sich verzogen hat, erkennt man sofort, um welche Art von Verfolgern es sich bei der Jagd handelt: Es ist ein Rudel von ungefähr zehn *caracal*, die den Straußen zäh auf den Fersen sind und alle möglichen Anstrengungen unternehmen, einen von ihnen zu isolieren.

Der *caracal*, auch Wüstenluchs genannt, ist eine herrliche Raubkatze, die eine Schulterhöhe von einem halben Meter erreicht, circa achtzig Zentimeter lang wird, plus einem langen Schwanz von etwa dreißig Zentimetern; er ist von schlankem Körperbau und äußerster Beweglichkeit, hat einen kleinen Kopf mit großen, spitzen Ohren und ein dichtes, weiches Fell mit kurzen Haaren, dessen dunkelgelbe Tönung ins Rötliche spielt.

Der *caracal* gilt als geübter Kletterer, lebt bevorzugt in der Wüste, allein oder in kleinen Gruppen, und jagt sowohl bei Tag als auch bei Nacht Strauße, Gazellen, Vögel und verschiedene Säugetiere und reißt oft gewaltige Lücken in die Herden der *duar*.

Als schneller Läufer kann er enorme Strecken zurücklegen und läßt nicht von der Beute ab, bis er sie eingeholt und in Stücke gerissen hat. Er ist wild, unzähmbar und äußerst schlau und stellt damit eine wirkliche Gefahr für alle Wüstenbewohner dar, ausgenommen den Menschen, den er nicht anzugreifen wagt, und den Löwen.

Gejagte und Jäger nähern sich nun in großer Geschwindigkeit einem kleinen schwarzen Fleck auf dem Wüstensand. In nur wenigen Metern Entfernung laufen sie daran vorbei und hüllen ihn mit der großen Staubwolke ein, die sie aufwirbeln.

Jetzt bewegt sich jene Masse, und man erkennt den Umriß eines Menschen: Es ist Desmond Jordan. Das Gesicht bleich und schmerzverzerrt, erwacht er langsam und mit Mühe; er scheint benommen und muß einiges an Kraft aufbringen, um sich mit Händen und Knien abzustützen. Wieder und wieder versucht er aufzustehen, sein Kopf baumelt dabei schwer hin und her.

Seine Augen blicken starr und glasig drein und können nichts erkennen, obwohl er sie weit aufreißt; und doch kann es nicht Nacht sein, denn er spürt, daß der Sand sehr heiß ist. Plötzlich wird ihm bang ums Herz, er dreht sich um, setzt sein Gesicht der großen Hitze aus, die die nunmehr hoch am Himmel stehende Sonne abgibt, doch seine Augen können schadlos in ihr gleißend helles Licht blicken, ohne daß er sie bedecken müßte.
Sein banges Gefühl wird zur Angst: Er ist blind! Voller Verzweiflung nimmt er all seine verbleibende Kraft zusammen, und es gelingt ihm, sich aufzurichten. Er macht ein paar Schritte und fällt über sein Gepäck; tastend findet er die Feldflasche, öffnet den Verschluß und gießt sich den Inhalt über die Augen, reibt sie; es ist sinnlos, noch immer sieht er nichts.
Er bleibt am Boden sitzen, umfaßt mit den Händen seinen Kopf und seufzt leise vor sich hin. Lange bleibt er unbeweglich so sitzen, dann hebt er den Kopf, steht auf; er kann nicht untätig sitzenbleiben und auf den Tod warten. Er versucht zu erkennen, welche Richtung er einschlagen muß, als er ein Blöken hört, dann noch einmal, schließlich noch andere unbestimmte Geräusche.
Langsam bewegt er sich vorwärts, um genau festzustellen, woher die Geräusche kommen; nach ein paar Korrekturen geht er mit größerer Sicherheit weiter und beginnt dabei verzweifelt um Hilfe zu rufen.
So tastet er sich weiter, mit den Armen wedelnd, während eine unerträgliche Spannung und Angst sich langsam seiner bemächtigen.
Parizad läuft gerade einem Zicklein hinterher, das gefährlicherweise die Begrenzung der Großen Oase verlassen hat, doch plötzlich bleibt sie stehen: In ungefähr dreihundert Metern Entfernung vor ihr geht schwankend ein Mann und stößt dabei erstickte Schreie aus. Das Kind sieht ihn verängstigt an, dann wird es von großer Erregung ergriffen, denn es hat Jordan erkannt.
Es läuft ihm mit offenen Armen entgegen, doch einige Meter vor ihm erlöscht plötzlich sein Lächeln. Es ist der Ausdruck im Gesicht Jordans, der das Mädchen erschüttert, und erschütternd ist auch die Feststellung, die es machen muß: Er ist blind.
Sie geht auf ihn zu und berührt ihn behutsam am Arm, den er ausgestreckt vor sich hin hält. Jordan tastet sich von ihrer kleinen Hand bis zu ihrem Gesicht hoch und berührt es zart.
»Wer bist du?« fragt er.

»Ich bin Parizad«, antwortet ihm das Mädchen mit vor Erregung bebender Stimme, »die Tochter von Sholomon, erinnern Sie sich an mich?«
Jordans vor Qual verzerrte Züge hellen sich etwas auf, er läßt sich auf die Knie fallen und drückt die Kleine an sich, die seine Umarmung erwidert.
»Und Orso, wo ist er?« fragt Parizad ihn plötzlich ahnungsvoll.
Jordan ignoriert ihre Frage, steht statt dessen auf und streckt den Arm aus, um ihr die nicht zu leugnende Schwierigkeit seiner Situation klarzumachen; es ist seine einzige Möglichkeit, einen Aufschub für seine Antwort zu erwirken.
»Hilf mir, bitte«, fleht er, noch immer verstört.
Parizad nimmt ihn bei der Hand und führt ihn auf die Oase zu. Noch bevor sie bei den Zelten angekommen sind, hat sich seine Ankunft bei den Bewohnern der Großen Oase schon herumgesprochen, und Sholomon läuft ihm mit raschen Schriten entgegen und umarmt ihn, um ihn zu stützen und ihm Mut zu machen.
»Dieses Ding ... das Raumschiff ... ich hab es gesehen, ich hab's gesehen!« stößt Jordan, atemlos wie im Delirium, hervor. » ... Und diese Menschen sind ihre Nachkommen ... und ich habe das Grab gesehen ...«
»Mut, mein Freund«, sagt Sholomon zu ihm, »nun hat Euer Leiden ein Ende. Hier seid Ihr in Sicherheit.«
Und er läßt ihn sich auf den Kissen ausstrecken, die Jasmine rasch auf einem Lager aufgehäuft hat. Sholomons Frau benetzt ihm das Gesicht und betupft ihn mit angefeuchteten Lappen, um das Brennen seiner versengten Haut zu lindern.
Jordan entspannt sich und wird von der großen Erschöpfung überwältigt. Er fällt in einen tiefen, doch unruhigen Schlaf, der von Alpträumen durchwoben ist, Schweißperlen treten ihm auf die kalkweiße Stirn.
Sholomon, Jasmine und Parizad bleiben voller Sorge an seinem Lager sitzen: Er scheint von einem heftigen Fieber befallen zu sein und beginnt unzusammenhängende Sätze zu murmeln, Zeichen des beginnenden Fieberwahns.
»Ich habe das Licht gesehen ... dort im Wasser ... das Wasser und die Geräusche ... und der Motor ... wollten losfliegen ... zwölf Sessel ...«
Sholomon bereitet einen Heiltee zu und zwingt Jordan, ihn hinunterzuschlucken. Während Jasmine ihm unablässig die Stirn be-

feuchtet, hockt der Jude neben ihm und lauscht mit großer Aufmerksamkeit den scheinbar sinnlosen Worten, die er vor sich hin murmelt, ohne ihn dabei aus den Augen zu lassen.
Ganz langsam läßt das Zittern nach, das verzerrte Gesicht entspannt sich. Einige Stunden später öffnet Jordan die Augen und versucht sich aufzurichten. Sholomon stützt ihn.
»Orso, wo ist er?« fragt Parizad erneut, die die ganze Zeit ungeduldig darauf gewartet hat, ihre Frage wiederholen zu können.
»Orso ... mein armer Freund ...« murmelt Jordan voller Trauer, » ... sie haben ihn umgebracht, ich habe es gesehen ... er ist tot!«
Die Augen Parizads füllen sich mit Tränen; sie blickt Jordan verwirrt an, dann stürzt sie sich auf ihn, packt ihn an der Hand, schüttelt ihn.
»Das ist nicht wahr! Das ist nicht wahr!« stößt sie zwischen Schluchzern hervor. »Orso ist nicht tot!«
Jasmine nimmt sich behutsam ihrer Tochter an, die in ein haltloses Weinen ausgebrochen ist, und führt sie aus dem Zelt.
»Er kann nicht tot sein! Orso lebt ... und er wird zurückkehren!« wiederholt das Kind mit verzweifeltem Starrsinn, während es sich hinausgeleiten läßt.
Jordan befindet sich noch immer in einem Zustand der Verwirrung; wieder fallen ihm Bilder der letzten Ereignisse ein, die ihn erneut in heftige Unruhe und Erregung versetzen.
»Das große Geheimnis ... ich werde es nie erfahren!« klagt er, als die Erinnerung ihn in neue Wahnvorstellungen stürzt. »Was jenseits der goldenen Tür ist, werde ich niemals erfahren ... niemals ... niemals ...«
Sholomon rüttelt ihn, um ihn wieder zu sich zu bringen. »Hören Sie mich«, ruft er ihn an. »Ich bin's, Sholomon ... Sholomon ...«
Erst dieser Name, den er fast brüllen mußte, scheint sich langsam einen Weg durch das Labyrinth der Erinnerung Jordans zu bahnen und wieder etwas Licht in seinen Verstand zu bringen.
»Sholomon ...« wiederholt er unter leichtem Beben.
Er hat begriffen, erinnert sich wieder und weiß nun, wo er ist. Ein mattes Lächeln andeutend, setzt er sich auf; dann läßt er den Kopf sinken, bedeckt ihn mit dem Arm, als wollte er sich verstecken: Der Moment des Begreifens ist noch schmerzlicher als der Wahnsinn.
Sholomon und Jasmine haben ihn den ganzen Tag nicht aus den Augen gelassen, und auch den darauffolgenden Tag nicht, denn sie befürchteten, Jordan könnte sich, gepackt von der Verzweiflung

über das Scheitern seiner Forschungen und seine Erblindung, das Leben nehmen.
Menschliche Wärme, Zuneigung, Verständnis und wohlerwogene Worte der Ermutigung haben schließlich dazu beigetragen, den amerikanischen Archäologen dem tiefsten und gefährlichsten Abgrund zu entreißen. Er ist nicht mehr so bleich wie zuvor und wieder bei vollem Bewußtsein, doch wirkt er noch immer traurig und niedergeschlagen.
Sholomon begleitet ihn nach draußen, denn er möchte mit ihm ein besonderes Training beginnen. Die Sonne steht bereits tief am Himmel und dringt kaum noch zwischen den Palmenbüscheln hindurch; es ist der Moment, in dem das Leben in der Wüste beginnt, zu erlöschen, und die Stille sich ungehindert ausbreiten kann.
Sholomon beginnt rhythmisch in die Hände zu klatschen: Jordan soll lernen, ihrem Geräusch zu folgen.
Jordan hat sich zwar körperlich wieder erholt, doch kann man dies von seiner Seele nicht behaupten, denn nun befindet er sich in einem Zustand der Schmerzlosigkeit und Abgestumpftheit, aus dem man einen Menschen schwerlich befreien kann. Er muß sich sehr anstrengen, der »Lektion« des Juden zu folgen, und schleppt sich nur mit Mühe dahin.
»Sie hätte mich töten sollen!« ruft er sogar aus, um der Düsterkeit in seiner Seele Ausdruck zu verleihen. »Ja, mich töten!«
»Nein, denn so hat sie Euch das Leben gerettet«, versucht ihm Sholomon begreiflich zu machen. »Es ist die weisere Entscheidung gewesen.«
»Aber ich bin blind! Das ist viel grausamer!«
»Ihr werdet lernen, mit Eurer Blindheit zu leben. Am Leben zu bleiben ist viel wichtiger«, gemahnt ihn Sholomon, während er seine Übung fortsetzt. »Und außerdem wißt Ihr gar nicht, was ein Blinder auch für die anderen alles tun kann.«
Der Jude unterbricht sich, geht zu Jordan hinüber und ergreift liebevoll dessen Hände.
»Eure Hände werden eine außergewöhnliche Sensibilität entwikkeln«, fährt Sholomon, stets in seinem gewohnt schlichten, überzeugenden Ton, fort. »Und ich werde Euch lehren, mit den Händen die Guten von den Bösen zu unterscheiden, die Gesunden von den Kranken ... denjenigen Erleichterung zu verschaffen, die sie Euch nicht geben können!«

Jordan entgegnet nichts darauf, sondern steht nur da und lauscht ihm mit großer Aufmerksamkeit.
»Ich weiß es, Jordan, was es heißt, zu suchen«, gesteht ihm der Jude der Großen Oase voller Verständnis. »Etwas zu suchen, was unser größtes Streben darstellt. Und weil ich besser dran bin als Ihr, habe ich diese Sache in mir selbst gefunden.«
»Ich beneide Euch, Sholomon, denn so weise wie Ihr werde ich niemals sein«, gesteht ihm Jordan traurig zu. »Ich habe nichts, wonach ich im tiefsten Inneren meines Herzens suchen könnte, denn mein Herz ist nicht mehr bei mir.«
»Jene Frau ... liebt Ihr sie?« fragt ihn der Jude.
Jordan antwortet nicht und zögert lange; ein Schatten des Schmerzes und der Bitterkeit ist über sein Gesicht gefallen. Schließlich murmelt er: »Ich werde sie nie wieder sehen können!«

Die Karawanen, die im Tafilalet eintreffen und abreisen, setzen sich im allgemeinen aus ungefähr tausend Kamelen – man hat jedoch auch schon von Karawanen gehört, die sechstausend Kamele mit sich führen – und einer Unzahl von Eseln zusammen.
Fast immer beginnt die Reise im Herbst und endet sechs bis sieben Wochen später am anderen Ende der Wüste. In Richtung Süden führen die Karawanen Baumwoll- und Seidenstoffe mit sich, verschiedene Mineralien, Handwerksarbeiten und Industrieprodukte; zurück kommen sie dagegen mit Sklaven, Elfenbein, Straußenfedern, Goldstaub, Nüssen und Lederwaren.
Die Oasen des Tafilalet sind zahlreich und stellen den letzten Vorposten der Zivilisation an der Südgrenze von Marokko dar, bevor die Wüste Sahara beginnt.
Wie in allen Handelszentren trifft man dort viel Leben und Trubel an, doch gleichzeitig ist das Ganze durchdrungen von einer gewissen Langsamkeit, einer Schläfrigkeit und Gemessenheit; niemals erscheint etwas dringlich, nie kommt es zu übertriebenen Handlungsweisen, nie wird ein bestimmtes Maß überschritten: Es ist so, als hätte die Nähe der Wüste den Oasen Stille, Bedachtheit und eine gewisse Ernsthaftigkeit als Gesetze auferlegt.
Einzig die Europäer stellen in dieser Kultur inmitten der Sahara ein schrilles Element dar, nicht, weil sie es nicht anders wissen, sondern weil sie sich an die örtlichen Sitten und Gebräuche nicht gewöhnen und nicht anpassen wollen.
Auf einem kleinen, natürlich entstandenen Platz, zwischen einer

Gruppe von flachen weißen Häusern, hat sich eine kleine, bunt gemischte Menschenmenge zusammengefunden, die zum größten Teil aus Einheimischen besteht, doch finden sich auch ein paar Europäer und einige Soldaten der Legion unter ihnen. Alle sind Zuschauer der Darbietungen eines Gauklers, der eine Kraftnummer vorführt.

Der Gaukler ist niemand anderes als Orso, der in malerische arabische Gewänder gehüllt ist; er hält vier Stricke in den Händen, an die, zwei rechts und zwei links, vier Kamele angebunden sind. Die gespreizten Beine fest in den Boden stemmend, die kraftvollen Muskeln bis zum Zerreißen gespannt, hält der sardische Hüne die vier Kamele fest, während indessen mehrere Helfer vergebens versuchen, die Tiere mit Peitschenhieben auseinanderzutreiben.

Hinter ihm steht eine bildschöne Araberin in einer langen weißen Tunika, die in der Taille von einem breiten Gürtel zusammengehalten wird. Um die fünfundzwanzig, groß im Vergleich zu anderen Frauen ihres Landes, hat sie ein Gesicht mit makellosen Zügen, das von langen schwarzen, glänzenden Locken eingerahmt wird, dazu zwei glühende Augen, die zusammen mit ihrem strahlenden Lächeln die ganze Süße und Wildheit ihrer Rasse zum Ausdruck bringen.

Sie wiegt den geschmeidigen und wohlproportionierten Körper in einigen Tanzschritten, zu denen sie sich selbst auf einem Tamburin den Takt schlägt. Es ist Tamamet, die Frau, die Orso liebt, dieselbe, die zusammen mit dem Ex-Legionär auf dem Photo abgebildet war, das Halimi zerrissen hat.

Einige Meter von ihnen entfernt, vor einem Zelt, steht die dritte im »Bunde« bei den an den Knöcheln gefesselten Pferden: Es ist eine sehr junge Frau von höchstens achtzehn Jahren, und, wie deutlich zu erkennen ist, von europäischer Herkunft.

Auch sie trägt eine weiße Tunika, dazu ein fein besticktes Leibchen im arabischen Stil, über das die langen schwarzen Haare weich und wellig herabfallen.

Die klaren Züge ihres Gesichts werden von zwei schwarzen Gazellenaugen gekrönt, deren Lieblichkeit noch den Glanz der Unschuld tragen; zwei Reihen schneeweißer Zähne blitzen hinter korallenroten Lippen hervor.

Groß, schlank und von herrlichen Formen, ist sie eine ausgezeichnete Reiterin und führt ab und zu akrobatische Nummern vor. Ihr Name ist Myriam. Plötzlich wird ihre Aufmerksamkeit von der

Übung, die Orso vollführt, abgelenkt: Grund dafür ist der Flug eines Falken, der ganz unvermittelt über ihnen aufgetaucht ist.
Der Raubvogel senkt sich in kreisförmigen Bewegungen über den Platz herab und fliegt entschlossen direkt auf den sardischen Hünen zu. Mittlerweile folgen alle Anwesenden mit neugierigen und besorgten Blicken dem Falken, der sich einfach auf der Schulter Orsos niederläßt; dieser spürt, obwohl seine Muskeln noch immer in dem Versuch angespannt sind, die Kamele aufzuhalten, wie sich die Krallen um sein Fleisch schließen.
Er dreht den Kopf und zuckt fast erschrocken zusammen, als er den Vogel erkennt. Dann sieht er, wie ein sehr großer junger Mann sich einen Weg durch die kleine Menschenmenge bahnt und sich in der ersten Reihe aufstellt: Es ist Philip, im Tropenanzug.
Der Sohn Jordans ist höchst überrascht, als er Ares in so großer Vertrautheit mit jenem Mann sieht, den er für einen Araber hält, und kommt langsam näher, um herauszufinden, was vorgeht. In diesem Moment läßt Orso die Stricke los und kommt seinerseits auf Philip zu.
Die Kamele, die so plötzlich freigelassen werden, schnellen in verschiedene Richtungen davon, wobei sie die Kameltreiber ein Stück mit sich fortzerren und ein allgemeines Tohuwabohu verursachen.
Orso und Philip bleiben voreinander stehen und sehen sich schweigend an; ein jeder ist begierig, vom anderen zu erfahren, wer er ist. Orso läßt den Falken auf sein Handgelenk springen und hält ihn Philip hin.
»Der Sohn von Desmond Jordan?« fragt er ein wenig zögerlich und doch hoffnungsvoll.
»Ja!« erwidert der junge Amerikaner und reißt dabei die Augen vor Überraschung darüber auf, daß er nicht nur erkannt worden ist, sondern sogar beinahe mit seinem richtigen Namen angesprochen wurde.
»Ich war sein Freund«, erklärt Orso bewegt.
»Aber mein Vater lebt!« berichtigt ihn Philip, der den Sinn dieses »war« erfaßt hat.
»Also werden wir ihn wiederfinden!« verspricht der Riese feierlich.
In ihrer plötzlich aufkommenden Begeisterung fallen sie sich in die Arme wie alte Freunde. Tamamet kommt schüchtern näher und bleibt voller Bescheidenheit neben den beiden Männern stehen, als hätte sie Angst, mit ihrer Anwesenheit den so lebhaften Freudenausbruch zu stören.

Orso nimmt sie an der Hand und stellt sie Philip vor.
»Das ist Tamamet«, sagt er und drückt sie dabei an sich. »Wir werden bald heiraten.«
»Ich freue mich, Sie kennenzulernen, Tamamet. Mein Name ist Philip Jordan.«
»*Sala'm alaik*«*, entgegnet die bildschöne Araberin lächelnd und mit einem respektvollen Neigen des Kopfes.
Myriam hat sich bislang ferngehalten, doch nun kommen die anderen drei zu ihr herüber. Jetzt ist es an Tamamet, sie vorzustellen.
»Das ist Myriam«, sagte sie zu Philip und zeigt auf das bezaubernde Mädchen.
»Und das ist Philip«, macht es ihr Orso nach und zeigt in einer so perfekten Nachahmung der Geste Tamamets auf den Jungen, daß alle lächeln müssen.
Die beiden jungen Leute drücken sich die Hand und lächeln sich in spontaner gegenseitiger Sympathie an.
Alle finden sich im Zelt zusammen, wo Tamamet Minztee für den Fremden zubereitet. Orso erzählt Philip von all den Abenteuern, die er mit Jordan erlebt hat, bis zu dem Punkt, als sie von Männern des Berges angegriffen wurden.
»Als ich wieder aufwachte, befand ich mich im Lager einer Karawane«, fährt der Ex-Legionär mit seiner Erzählung fort, »und der Führer der Karawane sagte mir, daß zwei rotgekleidete Reiter mich ganz in der Nähe von ihnen zurückgelassen hätten und dann verschwunden seien. So nahm man mich auf, und ich blieb bei der Karawane, bis ich erfahren hatte, wo Tamamet sich aufhielt. Sie dann zu suchen und zu finden war eine Kleinigkeit.«
»Und nun werden wir uns nie wieder voneinander trennen«, wirft Tamamet ein und schenkt Orso dabei einen zärtlichen Blick.
»Aber wie stellen wir es an, meinen Vater wiederzufinden?« fragt Philip besorgt.
»Wir werden am Ausgangspunkt anfangen.«
»In der Großen Oase?«
»Ja.«
»Glaubst du, daß jener Mann, der Jude, uns helfen kann?«
»Ich bin mir dessen sicher: Er ist ein guter Freund.«
Den Nachmittag verbringen sie mit Vorbereitungen für die Abreise.

* Arabisch: Friede sei mit dir.

Philip kauft sechs ausgerüstete *mehari* und alles, was für einen langen Ritt durch die Sahara nötig ist, und fügt es dem Gepäck zu, das Orso bereits sein eigen nennt.
Als der Abend hereinbricht, ziehen sich alle zum Schlafen in das Zelt zurück. Das Innere ist durch eine Trennwand aufgeteilt, so daß, wie schon erwähnt, die Frauen ein besonderes Abteil für sich haben.
Orso schließt auf der Stelle die Augen, während Philip so aufgeregt über ihre bevorstehende Abreise und ihr Vorhaben ist und dabei so viel an seinen Vater denken muß, daß er nicht einschlafen kann. Um etwas zu tun, beginnt er sich an ihrem Gepäck zu schaffen zu machen, als wollte er nachsehen, ob alles an seinem Platz ist.
Und so geschieht es, daß er plötzlich von außerhalb des Zeltes ein schnelles Trappeln hört; es klingt, als ob ein Pferd in leichtem Trab im Kreis laufe.
Neugierig geworden, verläßt er das Zelt und ist angenehm überrascht, als er Myriam erblickt, die dabei ist, auf dem trabenden Pferd einige akrobatische Übungen zu vollbringen. Auch das Mädchen bemerkt Philip, hält vor ihm an und steigt ab.
»Sie sind sehr gut!« sagt der amerikanische Junge voll aufrichtiger Bewunderung zu ihr. Er ist beeindruckt von der Geschicklichkeit und dem Liebreiz des schönen Mädchens.
»Habe ich Sie geweckt?« fragt das Mädchen in nur der Form halber besorgtem Ton.
»Nein, nein«, beruhigt sie Philip. »Ich konnte nicht schlafen. Ich war unruhig wegen unserer Reise.«
»Geben Sie mir die Hand«, bittet das Mädchen ihn und blickt Philip dabei innig an.
Der Sohn Jordans ist überrascht von der ungewöhnlichen Bitte und rührt sich vor Verlegenheit nicht von der Stelle; er fürchtet, sich lächerlich zu machen.
»Ich kann Ihnen die Zukunft lesen. Wollen Sie?« erklärt Myriam schlicht.
»Sind Sie eine Zauberin?« erkundigt sich Philip mit einem belustigten Lächeln.
»Her mit der Hand«, beharrt Myriam, und auch sie lächelt.
Das Mädchen macht keinen Hehl aus seiner Zuneigung zu dem jungen Amerikaner und sieht Philip – sei es nun, weil sie allein sind oder weil die Nacht sie mit einem romantischen Zauber belegt hat – ohne Scham mit einem gleichsam geheimnisvollen und auffordernden Blick an.

Und weil Philip noch immer schüchern und verträumt vor sich hin starrt, ist es auch sie, die voller Zärtlichkeit die Hand des jungen Amerikaners in die ihre nimmt und sie so anhebt, daß das verhangene Licht des Mondes auf die Handfläche fällt. Ihre Gesichter sind sich mit einemmal sehr nahe.
»Steht dort geschrieben, daß ein schönes Mädchen mich lieben wird?« fragt Philip mit absichtlicher Zweideutigkeit und wirft Myriam dabei einen glühenden Blick zu.
»Ja, Sie werden die Liebe erfahren, von der Sie träumen«, erwidert das Mädchen in prophetischem Ton und gibt dabei vor, eine der Linien in seiner Hand genau zu verfolgen.
»Und steht nicht auch der Name des Mädchens dort geschrieben?«
»Nein, der steht nur in Ihrem Herzen ... Sie selbst müssen ihn aussprechen«, erwidert Myriam herausfordernd und erwidert seinen feurigen Blick.
»Sie sind doch die Zauberin, also raten Sie ihn!«
Myriam lächelt nur bei seiner schlauen, schalkhaften Erwiderung; auch Philip lächelt und zieht sie dann, als wollte er ihr zu verstehen geben, wie leicht die Antwort zu erraten ist, an sich heran und drückt ihre Hände.
Die beiden jungen Leute sehen sich lange an. Sie sind sehr aufgeregt und wie benommen von ihrem großen, unerwarteten Glück. Dann beugt sich Philip vor und küßt das bezaubernde Mädchen sanft auf die korallenroten Lippen.
»Heute nacht werde ich von etwas Wunderbarem träumen«, wispert das Mädchen mit einem schmachtenden Blick.
»Ich dagegen bin sicher, daß ich nicht mehr schlafen werde, denn ich werde immer dein Gesicht vor Augen haben«, antwortet Philip und schaut sie dabei ebenso verträumt an.
»Gute Nacht, Philip«, verabschiedet sich das Mädchen und erwidert seinen flüchtigen Kuß, bevor sie sich trennen.
»Gute Nacht, Myriam.«

Am nächsten Tag im frühen Morgengrauen verlassen Philip, Orso, Tamamet und Myriam das Tafilalet und dringen in die Wüste vor. Jeder von ihnen reitet auf einem *mehari*; das Schlußlicht der kleinen Karawane bilden zwei weitere *mehari*, auf die man das Gepäck geladen hat. Ihr Ziel ist die Große Oase, ohne daß sie freilich auch nur die geringste Ahnung davon haben, daß sich Desmond Jordan wirklich dort befindet und genau im selben Moment einer tödlichen Gefahr entgegengeht.

In ungefähr einem halben Kilometer Entfernung von den ersten Palmen der Oase zeichnen sich dunkle Schemen gegen die noch tief stehende Sonne ab: Es sind die Wüstenhunde.
Auch El Hallem hat nämlich den Einfall gehabt, die Spuren des amerikanischen Archäologen wieder bei der Oase von Sholomon aufzunehmen. Nun löst er sich von der Gruppe seiner Männer und lenkt sein Pferd, dicht gefolgt nur von Ibrahim, auf den *duar* des Juden zu.
Die Ankunft der Räuber und das Näherkommen ihres wilden Anführers ist im Inneren der Oase bereits bemerkt worden und hat sich herumgesprochen. Voller Aufregung und Sorge verstecken Sholomon und Jasmine rasch die Ausrüstung Jordans, indem sie sie auf die verschiedenen Gegenstände verteilen, die ihre Einrichtung darstellen.
»Schnell, sie kommen«, drängt der Jude, der den Galopp der Pferde nunmehr in größter Nähe hört.
Um zu vermeiden, daß El Hallem in das Zelt eindringt, bevor seine Frau damit fertig ist, die Sachen von Jordan zu verstecken, nimmt er den letzteren am Arm und tritt ins Freie, um den beiden *tuaregh* entgegenzugehen.
»Wie heißt dein Gast?« fragt El Hallem Sholomon mit einem schlauen Lächeln.
»Ich weiß es nicht, ich weiß nur, daß er blind ist.«
»Ich heiße Douglas und bin Engländer«, antwortet Jordan, direkt an El Hallem gerichtet.
»Das glaube ich dir nicht, du heißt Jordan«, behauptet El Hallem dreist.
Er steigt, gefolgt von dem narbigen Ibrahim, vom Pferd und wedelt mehrere Male unvermittelt mit der Hand vor den aufgerissenen Augen Jordans hin und her, um sich zu vergewissern, daß dieser blind ist.
»Du kennst diesen Mann, nicht wahr?« fragt er plötzlich Parizad, die außerhalb des Zeltes ihres Vaters stehengeblieben ist.
Sholomon und Jasmine, die in der Zwischenzeit ins Freie getreten ist, bemühen sich, ihre Anspannung zu verbergen, denn sie fürchten, das Kind könnte in die Falle gehen, die El Hallem ihm stellt. Parizad aber, die wie alle Bewohner der Wüste schon von klein an gelernt hat, Gefahren zu wittern, antwortet selbstsicher und mit naiver Unbefangenheit: »Ich habe ihn nie zuvor gesehen.«
»Bist du sicher?« beharrt der schlaue *targui*.

»Das ist nicht der Mann, den du suchst, El Hallem«, mischt sich da Sholomon ein. »Jener andere ist längst tot und begraben.«
»Woher willst du das wissen?«
»Niemand kehrt lebend aus dem Gebiet der Männer des Berges zurück.«
»Dieser hier ist von Räubern überfallen worden«, bestätigt Jasmine. »Sie haben ihn dann hier zurückgelassen. Wir kennen ihn nicht. Ich schwöre es.«
»Und ich könnte schwören, daß er der Mann ist, der sich mit dem dicken Legionär hierher geflüchtet hat«, spöttelt El Hallem in aufreizend hochmütigem Ton. »Und du hast ihm damals frische Pferde gegeben, damit er uns entkommen konnte. Erinnerst du dich nicht mehr, Jude?«
Diese selbstsichere Feststellung löst eine Pause der Verwirrung aus. El Hallem packt Jordan an einem Arm.
»Ich stehe nicht mehr in deiner Schuld, Sholomon. Diesmal kommt der Fremde mit mir.«
»Das wirst du nicht tun, El Hallem!« greift Sholomon entschlossen ein und stellt sich zwischen die beiden.
»Wolltest du mich daran hindern?«
»Noch nie hat jemand in der Großen Oase ein Verbrechen begangen.«
»Das heißt nur, daß ich der erste sein werde«, droht der Anführer der Räuber und legt die Hand an seinen breiten Dolch.
»Los, töte mich nur. Und was wirst du dann tun?« fordert ihn Sholomon mit kaltblütigem Wagemut heraus. »Wirst du auch meine Frau und meine Tochter töten? Und wozu das alles? Wegen eines Blinden! Wem, glaubst du, wirst du einen blinden Sklaven verkaufen können?«
»Laßt es gut sein«, sagt Jordan, der begriffen hat, daß weiterer Widerstand gegen El Hallem gefährlich für Sholomon und seine Familie werden könnte, zumal er nicht viel nützen würde, denn der Anführer der Räuber zeigt sich seiner Sache allzu sicher. »Besser ein Sklave, als ewig in dieser abgelegenen Oase zu bleiben.«
Sholomon begreift, daß sein Freund die Taktik gewählt hat, die ihm die Wirklichkeit vorgibt: Er wird darin fortfahren, seine Identität zu leugnen, und damit zugleich dafür sorgen, daß sie von Repressalien verschont bleiben. Nach langem Zögern tritt er einen Schritt beiseite und gibt El Hallem den Weg frei.
»Wir können gehen«, teilt Jordan dem Anführer der *tuaregh* mit.

Ibrahim bindet Jordan die Handgelenke mit mehreren schweren Ketten zusammen und hilft ihm dann, ein Pferd zu besteigen.
»Wir werden unsere Feldflaschen hier auffüllen«, befiehlt El Hallem seinem narbigen Statthalter. »Der Weg nach Timbuktu ist weit.«

In ihrem privaten Gemach ist Anthea unterdessen immer mehr in Konflikt mit ihrer Rolle als Königin gekommen. Seit sie angeordnet hat, Jordan bei der Großen Oase zurückzulassen, ist der düstere Ausdruck nicht mehr aus ihrem Gesicht gewichen, ist ihr Blick stets von Traurigkeit überschattet.
Sie vernimmt die Schritte und das tastende Klopfen Hareds, die rasch näher kommen, und erkennt an ihrem entschiedenen Klang, daß er kommt, um ihr Vorwürfe zu machen; sie weiß auch wofür, doch verliert sie deshalb nicht die Fassung.
Tatsächlich ist es Hared, der kurz darauf bei ihr eintritt; er geht auf sie zu und baut sich bedrohlich nah vor ihr auf.
»Ich weiß alles, Anthea«, greift er sie unvermittelt und mit offener Mißbilligung an. »Der Fremde lebt. Du hast das Gesetz gebrochen.«
»Das ist nicht wahr«, gibt Anthea stolz zurück.
»Du bist die Königin«, bei diesen Worten durchläuft ein wütendes Beben die Stimme wie auch das Gesicht Hareds –, »du hättest ihn töten sollen! Das war deine Aufgabe, doch statt dessen hast du ihn gerettet!«
»›Der, der gesehen hat, wird nicht mehr sehen dürfen.‹ So lautet das Gesetz ... Jener Mann ist blind, er wird unser Geheimnis niemals erblicken.«
»›Der, der gekommen ist, wird nicht mehr zurückkehren dürfen.‹ Auch das ist das Gesetz. Jener Mann hätte sterben müssen.«
»Ich bin die Königin. Es ist mir vorbehalten, das Gesetz anzuwenden.«
»Dem Großen Wächter aber ist vorbehalten, es auszulegen. Nicht zu sehen und nicht zurückzukehren heißt: sterben!«
»Ich werde mich dem Urteil der Wächter stellen«, schneidet ihm die Königin kurzerhand das Wort ab. »Sie werden über mein Schicksal entscheiden.«
»Niemand darf davon erfahren, der nicht bereits davon weiß«, murmelt Hared bedachtsam und in besorgt ängstlichem Ton.
»Willst auch du also Verrat üben?« Anthea verleiht ihrer Überraschung mit einem ironischen Grinsen Ausdruck.
»Ich liebe dich und werde nichts tun, was dir schadet«, erklärt der

Große Wächter hastig und voller Pathos, als er sich auf diese Weise von ihr ertappt sieht. »Wenn ich dich jetzt an deine Verpflichtungen mir gegenüber erinnere, so tue ich es nicht, um dir zu drohen. Ich würde in jedem Fall schweigen, doch unsere Verbindung ist schon immer abgemachte Sache gewesen.«
»Ich werde dich heiraten. Das steht geschrieben«, bestätigt Anthea, ohne eine Spur Kälte in ihrem Ton zu verbergen.
»Wann?«
»›Die Königin wird sich drei Monde auserbeten, um sich zu entscheiden, und sie wird die Jahreszeit, den Tag und die Stunde bestimmen.‹ Auch das steht geschrieben.«
»Wann?« wiederholt Hared seine Frage mit Nachdruck; seine Stimme zittert vor schmerzlicher Sehnsucht.
Doch seine kummervolle Bitte rührt das Herz Antheas nicht an, noch kann er sie zärtlich stimmen. Sie verfällt erneut in düsteres Schweigen, um ihren eigenen, traurigen Gedanken nachzuhängen: Für sie ist die Unterredung beendet.
Hared spürt, daß er gegen diese Mauer aus Gleichgültigkeit nichts ausrichten kann, und verläßt den Saal voll Bitterkeit im Herzen und mit gebrochenem Stolz.

Getrieben von dem eitlen Wunsch, den Beweis zu erbringen, daß El Hallem zwar der Anführer der ruchlosesten Räuberbande in der ganzen Sahara ist, aber dennoch Wort zu halten vermag, hat der kühne *targui* Meile um Meile im Galopp geduckt zurückgelegt; wenn man von den wenigen Nachtstunden absieht, hat er nicht einmal eine Pause eingelegt, denn er kann es auch kaum mehr erwarten, gemeinsam mit dem Kalifen den Enthüllungen Jordans über den Sprechenden Berg zu lauschen.
Niemand von seinen Männern, die ebenso begierig darauf sind wie er selbst, hat gegen das mörderische Tempo ihres Ritts protestiert, doch als sie nun die ersten Häuser von Timbuktu und den Palast des Kalifen erblicken, stoßen alle einen Seufzer der Erleichterung aus. El Hallem gibt das Zeichen zum Anhalten. Dann ergreift er die Zügel von Jordans Pferd und wendet sich an seine Männer.
»Ich gehe allein. Schlagt ihr euer Lager beim Felsen von Afza auf«, befiehlt er ihnen.
Die *tuaregh* zögern einen Moment lang, dann wenden sie ihre Pferde und reiten davon. Nur Ibrahim bleibt zurück und nähert sich seinem Anführer.

»Vertraust du mir nicht?« fragt ihn El Hallem voller Hohn.
Der Narbige bleibt regungslos und schweigend vor ihm stehen und sieht ihn nur feindselig an.
»Ziehst du es vor, zusammen mit mir deinen Kopf zu riskieren?« fügt El Hallem noch hinzu, um mit feinem Spott die Reaktion und den Mut seines Statthalters auf die Probe zu stellen.
»Komm mit dem Gold zurück, oder du wirst es sein, der seinen Kopf verliert!« gibt der Narbige bissig und in offener Drohung zurück.
Damit wendet Ibrahim sein Pferd und treibt es zum Galopp an, um seine Gefährten wieder einzuholen. El Hallem ist von dem Verhalten seines Stellvertreters, den er, wie er meint, jederzeit und auf jede erdenkliche Art vernichten kann, nicht sonderlich beunruhigt und schlägt den Weg nach Timbuktu ein, wobei er Jordan, der noch immer an den Handgelenken gefesselt ist, hinter sich herzieht.
Vor dem großen Tor des Palastes hat ein Trupp von *kissouri*, stattlichen Negern, die unter den mutigsten Stämmen des Niger ausgewählt werden, Aufstellung genommen. Sie tragen ein charakteristisches *képi*, einen schimmernden grünen Uniformrock und einen weiten roten *kaik*; schwer bewaffnet mit Lanzen und *jatagan*, verwehren sie jedem den Eintritt, der nicht dem Gefolge des Kalifen angehört.
El Hallem läßt sich von dem Hauptmann der Garde anmelden. Kurz darauf steht er bereits dem Kalifen gegenüber, der ihn, auf dem Thron sitzend, empfängt, wie stets von seinem Hofstaat umgeben.
»Das da soll der Amerikaner sein?« fragt er überrascht und mustert das Wrack von Mensch, das ihm Jordan zu sein scheint.
»Das ist er, auch wenn er blind ist«, bestätigt El Hallem entschieden.
»Würdest du deinen Kopf darauf verwetten?«
»Ich wette meinen Kopf darauf. Und Ihr?«
Der Kalif starrt den dreisten *targui* verärgert an, schlägt aber schließlich einen jovialen Ton an: »Wenn er es ist, dann wirst du der reichste Mann von Timbuktu werden, nach mir, versteht sich.«
»Und Ihr werdet der mächtigste Mann der Wüste sein.«
Ohne zu sprechen oder sich umzudrehen, gibt der Kalif einem Soldaten seiner persönlichen Leibwache, einem kräftigen Nubier, der an seiner Seite steht, ein Zeichen, auf das dieser mit einem stummen Nicken antwortet.
Der schwarze Koloß zieht seinen *jatagan*, baut sich vor Jordan auf und läßt von allen Seiten mehrere Schwerthiebe auf ihn herabsausen, wobei er ihn jedesmal nur um Haaresbreite verfehlt.

Jeder andere Mann, der die wirbelnde Klinge gesehen hätte, hätte eine, wenn auch noch so winzige, Reaktion zeigen müssen; Jordan aber, der wirklich blind ist, hat sich nicht einmal gerührt.
Der Kalif ist jedoch noch nicht überzeugt; er ruft den Nubier zurück und übergibt ihm einen merkwürdigen Schrein aus Gold und Kristall.
Der Nubier scheint verängstigt, als er langsam den Deckel des Schreines aufhebt; nachdem er mit einer Art Zange rasch eine riesige Schwarze Witwe herausgeholt hat, läßt er ihn schnell wieder zufallen, damit nicht auch noch einer der schrecklichen Skorpione oder eine der anderen hochgiftigen Spinnen aus dem Kästchen entweichen können, das voll von solchem Getier ist.
Langsam und mit sadistischer Grausamkeit führt nun der Nubier die tödlichen Beißwerkzeuge ganz nahe an Jordans Gesicht heran, bis sie fast die Augen berühren; Jordan aber zuckt nicht einmal mit der Wimper.
»Gut, gut, er scheint wirklich blind zu sein«, bemerkt der Kalif in resigniertem und zugleich heiterem Ton.
El Hallem trägt einen Ausdruck der Genugtuung zur Schau, obwohl bislang nur das erste, leichteste und schon von vornherein abzusehende Hindernis überwunden ist.
»Nun werde ich dir die wichtigste Frage stellen«, fährt der Kalif fort und wendet sich damit zum erstenmal direkt an Jordan. »Wie heißt du?«
»Douglas«, lautet die prompte Antwort.
»Hast du gehört?« beschwert sich der Kalif in theatralischem Ton bei El Hallem und stößt einen tiefen Seufzer der Enttäuschung aus. »Er hat gesagt, er heiße Douglas.«
»Er heißt Desmond Jordan, und er ist der Mann mit dem großen Wissen, der das Geheimnis des Sprechenden Berges kennt«, beharrt El Hallem gelassen.
»Ich habe sehr viel Geduld, Fremder«, fährt der Kalif, wieder an Jordan gerichtet, fort, »doch was ich verabscheue, sind Lügner. Deshalb frage ich dich noch einmal: Wie heißt du?«
»Ich heiße Douglas. Douglas. Douglas!«
»Er hat gesagt, daß du der Lügner bist!« erklärt der Herr von Timbuktu El Hallem und schüttelt traurig den Kopf.
»Glaubst du denn wirklich, El Hallem würde zurückkehren, nur um dich zu betrügen?« protestiert der Anführer der Räuber in entrüstetem und beleidigtem Ton.

»Warum sollte ich das nicht glauben? Bist du denn etwa nicht der größte Schurke der Wüste?«
El Hallem nimmt das »Kompliment« mit einer liebenswürdig ironischen Verbeugung entgegen.
»Ich werde den Fremden von meinen ›Experten‹ befragen lassen«, teilt ihm der Kalif mit und sieht ihm direkt in die Augen. »Wenn das Ergebnis nicht zufriedenstellend ist, werde ich auch dich von meinen ›Experten‹ befragen lassen.«
Mit einer knappen Bewegung des Kopfes befiehlt er dem Nubier, Jordan wegzubringen. El Hallem macht Anstalten, ihnen zu folgen, doch der Kalif hält ihn zurück.
»Du wirst bei mir bleiben«, sagt er mit einem schlauen Lächeln. »Wir werden zusammen auf die frohe Botschaft warten.«
Glühende Eisen, Zangen, mit Nägeln gespickte Stiefel und andere Marterinstrumente sind in einer Nische ordentlich nebeneinander aufgereiht. Der Nubier wählt eines davon aus und beginnt Jordan damit zu peinigen. Entsetzliche Schreie hallen durch den Thronsaal. Der Kalif zeigt deutlich seine Langeweile, selbst als er Jordan, unterbrochen durch Schmerzensschreie, immer wieder dieselben Worte mit gequälter Stimme rufen hört: »Ich heiße Douglas! ... Douglas! ... Douglas!«
»Ein anderer an seiner Stelle hätte schon nachgegeben, er muß bereits mehr tot als lebendig sein!« bemerkt der Kalif und wirft El Hallem dabei einen eiskalten Blick zu. »Du hättest schon nachgegeben, glaubst du nicht?«
El Hallem läßt sich nichts anmerken, doch innerlich ist er höchst beunruhigt. Er denkt gerade über die Frage nach, ob dieser Mann Jordan ist oder nicht: Sicher wird er sich eher umbringen lassen, als seine wahre Identität zu verraten, oder aber er ist wirklich nicht der amerikanische Archäologe. In jedem Fall befindet er selbst sich in einer höchst bedenklichen Lage; sein Leben und sein Kopf sind in ernster Gefahr.
Scheinbar gleichgültig nimmt er sich ein Glas Wein, dreht, indem er vorgibt, nervös auf und ab zu gehen, dem Kalifen den Rücken zu, und schüttet dabei rasch ein weißes Pülverchen in die Flüssigkeit. Dann greift er zu einem anderen Glas und schlägt, wieder in seiner alten Dreistigkeit, vor, anzustoßen.
»Auf den Sprechenden Berg!« prostet der *targui* und hält dem Kalifen dabei das Glas hin.
»Auf deinen Kopf!« korrigiert ihn der Herr von Timbuktu in

düsterem Ton, nimmt das Glas und stürzt es mit einem Zug hinunter.
Es ist tiefe Nacht, und nur der Kalif ist im Saal zurückgeblieben: er schläft selig in seinem Thron. Alle Würdenträger haben sich zurückgezogen und nicht gewagt, den Schlaf ihres Herren zu stören.
Der Nubier hat lange gewartet, bis der Gefangene aus seiner Ohnmacht erwacht ist, und beginnt nun von neuem, den Körper des tapferen Jordan zu martern.
Unmenschliche Schreie hallen erneut durch den Saal und wecken den Kalifen, der sich verwirrt umsieht und plötzlich aufspringt, als er die Situation erfaßt hat.
»El Hallem! ... Du Hundesohn!« schreit der Kalif voller Zorn. »Wo bist du? Du hast mich betrogen!«
Er steigt vom Thron, läuft in Richtung Folterkammer und kommt gerade dazu, als der Nubier ein glühendes Eisen auf das Gesicht Jordans pressen will.
»Aufhören! Er ist es nicht!« brüllt er wie besessen, nicht so sehr um Jordans, sondern vielmehr um seiner selbst willen, denn er sieht seinen Traum sich in Luft auflösen. »Er ist es nicht, jetzt bin ich mir sicher! Ich werde den Sprechenden Berg niemals finden!«
Jordan, der auf dem Foltertisch liegt, bietet einen grauenhaften Anblick. Mit verdrehten Gliedern und Marterspuren am ganzen Körper ist er praktisch nicht wiederzuerkennen. Er bewegt kaum merklich die Lippen, als wollte er jemanden beim Namen rufen.
Um Anthea und auch Sholomon nicht zu verraten, hat er auf geradezu unmenschliche Weise standgehalten, doch nun ist sein Gehirn vor Schmerz dem Wahnsinn nahe.
»Schnell, ruft alle Ärzte zusammen, pflegt ihn, macht ihn gesund!« schreit der Herr von Timbuktu, der bei diesem Anblick von aufrichtigem Mitleid erfaßt wird, während in seinem Inneren die Wut darüber brodelt, daß man ihn dazu angestiftet hat, einen Unschuldigen zu quälen. »Daß mir niemand sagen kann, der Kalif sei kein großzügiger Mann, der Gerechtigkeit walten läßt!«
Mit wütenden Schritten kehrt er in den Saal zurück; dabei denkt er, blutrünstig und rachsüchtig, wie er ist, bereits über die Methoden nach, mit denen er den Körper El Hallems verstümmeln könnte, jenen erbärmlichen Räuber, der es gewagt hat, den Herrn von Timbuktu zum Narren zu halten.
Der Anführer der Wüstenhunde, dem durchaus bewußt ist, welche Gefahr er läuft, wenn er dem Kalifen nochmals in die Hände fällt,

galoppiert in diesem Moment Hals über Kopf in Richtung Wüste. Noch einmal ist das Glück dem tollkühnen *targui* hold: Der Mond leuchtet ihm mit seinem weichen Schein, der zwischen den Wolken durchsickert, den Weg und macht es so einfacher für ihn, der Spur der anderen zu folgen.
Die ersten Sonnenstrahlen kreuzen sich mit dem immer schwächer werdenden Mondschein und überblenden ihn schließlich, als El Hallem endlich in Sichtweite des Lagers seiner Leute am Fuße des Felsens von Afza auftaucht.
Eine unmerkliche Veränderung ist in dem Verhalten und selbst der Lageranordnung der schwarzen Gestalten der *tuaregh* eingetreten, die jedem anderen entgehen würde, nicht aber der feinen Spürnase und dem Instinkt eines wahren Sohnes der Wüste.
Alarmiert und auf alles gefaßt, hält er sein Pferd an: Ibrahim und seine Männer blicken ihn regungslos an.
»Hast du das Gold mitgebracht?« fragt ihn der Narbige in anmaßendem Ton.
»Nein, jener Blinde war nicht Jordan.«
»Du bist nicht mehr unser Anführer.«
»Wer soll das denn entschieden haben?«
»Wir.«
El Hallem will schon nach seinem Dolch greifen, doch wird er dabei durch eine Stimme unterbrochen, die hart und bedrohlich hinter seinem Rücken ertönt: »Tu es nicht, El Hallem!«
El Hallem dreht sich um, ohne auch nur ein Spur von Verwirrung zu zeigen, doch was er da hinter sich erblickt, stellt eine so unvorhersehbare Wendung des Geschehens dar, daß es weniger Besorgnis als vielmehr Verblüffung ist, die sich in seinem Gesicht breitmacht.
Vor ihm steht Ryker, in der Uniform eines Majors, und hält den Lauf einer Pistole auf ihn gerichtet. Hinter ihm haben sich Legionäre und Wüstenhunde zu einem dichten Block aufgebaut.
»So weit weg von zu Hause, Major, und in was für einer Gesellschaft!« ruft El Hallem aus, der wieder seine ironische und unbeteiligte Miene zur Schau trägt.
»Ich habe bemerkt, daß du uns gefolgt bist, also bin ich dir gefolgt«, erklärt Ryker in überheblichem Ton. »Ganze sechs Jahre in der Wüste haben mich flinker werden lassen als du, der du hier geboren und aufgewachsen bist ... der Blinde, wie heißt er?
»Douglas.«
»Du lügst!« stößt Ibrahim heftig hervor.

»Sucht ihn nach Waffen ab!« befiehlt Ryker.
Der Narbige und zwei Legionäre gehen auf El Hallem zu. Zwischen den beiden *tuaregh* findet ein wilder Kampf der Blicke statt.
»Das ist ein Bündnis, das nur von kurzer Dauer ist, Major!« kommentiert El Hallem voller Spott und Verachtung. »Von einem Verräter kann man nichts anderes erwarten als Verrat.«
Nachdem die Untersuchung ergebnislos verlaufen ist, umklammert ihn Halimi von hinten und legt ihm die Klinge seines Dolches auf die Kehle.
»Wo hast du das Gold versteckt?« fragt Ryker den Ex-Anführer der Wüstenhunde.
El Hallem weiß, daß sein Leben nur noch am seidenen Faden hängt und er der Stimmung und Laune Rykers ausgeliefert ist, doch er gibt nicht nach und bewahrt große Gelassenheit und Ruhe. Ein *targui* muß in jedem Moment darauf gefaßt sein, zu sterben, das hat er schon von klein auf gewußt.
»Die Wüste ist groß, Major«, erwidert der stolze Räuber, ohne sich einen spöttischen Unterton verkneifen zu können, »und ich bin ihr liebster Sohn.«
»Vorwärts!« befiehlt Ryker mit einem falschen Grinsen: Er hat sich auf die Schnelle eine »Überraschung« für El Hallem ausgedacht, will sie aber für sich behalten, bis der richtige Moment dafür gekommen ist.

Große Schlachten, berühmte Liebespaare, Prinzessinnen, die so schön sind wie die *urí** des Propheten, und mutige Krieger sind die beliebtesten Themen und Rollen in den Spielen der Kinder, die in den *duar* leben; ganz anders, als man glauben könnte, sind ihre Spiele viel schöner und phantasievoller als diejenigen, die man in den großen Städten spielt, weil ihnen das endlose Szenarium der Wüste als Kulisse zur Verfügung steht, wo der Phantasie Flügel wachsen, während sich die kleinen Füße zwischen Palmen, Blattwerk, Pferden und *mehari* einen Weg suchen.
Für diese Kinder, die die Härten des Lebens bereits früh kennenlernen, stellt die Oase in den kurzen Jahren ihrer Kindheit mehr als nur

* Von dem arabischen *al-hùr*, wörtlich »(Mädchen) mit schwarzen Augen«; junge Frauen, die dazu ausersehen sind, den Seligen im islamischen Paradies als Begleiterinnen zu dienen; sie sind von außerordentlicher Schönheit und Lieblichkeit, und ihre Jungfräulichkeit wird ewig erneuert.

eine schlichte Spielfläche dar. Parizad ist gerade ganz in einem Spiel versunken, an dem alle Kinder der Großen Oase teilnehmen, als sie sieht, wie sechs *mehari* vor dem Zelt ihres Vaters stehenbleiben.
Sie hält inne, verläßt voller Neugier ihre Spielkameraden und geht schüchtern auf das Zelt zu. Auf einmal kommt Ares herausgeflattert, gefolgt von Orso. Das Mädchen stößt einen Jubelschrei aus und beginnt freudetrunken auf ihn zuzulaufen.
Im Bruchteil einer Sekunde hat auch der sardische Hünc Parizad bemerkt, die sich ihm im Laufschritt nähert; bei ihrem Anblick kommt Leben in das bedachtsame, wortkarge Mannsbild, und er läuft seinerseits dem Mädchen entgegen, das ihm, ohne innezuhalten, in die Arme springt, sich an seinen Hals hängt und fest an ihn drückt.
»Ich wußte, daß du noch lebst! Ich wußte es!« ruft sie mit überschlagender Stimme aus und ist in ihrer Freude kaum zu bändigen.
Ares kreist beständig über ihren Köpfen, um dann, kaum daß sie sich aus ihrer Umarmung lösen, seiner besonderen Vorliebe für Parizad Ausdruck zu verleihen, indem er sich ihr auf die Schulter setzt: Auch dem wilden Falken gefallen die lockenden Worte und Liebkosungen, mit denen ihn das kleine Mädchen überhäuft.
Das Zusammentreffen von Parizad und Orso ist mit besonderer Aufmerksamkeit von einer Wasserverkäuferin in ärmlichen Gewändern beobachtet worden; nun folgt ihnen die Frau, die auf dem Gesicht einen schlichten *litham* aus weißer Baumwolle trägt, unauffällig in einiger Entfernung.
Parizad und Orso treten in das Zelt, wo das Mädchen die Bekanntschaft von Philip, Tamamet und Myriam macht. Dann setzen sich alle nieder und lauschen dem Bericht von Sholomon.
» ... er stand kurz vor der Entdeckung des Großen Geheimnisses, das niemand kennt und vielleicht auch niemand jemals kennen wird«, schließt der Jude der Großen Oase.
»Wo ist er jetzt?« fragt Philip voller Eifer.
»Er ist in Timbuktu. Ich glaube, daß er noch dort ist, als Gefangener des Kalifen. Aber es gibt etwas, das Ihr wissen müßt ... Euer Vater ist blind!«
Nicht ein Wort der Unterredung ist der Wasserverkäuferin entgangen, die sich scheinbar unbeteiligt dem Zelt von außen genähert hat. Nun entfernt sie sich wieder, geht direkt auf ein Pferd zu, hängt ihre Amphore an den Sattel, sitzt auf und galoppiert davon.
Zur gleichen Zeit kommt Jasmine in heller Aufregung in das Zelt gestürzt.

»Schnell, komm«, sagt sie zu ihrem Gemahl. »Es ist schrecklich – die Legionäre zusammen mit den Wüstenhunden!«
»Ihr bleibt hier!« rät der Jude, der aufgesprungen ist, in bestimmendem Ton seinen Gästen und verläßt das Zelt.
Kaum steht er im Freien, sieht er, wie die Wüstenhunde, die zusammen mit den Legionären eine beachtliche Truppe darstellen, in die Oase eindringen, ausschwärmen und erst kurz vor den Zelten haltmachen.
Karawanenreisende wie auch ständige Bewohner ergreifen voller Angst die Flucht, denn sie fürchten um ihre Habe und um ihr Leben.
Sholomon bemerkt mit Erstaunen, daß El Hallem an sein Pferd gefesselt ist.
»Antworte mir, Jude!« befragt ihn Ryker unvermittelt und in hartem Ton. »Wer war jener Blinde?«
»Ein Engländer namens Douglas«, erwidert Sholomon, dem es gelingt, äußerste Ruhe zu bewahren.
»Du lügst! Zum letztenmal, wer war es?«
»Der Jude lügt niemals, Major!« mischt sich El Hallem mit seinem gewohnt ironischen und spöttischen Ton ein. »Ich habe ihnen bereits gesagt, daß Douglas und nicht Jordan der Mann ist, den ich zum Kalifen gebracht habe.«
»Bringt ihn fort!« befiehlt Ryker.
Zwei Legionäre nehmen das Pferd des entmachteten Räuberhauptmanns an den Zügeln und führen ihn aus der Oase heraus.
»Ergreife ihn!« befiehlt Ryker Halimi und zeigt dabei auf Sholomon.
Doch der Ex-Sergeant ist noch nicht vom Pferd abgestiegen, als Philip und Orso auf den Plan treten, letzterer mit einem Gewehr in der Hand, mit dem er direkt auf Ryker und Halimi zielt.
»Was wollt ihr von Desmond Jordan?« fragt Philip unvermittelt.
Die Spannung hat ihren Höhepunkt erreicht.
»Ihn umbringen«, antwortet Ryker ohne Zögern.
»Dann versucht es doch mit mir, ich bin sein Sohn!«
Ryker kann angesichts der dreisten und unbedachten Prahlerei des Jungen nur lächeln. Wenn er wollte, könnte er diesen Kindskopf und alle Bewohner der Oase in nur wenigen Minuten ins Jenseits befördern, doch er hält sich zurück; in seinem Kopf, in dem es vor grausamen Listen nur so wimmelt, hat er sich bereits eine Möglichkeit zurechtgelegt, wie er die unvorhergesehene Anwesenheit von Orso und dem Sohn Jordans für seine Interessen ausnutzen kann.

»Ich werde auch dich töten, ohne weiteres«, sagt er nur mit einem boshaften Grinsen, » ... später!«
Er schickt sich an, zu gehen, bleibt aber noch einmal stehen und wendet erneut sich an Sholomon: »Was dich angeht, Jude, wisse, daß ich dir das nicht vergessen werde!«
Er steigt auf sein Pferd, gibt ihm wild die Sporen und reitet im Galopp davon. Die anderen folgen ihm.
Schließlich holen sie El Hallem und die anderen beiden Legionäre ein und setzen ihren gewaltsamen und wilden Ritt fort, bis sie vor dem Felsen von Afza ankommen.
Ryker hebt den Arm und gibt den Befehl anzuhalten, dann treibt er sein Pferd an, bis es vor El Hallem stehenbleibt. Lange sieht er ihn mit niederträchtiger Genugtuung an, wobei sein Lächeln einen sadistischen Zug annimmt.
Der stolze *targui* macht sich keine Illusionen mehr darüber, daß für ihn der Moment der Abrechnung gekommen ist. Er ist bereit: Er wird Ibrahim und den anderen ein Beispiel der Würde und des Mutes abgeben und seinem Namen überall in den *duar* und entlang der Karawanenwege der Sahara damit noch größeren Ruhm verschaffen.
»El Hallem, Sohn der Wüste«, sagt schließlich Ryker zu ihm, »ich werde dich deiner Mutter zurückgeben!«

X

Der blinde Wunderheiler

Wenn es dem Kalifen schlechtgeht, geht es all seinen Höflingen schlecht, denn wegen der geringsten Kleinigkeit können ihre Köpfe rollen. Der Herr von Timbuktu liegt auf seinem weichen Bett, wälzt und windet sich hin und her und brüllt dabei vor Schmerz.

Er hat die Hofärzte aus dem Zimmer gejagt, die nur allzu froh darüber waren, sich so gut aus der Affäre ziehen zu können, und wartet nun auf das Eintreffen der einzigen Person, von der er das Gefühl hat, sich ihr anvertrauen zu können. Diese Person ist Jordan; er wird von zwei riesenhaften Eunuchen buchstäblich in das Zimmer des Kalifen getragen und vor dem Bett heruntergelassen, wo nur der treue Nubier noch bei seinem Kalifen weilt.

»Mach mich gesund, du bist der einzige, der es tun kann«, fleht ihn der mächtige Herr an.

»Ich bin kein Doktor«, gibt Jordan zu bedenken, der zwar noch deutliche Spuren der Folter auf dem Körper trägt, sich sonst aber wieder erholt hat.

»Ich habe beobachtet, wie du bei anderen Gefangenen am Werk warst, du bist besser als jeder Arzt«, sagt der Kalif, der sich noch immer vor Schmerz windet, »und dann bist du doch Wissenschaftler, oder nicht?«

Und er greift hastig nach der Hand Jordans und legt sie sich auf den nackten Bauch.

»Hier ... was für einen Teufel habe ich hier drinnen?«

»Ich habe es Euch bereits gesagt, ich bin kein Arzt.«

»Aber du hast einen großen Kopf und ein noch größeres Herz.«

Jordan denkt einen Augenblick lang schweigend nach, dann läßt er sich einen Kelch mit Wasser reichen und gibt ein paar trockene Blätter hinzu, die er aus einer Tasche zieht; schließlich hält er das Gefäß dem Kalifen hin.

»Trinkt dies langsam und eßt den ganzen Tag nichts mehr«, schreibt er ihm vor.

Der Kalif gehorcht ohne lange Diskussion und leert den Kelch.

»Wenn ich gesund werde, werde ich dich zu meinem Leibarzt ernennen«, verspricht der Herr von Timbuktu aufrichtig.

Als er etwas Erleichterung zu verspüren beginnt, bedauert er es gar nicht mehr, daß dieser Fremde, den es durch einen so großen Zufall zu ihm verschlagen hat, anstatt jenes Jordan ein Mann mit magischen Händen und ebensolchen Fähigkeiten ist, denn schließlich ist ihm sein Leben mehr wert als alle Sprechenden Berge der ganzen Welt zusammengenommen!
Gewiß aber wird er sich dafür nicht bei jenem Schurken El Hallem bedanken, im Gegenteil, wenn es ihm jemals gelingt, ihn in die Finger zu bekommen, wird er ihm seinen dreckigen Verrat mit gleicher Münze heimzahlen.
Doch er ahnt nicht im geringsten, daß der kühne Räuber gerade in diesem Moment eine Qual über sich ergehen lassen muß, die auch der perversen Erfindungsgabe des Kalifen entsprungen sein könnte. Ryker hat El Hallem nämlich bei seinen eigenen Worten genommen und ihn bis zum Hals und mit unbedecktem Kopf in den Sand eingraben lassen: Damit verdammt er ihn zu einem langsamen Tod in der glühenden Sonne, dem die Aussicht auf den Besuch eines Skorpions oder einer Hornviper* zusätzlichen Schrecken verleiht. Und genau diese letztere, hochgiftige Schlange ist es auch, die sich nun in etwa zehn Metern Entfernung aus dem Sand herauswindet. El Hallem kann einen Schauder des Entsetzens nicht unterdrücken. Er kneift die Augen zusammen und versucht, sich vollkommen regungslos zu verhalten: Vielleicht bemerkt sie ihn auf diese Weise nicht und schlägt eine andere Richtung ein.

Orso, Philip, Tamamet und Myriam haben ihre *mehari* gegen frischere und ausgeruhtere Tiere eingetauscht und die Große Oase verlassen, um sich nach Timbuktu zu begeben. Nur der Falke ist nicht mehr bei der Gruppe: Er ist in der Oase bei Parizad zurückgeblieben.
»Das dort ist der Felsen von Afza«, verkündet Orso nach einigen Meilen, »wir sind also auf dem rechten Weg.«
»Es rankt sich übrigens eine finstere Legende um jenen Felsen, die in der ganzen Sahara bekannt ist«, fügt Tamamet hinzu.
»Ich kenne sie aber nicht«, wirft Philip ein.

* Die Hornviper *(peraste cornutus)* hat zwei hornartige Ausformungen über den Augen und ist besonders wegen ihres tödlichen Gifts gefürchtet. Sie lebt in Nordafrika, bevorzugt in den Wüstengegenden, und in Westasien.

»Und ich auch nicht«, kommt das Echo von Myriam. »Erzählt sie uns.«
»Auf jenem Felsen«, erzählt Tamamet, »enthauptete einst ein Mann seine Tochter, deren Namen eben Afza lautete. Jene Frau hatte ihren Gemahl und ihre Kinder verlassen, um mit einem anderen Mann zusammenzuleben, der ausgerechnet von ihrem Gemahl gerettet und beherbergt worden war.«
»Donnerwetter!« kommentiert Philip, durchaus beeindruckt, und sieht dabei zu dem Felsen hinüber, an dem sie gerade vorbeireiten. Plötzlich entdeckt er einen schwarzen Fleck, ähnlich dem Kopf eines Mannes, der aus dem Sand ragt, und hat im selben Moment schon sein Kamel angehalten.
»Was ist los?« fragt Myriam besorgt.
Philip hat ein Fernglas aus der Tasche gezogen und erkennt, als er es scharf gestellt hat, den Nacken eines Mannes.
»Dort hinten ist ein Mann in den Sand eingegraben, und eine Schlange kriecht auf ihn zu!«
Orso treibt sein *mehari* zum Galopp an und zieht dabei sein Gewehr.
Nach einem anfänglichen Zögern hat die Viper, ein Exemplar von circa einem halben Meter Länge und einem sehr gedrungenen Rumpf, begonnen, langsam und mit den typischen wellenartigen Bewegungen auf den Kopf von El Hallem zuzukriechen.
Der *targui*, dessen Gesicht bereits von den Sonnenstrahlen verbrannt ist, versucht die Ruhe zu bewahren und seinen Kopf ganz steif und aufrecht zu halten; er bewegt nicht einmal die Pupillen, sondern richtet sie ganz starr auf den flachen Kopf, auf die glasigen Augen und das Maul des Reptils, aus dem in rhythmischen Abständen die gespaltene Zunge herausschnellt.
Zwischen den beiden Köpfen liegt kaum mehr als eine Entfernung von sechzig Zentimetern, als El Hallem erregte Stimmen hört; er möchte um Hilfe rufen, doch er weiß, daß die Hornviper sich bei der geringsten Bewegung oder einem Geräusch auf ihn stürzen und zubeißen würde, um ihm ihr starkes Gift zu verabreichen, das, im Gegensatz zu dem anderer Schlangen, nur wenige Minuten braucht, um den Tod herbeizuführen.
Er hofft auf ein Wunder, und das Wunder wird wahr: Rasch nähert sich ein *mehari* im Galopp, kommt direkt auf ihn zu, kurz darauf ein Schuß, der direkt hinter dem Hals der Schlange einschlägt und diese inmitten einer Sandwolke durch die Luft fliegen läßt; das *mehari*

hält knapp neben ihm an, Orso springt ab und landet einen schweren Schlag mit dem Gewehrkolben auf dem Kopf des bereits tödlich getroffenen Reptils und bereitet ihm damit ein rasches Ende.
Als die Gefahr vorüber ist, läßt El Hallem mit einemmal den Kopf nach hinten sinken; Orso und die anderen, die mittlerweile angekommen sind, betrachten das von Fliegen und Ameisen gemarterte Antlitz.
Myriam benetzt ein Taschentuch mit Wasser und breitet es über dem Gesicht aus, von dem sie die Fliegen verscheucht hat. El Hallem kommt wieder zu sich, und als er als erstes das bildschöne Antlitz des Mädchens erblickt, glaubt er, eine *urí* des Paradieses vor sich zu haben und bereits tot zu sein. Philip hat El Hallem wiedererkannt und unterbindet kurzerhand Myriams Hilfsmaßnahmen.
»Nein! Erst soll er uns die Wahrheit sagen!« befiehlt er entschieden.
Der *targui* hebt den Kopf und erkennt Orso, dann schenkt er Myriam ein dankbares Lächeln.
»Allah segne Euch, Euer Herz ist so groß wie Eure Schönheit«, sagt er anerkennend und mit Galanterie. »El Hallem wird Euch ewig dankbar sein.«
»Der Blinde, den Ihr nach Timbuktu gebracht habt, ist mein Vater! Ich muß ihn finden! Sprecht, wenn Ihr nicht sterben wollt«, gebietet ihm Philip, dem auch das Kompliment des *targui* an Myriam einen Stich versetzt hat.
»Also hatte ich recht, es war nicht Douglas!« ruft El Hallem aus, in dem bei dieser Enthüllung der alte Kampfgeist wiedererwacht ist. »Ich habe gestohlen, geraubt, gemordet ... Wenn Ihr mich den Geiern zum Fraß laßt, kann ich es Euch nicht verübeln, doch wenn Ihr mich rettet, wird El Hallem nur noch ein Gesetz kennen: die Dankbarkeit.«
»Er lügt nicht«, pflichtet ihm überraschenderweise Orso bei.
»Ich habe Euren Vater als Sklaven nach Timbuktu gebracht, und ich werde ihn wieder befreien«, verspricht der ehemalige Anführer der Räuber feierlich. »Rettet mich und nehmt mich mit Euch: El Hallem wird euch die Treue halten bis zum Tod!«

Jordan begreift nicht, was um ihn herum vorgeht. Aus dem Innenhof vernimmt er ein lautes, fast tumultähnliches Stimmengewirr. In seinem Zimmer sind einige Sklaven dabei, ihn auszuziehen und mit anderen Kleidern zu versehen, die, wie er ertasten kann, fein und kostbar sind.

»Die weiße Tunika mit den Goldstickereien«, befiehlt der Kalif, der anschließend eigenhändig Jordan den Turban auf den Kopf setzt.
»Bei jedem Neumond«, fährt er dann in triumphierendem Ton fort, »lasse ich meine Untertanen von meinem Leibarzt kurieren! Hast du etwas Derartiges von den Höfen in London oder Wien gehört? Heile sie mir gut, denn ich möchte gesunde Untertanen haben, die von früh bis spät für mich arbeiten können!«
Man läßt Jordan, der die herrliche weiße Tunika mitsamt einem Turban derselben Farbe trägt, in eine Sänfte steigen und bringt ihn hinab in den Innenhof, wo bereits eine kleine Menschenmenge, allesamt Kranke verschiedenster Art, auf ihn wartet: Man sieht pockennarbige Gesichter, verbundene Köpfe, nur notdürftig in Schlingen gepackte Arme, Lahme, die sich mit Hilfe von Krücken vorwärtsbewegen.
Der Kalif öffnet das Fenster, beugt sich freudig hinaus und winkt nach Art der Könige jenem kleinen Hofstaat zu, der ihn mit lautem Jubel begrüßt.
Jordan steigt aus der Sänfte und stellt neben sich eine Schüssel und viele kleine Döschen mit Kräutern auf. Von einer dichten Schar *kissouri* in Schach gehalten, warten die Kranken darauf, daß der Arzt sich ihnen widmet.
Unter ihnen befindet sich auch eine Wasserverkäuferin, dieselbe, die vor dem Zelt Sholomons gelauscht hat.
Als sie die weißgekleidete Gestalt des blinden Wunderheilers erblickt, leuchtet ein Ausdruck tiefer Bewegtheit in ihren Augen auf, während ihr Tränen einen Moment lang die Sicht verschleiern; dann geht sie scheinbar gleichgültig und ihr Wasser feilbietend auf Jordan zu.
Unvermittelt ergreift sie seine Hände und schließt sie behutsam um die mit Wasser gefüllte Kupfertasse. Bei der Berührung geht langsam ein Beben durch den Blinden; er schiebt die Tasse von sich und ergreift statt dessen diese kühle, zarte Hand, während sich auf seinem Gesicht ein Ausdruck verblüffter Ungläubigkeit breitmacht.
Noch bevor er etwas sagen oder tun kann, zerrt einer der *kissouri* brutal die Wasserverkäuferin von ihm weg.
Benommen und verwirrt, bleibt Jordan mit ausgestreckten Händen stehen, während er im Geiste noch der Empfindung nachhängt, die ihn instinktiv die Person hat erkennen lassen, welche seine Hände ergriffen hat.
Viel Zeit bleibt ihm nicht: Eine Frau drückt ihm ihr krankes Kind in

die Arme, und Jordan ist gezwungen, seine Aufmerksamkeit diesem kleinen Wesen zu widmen.
Die Wasserverkäuferin schaut sich indessen um und prägt sich die Einzelheiten des Palastes ein, als verfolge sie einen bestimmten Plan; dann geht sie auf einen einzeln stehenden *kissouri* zu, der an der verborgensten Stelle des Laubenganges Wache schiebt. Sie hält ihm die volle Tasse hin, und der Wachsoldat stürzt das frische Wasser mit einem Zug hinunter.
Statt sich von dem Soldaten wieder zu entfernen, wartet die Frau einige Sekunden lang, dann wirft sie ihm einen leidenschaftlichen und wollüstigen Blick zu und wiegt sich dabei verführerisch in den Hüften.
Begierde leuchtet sofort in dem Gesicht und dem Blick des Soldaten auf; die Wasserverkäuferin geht in Richtung eines kleinen Toreinganges davon, wobei sie sich immer wieder mit schmachtenden Blicken nach dem *kissouri* umsieht, als wollte sie ihn auffordern, ihr zu folgen.
Der Wachsoldat läßt rasch seinen Blick in die Runde schweifen: Das Stimmengewirr in dem Hof ist ohrenbetäubend, alles scheint in Ordnung zu sein, und niemand achtet auf ihn.
Also tritt er rasch in den Eingang, wo die Wasserverkäuferin auf ihn wartet; die Frau nimmt den *litham* ab und enthüllt ein Gesicht von seltener Schönheit: Es ist Anthea.
Sie befinden sich in einer kleinen Hufschmiedewerkstatt, in die, außer durch die Tür, nur durch ein kleines vergittertes Fensterchen Licht hereinfällt.
Der Soldat läßt die Lanze fallen und will sich über das Mädchen hermachen, doch dieses entwindet sich seiner Umarmung und gebietet ihm Einhalt: »Warte ... Erst mußt du mir sagen, ob ich dir gefalle!« sagt sie mit einschmeichelnder und lüsterner Stimme zu ihm.
Sie beginnt sich auszuziehen; gerade hat sie das schwere Tuch abgelegt, das ihren Kopf bedeckt, als die erregten Augen des Wachsoldaten glasig werden, ein paarmal blinzeln, sich schließen und der törichte Mann zu Boden sinkt: Er ist eingeschlafen, übermannt von dem starken Schlafmittel, das ihm Anthea in die Tasse geschüttet hatte.
Die furchtlose Frau schließt die Tür und fährt darin fort, sich auszukleiden, um sich dann die Uniform des Wachsoldaten überzuziehen.

Schon seit fast einer halben Stunde ist die Dunkelheit hereingebrochen, als man Jordan mit der Sänfte in sein Zimmer bringt. Er ist müde und erschöpft von dem anstrengenden Nachmittag, der ihn mit soviel Schmerz und Leid in Berührung gebracht hat.
Er gibt den Bediensteten ein Zeichen, sie mögen sich entfernen, und legt sich, als er allein ist, mit einem tiefen Seufzer auf dem Bett nieder. Langsam wird das Klopfen in seinen Schläfen schwächer; plötzlich, in der absoluten Stille um ihn herum, spürt er dank der besonderen, scharfen Wahrnehmung, die sich bei allen Blinden ausbildet, daß jemand im Raum ist.
Er lauscht und setzt sich abrupt auf.
»Wer bist du?«
Die Frage verhallt im Raum. Dann hat er dasselbe Gefühl wie vorhin, als er die Hand jener geheimnisvollen Frau zwischen seinen Händen hielt.
Wieder durchläuft ihn ein Beben, doch diesmal ist die Wahrnehmung deutlicher und durch nichts gehindert. Auf seinem Gesicht macht sich eine unbeschreibliche Erregtheit breit, denn nun ist die Ahnung, die er nicht gewagt hat, sich einzugestehen, zur Gewißheit geworden.
»Anthea«, murmelt er mit zitternder Stimme und streckt die Hand dabei aus. Sie bleibt auf halber Höhe schweben.
Federleicht, wie in einem Traum, legt sich die Hand der Königin auf die seine.
Jordan führt sie in einer Geste der Verehrung an seine Lippen, während Anthea sich leicht über ihn beugt und sie sich in die Arme fallen: Es ist eine zärtliche und zugleich leidenschaftliche Umarmung, von der sie wünschen, sie würde niemals enden.
»Ich hatte dich erkannt, aber ich wagte es nicht zu hoffen. Ich wollte nicht noch eine weitere schmerzliche Enttäuschung erleben«, gesteht Jordan mit vor Rührung erstickter Stimme.
»Nur ein Herz, in dem die Liebe wohnt, konnte dies vollbringen, und ich bin glücklich darüber, denn nun bin ich sicher, daß du mich liebst, wie ich dich liebe«, erwidert Anthea leidenschaftlich. Auch ihre verträumten Augen glänzen vor Ergriffenheit.
»Ich bin dir dankbar, weil du mich am Leben gelassen hast, und tausendmal dankbarer dafür, daß dein Herz immer hier bei mir sein wird ... du aber mußt weg von hier, mußt aus Timbuktu fliehen, bevor es zu spät ist.«
»Ich werde fliehen, wenn auch du fliehen kannst.«

»Ich werde es niemals mehr können.«
»Doch, das wirst du.«
Anthea tritt an das große Fenster und schiebt den Vorhang beiseite. Ein silbriges Licht fällt ins Zimmer.
»Das Licht des Mondes liegt über deinem Gesicht. Das ist der Moment«, verkündet die furchtlose Frau in geheimnisvollem Ton; dann kehrt sie zurück und setzt sich neben Jordan. »Kennst du das Märchen von der Sklavin der Liebe?«
»Nein.«
»Es war einmal eine Sklavin der Liebe«, erzählt Anthea, während sie aus einer Tasche der Uniform ein kleines Fläschchen aus Silber zieht. »Sie liebte mit Leib und Seele ihren Herrn, doch der Herr sah sie nicht. ›Sieh mich an‹, flehte ihn die Sklavin der Liebe an. ›Sieh mich an, sieh mich an!‹ Doch alles war zwecklos: Es lag ein Zauber auf den Augen ihres Herrn.«
Anthea hebt das Fläschchen in die Höhe und zieht behutsam den Stöpsel heraus.
»Da sammelte die Sklavin der Liebe«, fährt sie fort, »all ihre Tränen in einem silbernen Fläschchen und goß sie eines Nachts in die Augen ihres Herrn ...«
Und Anthea gießt den Inhalt des Fläschchens auf die Augen Jordans, die vom Mondlicht beschienen sind. Dann fährt sie fort zu erzählen: »›Sieh mich an!‹ sagte die Sklavin der Liebe. ›Sieh mich an! Sieh mich an!‹«
Anthea läßt das Fläschchen fallen und drückt den Kopf Jordans zärtlich an ihre Brust.
»Und er sah sie an und erblickte sie.«
Jordan läßt sich von der magischen Kraft ihrer Worte mitreißen und drückt sich an sie. So verharren sie lange und schweigend, bis auf einmal Jordans Arme schlaff herabsinken, sein Körper bebend erstarrt und ihm der Kopf auf eine Seite fällt. Anthea legt ihn auf das Lager nieder, bettet seinen Kopf auf ein Kissen und beginnt langsam sein Gesicht zu streicheln, das mit einemmal wie erloschen, leblos wirkt.
Der Widerhall von schweren Schritten, die näher kommen, reißt die Königin aus ihrer Versunkenheit. Sofort auf der Hut, geht sie rasch auf das Fenster zu, öffnet es und springt auf die äußere Galerie hinaus. Es gelingt ihr gerade noch rechtzeitig; herein tritt der Nubier des Kalifen, nähert sich dem Bett Jordans und vergewissert sich, daß dieser tief schläft, woraufhin er wieder hinausgeht und sich

entfernt: Offensichtlich entsprang sein Besuch nur der übertriebenen Sorge des Kalifen um den Fremden, an dem ihm soviel liegt.
Jordan wacht auf; seine Augen, die er weit aufreißt, sehen mit einemmal nicht mehr nur Dunkelheit, die schwarze Mauer des Nichts, sondern Gegenstände, Bilder, die, zu Beginn noch unscharf, immer deutlicher werden. Sein Blick hat seine Starrheit verloren, und als ihm dies bewußt wird, tritt ein Ausdruck unendlichen Staunens in sein Gesicht.
Dann, ganz plötzlich, kommt das Gefühl des Glücks in ihm zum Durchbruch: Er kann wieder sehen! Nur mit Mühe, indem er die Kiefer aufeinanderpreßt und mit kaum zu bremsender Heftigkeit Arme und Fäuste schüttelt, kann er einen wilden Freudenschrei unterdrücken.
Er kann es noch immer nicht fassen: Immer wieder blickt er sich ungläubig um. Er starrt seine eigenen Hände an, dreht und wendet sie hin und her; und dann erblickt er auf dem Fensterglas, nach so langer Zeit, wieder sein eigenes Spiegelbild!
Erst jetzt beginnt er aus der allumfassenden Umnachtung zu erwachen, die seine geistigen Fähigkeiten gelähmt hat, und zusammen mit dem Licht in seinem Verstand leuchten auch wieder Erinnerungen und ein Name auf: »Anthea!«
Doch das Zimmer ist leer, und er blickt sich wie verloren darin um, denn der Zweifel kommt in ihm auf, ob er nur geträumt hat und Anthea niemals bei ihm gewesen ist. Dann nämlich wird er bald aus dem Traum erwachen und noch immer blind sein.
Etwas glitzert auf dem Bett. Er geht darauf zu; als das Mondlicht darauf fällt, blitzt und blinkt es tausendfach: Es ist ein silbernes Fläschchen!
Jordan fällt auf die Knie und drückt das kostbare Gefäß wie eine Reliquie an sich, während aus seinen Augen die ersten Tränen der Dankbarkeit dafür fallen, daß er mit Gewißheit einem Alptraum entronnen ist. Anthea wird zurückkehren, dessen ist er sich sicher, und er wird wieder ihr Gesicht sehen können, und sie werden zusammen fliehen. Er kann nicht wissen, daß die Königin noch sehr nahe ist und daß sie ihn gerade in diesem Moment von der Ecke der Balustrade aus, hinter der sie sich versteckt hat, durch die Fensterscheibe hindurch beobachtet.
Vorsichtig geht sie den Vorsprung entlang zurück, um wieder in das Zimmer von Jordan zu gelangen, doch da erregt ein leises metallisches Klirren an ihrer Uniform Verdacht bei einem Wachposten,

der, als er genauer hinsieht, eine Gestalt erblickt, die sich vorwärtsbewegt.
Er gibt auf der Stelle Alarm. Anthea kehrt um und steigt durch das erste Fenster wieder ein, doch schon kommen ihr mehrere Wachsoldaten entgegen. Sie zieht ihren Säbel und stürzt sich wild in die Schlacht, um den *kissouri* zuvorzukommen.
»Bist du verrückt geworden? Ergib dich ... ergib dich!« fordert sie ein Wachoffizier auf; er glaubt, einen Soldaten vor sich zu haben, den man dabei überrascht hat, wie er in den Harem des Kalifen einsteigen, oder, einfacher, etwas in den Gemächern der Würdenträger des Hofes stehlen wollte.
Doch die Königin hat den Instinkt eines Kriegers und reagiert wie ein solcher. Mit schnellen und tödlichen Hieben schlägt sie sich eine Bresche zwischen den immer dichter werdenden Reihen der *kissouri*, die sie einkreisen, und gerade will es ihr gelingen zu fliehen, als ein Netz, genau gezielt, über sie geworfen wird und sie in ihren Bewegungen lähmt.
Angesichts eines halben Dutzends *jatagan*, die bedrohlich auf ihre Brust gerichtet sind, ist sie gezwungen, sich zu ergeben.
Noch immer brennt in ihren Augen das Feuer des Kampfes, als man Anthea, die alle anderen für einen widerspenstigen Soldaten halten, kampfunfähig macht und zum Kerker schleppt, wo sie auf das Urteil des Kalifen warten wird.

Aufmerksame Blicke folgen der kleinen Karawane von Philip und seinen Freunden. Es sind die Augen Rykers, der, mit Halimi an der Seite, hinter dem Kamm einer Düne Stellung bezogen hat und beobachtet, wie die fünf Reiter vorbeiziehen.
Es überrascht ihn nicht, El Hallem bei ihnen zu sehen, der auf dem fünften *mehari*, mitsamt dem Gepäck, reitet. Der Spitzel, den er auf die Fährte des Sohnes von Jordan und von Orso gesetzt und der die Gruppe überwacht hat, seit sie die Große Oase verlassen hat, hat ihm davon bereits Mitteilung gemacht: Die kleine Gruppe hat den Weg nach Timbuktu eingeschlagen und dabei den früheren Anführer der Räuber aus seiner unangenehmen Lage befreit, gerade noch rechtzeitig, um ihm das Leben zu retten.
»Das nächste Mal jage ich ihm eine Kugel durch den Kopf!« nimmt sich Ryker, auf El Hallem bezogen, vor. »Für den Moment blüht dir nur das Schicksal deiner neuen Gefährten!«
Ibrahim ist, mehr als alle anderen, beunruhigt, als er seinen frühe-

ren Anführer gesund und munter wiedersieht, doch der Anblick der beeindruckenden Schwadron, die sich aus Wüstenhunden und desertierten Legionären zusammensetzt, vermittelt ihm ein Gefühl der Sicherheit, das ihn wieder ruhiger macht.

»Von jetzt an lassen wir sie einfach vor uns herlaufen, und du wirst sie mit nur vier anderen Männern überwachen«, befiehlt Ryker Halimi. »Wir werden einen halben Tagesmarsch hinter ihnen herreiten, um zu vermeiden, daß sie uns wegen unserer großen Anzahl bemerken.«

Halimi führt die Befehle auf der Stelle aus, und Ryker lächelt zufrieden bei dem Gedanken, daß das Schicksal, das ihm Jordans Sohn ans Messer geliefert hat, es ihm ermöglichen wird, auf eine Weise Rache zu üben, die er selbst sich nicht hätte grausamer ausdenken können.

Er hat das *képi* mit der charakteristischen Kopfbedeckung der Wüstenhunde vertauscht, weil er schließlich nicht nur ihr Anführer geworden ist, sondern sich auch ganz und gar ihr Denken als Banditen und Räuber zu eigen gemacht hat.

Während sein erbittertster Feind sich seine Rache an ihm ausdenkt, schreitet Jordan, der noch immer vorgibt, blind zu sein, unter Zuhilfenahme eines Stöckchens hinter dem Kalifen her.

Nachdem er sich auf seinen Thron gesetzt hat, gibt der Herr von Timbuktu dem Hauptmann der Wachen ein Zeichen. Dieser klatscht zweimal in die Hände, woraufhin vier kräftige Sklaven, die eine schwere Säule aus Granit tragen, den Saal betreten, gefolgt von einem furchterregenden Schwarzen. Letzterer ist ein unheimliches, abstoßendes Wesen, das schauerlich anzusehen ist mit seinem abgezehrten Gesicht, den tief eingesunkenen Augen und einem Körper, der über und über mit fast faustgroßen Geschwulsten von eigenartiger Form übersät ist. Die Haut über dem Unterleib und der Brust ist rissig und voller Geschwüre und läßt an manchen Stellen das rohe Fleisch sehen.

Während die vier Sklaven die schwere Säule in einigen Metern Entfernung von dem Kalifen aufstellen und wieder hinausgehen, tritt der abstoßende Neger auf einen Holztisch zu. Dort wartet ein Mann mit nacktem Oberkörper auf ihn, in der Hand ein Messer mit schmaler und gut geschärfter Klinge: Es ist ein Henkersknecht.

»Bist du bereit, dich der Operation zu unterziehen?« fragt der Kalif das Monstrum und kann dabei selbst einen Schauder des Ekels nicht unterdrücken.

»Wenn mein Herr es mir befiehlt, bin ich auch bereit, mich in tausend Stücke schneiden zu lassen«, erwidert der grauenerregende Neger.
Nun läßt ihn der Henkersknecht sich auf dem Tisch ausstrecken, sucht sich eines der größeren Geschwüre aus und beginnt, es langsam zu zerschneiden, ohne daß das Monstrum auch nur die geringsten Anzeichen von Schmerz zu erkennen gibt.
Nach ein paar Minuten hält der Henker inne, legt das Messer hin, öffnet mit den Fingern den Tumor und zieht einen weißen, fetten Wurm heraus, der ungefähr zwanzig Zentimeter lang ist.
»Schade, daß du das nicht sehen kannst!« meint der Kalif, an Jordan gerichtet.
»Was denn?« fragt neugierig der vorgeblich Blinde, dem in Wirklichkeit nichts von der abstoßenden Prozedur entgangen ist.
»Kennst du die ›Fäden von Medina‹?« fragt ihn der Kalif.
»Nein.«
»Es sind dies zarte Würmchen. Mein Henkersknecht hat gerade einen davon aus dem Körper eines Mannes gezogen, der ganz voll davon ist, und jetzt reißt er ihn entzwei«, erklärt ihm der Kalif und beschreibt damit genau das, was der Henkersknecht in diesem Moment tatsächlich tut. »Die Flüssigkeit, die herauskommt, wird in einer Terrine aufgefangen. Sie ist weiß, dicklich und angefüllt mit unzähligen, winzig kleinen Würmchen, die sich von Blut ernähren und, wenn sie mit Wunden in Berührung kommen, rasch wachsen, indem sie eine Art Hohlraum zwischen der Haut und dem Fleisch bilden.«
»Und kann der Erkrankte auch wieder gesund werden?« fragt Jordan bestürzt.
»Nein, er siecht langsam, aber unheilbar dahin. Nach einigen Monaten ist er selbst ein einziges Geschwür, wie jener arme Teufel dort, den du nicht sehen kannst.«
»Das ist schrecklich!« kommentiert Jordan voller Ekel.
»Und wie das schrecklich ist!« pflichtet ihm der Kalif in scherzhaftem Ton bei. »Doch das ist die Strafe, die Verräter verdienen ... wie derjenige, der gerade eben hereinkommt!«
Und tatsächlich wird in diesem Moment, begleitet von anderen *kissouri,* eine Wache des Kalifen mit Gewalt in den Saal gezerrt.
»Dieser Mann hat dich verraten?« fragt Jordan den Kalifen, während der sich windende Soldat zu der Granitsäule gezogen wird.
»Ja, er ist ein Rebell, der seinen Kalifen nicht mehr liebt.«

Der Verurteilte wird an die Säule gebunden, mit dem Gesicht zum Stein hin, und ein Schauder der Angst durchläuft die Züge Jordans, der trotz der Uniform und der Mütze sofort das Gesicht des Verräters erkannt hat: Es ist Anthea!
Der Henkersknecht stellt die Terrine mit der faulig riechenden Flüssigkeit auf den Boden und nimmt eine Peitsche zur Hand.
»Reißt ihm die Kleider vom Leib und peitscht ihn aus!« befiehlt der Kalif gelassen. »Dann werden wir die ansteckende Flüssigkeit auf die Wunden reiben!«
Zwei *kissouri* der Eskorte treten auf den Gefangenen zu, um ihm den Rücken freizumachen. Jordan springt mit geballten Fäusten auf; er muß etwas tun, und zwar sofort, denn in wenigen Sekunden werden sie auch noch entdecken, daß der vermeintliche Soldat eine Frau ist ... sein Blick fällt auf den Dolch, der am Gürtel des Kalifen baumelt ... Nein! Es würde gar nichts nützen!
Der Henkersknecht hat bereits mit gespreizten Beinen Aufstellung genommen und schwingt die Peitsche zur Probe, während die beiden *kissouri* gerade die Hände auf die Schultern Antheas legen, als sie alle unterbrochen werden durch eine plötzliche und unvorhergesehene Einmischung: »Einen Moment!« schreit Jordan in bestimmendem Ton. »Darf ich Euch einen Vorschlag machen, ehrwürdiger Herr«, sagt er gleich darauf an den Kalifen gerichtet, der ihn verblüfft ansieht.
»Einen Vorschlag willst du deinem Kalifen machen?«
»Gewährt mir ein Geschenk, und ich werde Euch zwei Geschenke geben, die tausendmal größer sind.«
»Was soll ich dir denn schenken?«
»Einen Sklaven. Auch ich möchte so gerne einen Sklaven besitzen.«
»Einverstanden. Ich werde dir einen von den Stärksten geben.«
»Nein, ich möchte den Mann haben, der dazu verurteilt ist, mit den Würmern angesteckt zu werden ... den Rebellen!«
»Möchtest du mir den Spaß verderben?«
»Ihr werdet es sein, der dabei gewinnt ... zwei Geschenke, die tausendmal größer sind!«
Der Kalif platzt schier vor Neugier und erwägt bereits den Vorschlag seines Wunderheilers: Wenn jener kluge und weise Mann sagt, daß das Gegenstück viel, viel wertvoller ist, dann wird es wohl stimmen ... und dann interessiert ihn der Rebell eigentlich überhaupt nicht, und er kann nur dabei gewinnen ... So kommt er zu dem Schluß, daß es vorteilhaft für ihn ist, in den Tausch einzuwilligen.

»Es wird geschehen, wie du es wünschst«, stimmt er zu. »Kalifenehrenwort: Dieser Mann wird dein Sklave.«
Jordan wendet langsam den Kopf zu dem Herrn von Timbuktu hin, der sofort bemerkt, daß die Starrheit aus den Augen seines Doktors verschwunden ist.
»Ich bin der Amerikaner«, sagt er in größter Ruhe zu ihm, »ich heiße Jordan und bin nicht blind.«
Selbst für den Kalifen, der an alle möglichen brenzligen Situationen und an unvorhergesehene Ereignisse gewöhnt ist, kommt diese Enthüllung so überraschend, daß er einige Momente lang wie versteinert dasitzt. Dann findet auf seinem Gesicht ein fast komisch anzusehendes Wechselspiel zwischen Zorn und aufblitzender Freude statt.
Jordan erhebt sich und geht entschlossenen Schrittes auf die Säule zu. Er bleibt vor Anthea stehen und kreuzt einen Moment lang ihren furchterfüllten Blick, dann wendet er sich einem der *kissouri* zu, die ihr die Uniform vom Leib reißen sollten.
»Schneid die Stricke durch«, befiehlt er mit fester Stimme.
Der Wachsoldat zögert und dreht sich zu dem Kalifen um, der ihm bestätigend zunickt. Gehorsam zieht er seinen Säbel aus der Scheide und durchtrennt mit einem sauberen Schnitt die Seile.
Jordan nimmt den Verurteilten am Arm und spricht so mit ihm, daß alle ihn hören können. »Du bist jetzt mein Sklave und wirst alles tun, was ich dir sage«, sagt er in gebieterischem Ton. »Du wirst ein Pferd für die Reise bekommen, einen Schlauch mit Wasser, um deinen Durst zu löschen, und einen Krummsäbel, damit du dich verteidigen kannst. Noch in dieser Stunde wirst du Timbuktu verlassen und dich nie mehr wieder hier bei mir blicken lassen!«
Anthea mustert ihn mit einem Blick stummen Protests; auch der Wunsch nach Ungehorsam, die Bitte, sie nicht wegzuschicken, und das Verlangen, in seiner Nähe zu bleiben, sprechen aus ihren Augen.
»So lautet mein Befehl«, erwidert Jordan und weist damit ihre stumme und verzweifelte Bitte zurück.
»Es ist das erste Mal, daß ein Herr sich für einen Sklaven ruiniert!« stellt der Kalif ungläubig fest.
Anthea wird von den *kissouri* der Eskorte weggebracht, hört aber gerade noch, wie der Kalif, der sich inzwischen seinem »Doktor« genähert hat und ihn mit hartem Blick ansieht, die Worte ausspricht, die ihr wegen ihrer beinhalteten Drohung an Jordan das

Herz durchbohren: »Nun wirst du mich zum Sprechenden Berg bringen!« fordert er ihn gebieterisch auf. »Kalifenehrenwort!«
Anthea läßt betrübt den Kopf hängen, denn sie weiß, welch große Opfer und welch verheerenden Schaden Jordan in Kauf nimmt, nur um sie zu retten.
Der Kalif hat Wort gehalten und dem »Rebellen« all das gewährt, was er ihm zugestanden hat; nachdem dieser eine gute Meile aus der Stadt herausgeritten ist, hält er sein Pferd an und dreht sich um, um zu den nunmehr fernen Mauern von Timbuktu zurückzublicken.
Mit einer zornigen Geste reißt sich Anthea die Kopfbedeckung der *kissouri* ab und schleudert sie in den Sand. Dann schüttelt sie die auf diese Weise befreite, dichte schwarze Mähne, zieht den Krummsäbel und richtet ihn gegen die Stadt.
In ihren flammenden Augen steht das Ungestüm der Kriegerin und Herrscherin, aber auch die Leidenschaft der Verliebten; und so leistet sie einen schrecklichen Schwur: »Anthea kann nur sich selbst gehorchen«, ruft sie mit gebieterischer und furchterregender Stimme den Wind und den glühendheißen Wüstensand zu ihren Zeugen auf. »Ich werde kommen, um dich zu befreien, oder in jenen Mauern dort wird niemand mehr Sonne oder Mond aufgehen sehen!«
Dann treibt sie ihr Pferd zu einem entfesselten, wilden Galopp an. Ihr Ziel ist der Sprechende Berg.

XI

Die Rache der Königin

Mit ihren kaum mehr als hundert Metern Länge ist die Oase zu klein, um ein *duar* ständig zu beherbergen, und doch ist sie als letzte Station vor Timbuktu äußerst stark frequentiert, wie die zahlreichen Spuren von Karawanen bezeugen, die hier haltgemacht haben.
Auf den letzten Kilometern sind Philip und seine Gefährten auf zahlreiche Skelette von *mehari*, von Pferden und von Menschen gestoßen, sind sie an verstreuten Bündeln, ausgeweideten Truhen, Überresten von Lagern vorbeigekommen: traurige Zeugnisse des Schicksals, das so viele hier ereilt hat, die einen elenden Tod gestorben sind; die meisten von ihnen sind verdurstet, obwohl sie nur noch Schritte von der rettenden Oase entfernt waren.
In der Oase selbst finden sie, neben einigen Brunnen, auch einen kleinen Teich vor, der aber kaum mehr als eine Pfütze ist und im Schutz einer Gruppe von Palmen liegt.
Nachdem sie das Brennen in ihren Kehlen gelindert und ihren Durst gestillt haben, warten Tamamet und Myriam, bis ihre Reisegefährten, die sich, die *mehari* am Zügel führend, an das andere Ende der Oase zurückziehen, hinter dem Blattwerk und der dichten Gruppe von Palmen verschwunden sind, um sich endlich ihrer hinderlichen Tuniken zu entledigen und, nur noch mit den Unterkleidern aus Musselin bekleidet, an Armen und Beinen zu erfrischen.
In der Wüste würde niemand es riskieren, länger als ein paar Minuten ohne den Schutz der schweren Gewänder aus Wolle zu bleiben, weil die überaus starken Strahlen der Sonne sonst zu schlimmen Verbrennungen der Haut führen.
Deshalb ziehen sich die beiden Frauen in den Schutz der Palmen zurück und genießen das belebende Wohlgefühl sauberer Haut und die angenehme Frische des Wassers, mit dem sie sich bespritzen.
Von dem Kamm einer nahen Düne aus, hinter dem sie sich niedergehockt haben, beobachten der narbige Ibrahim, einer der desertierten Legionäre und zwei Räuber mit gierigen Blicken Tamamet und Myriam, die vor dem Tümpel knien.
Ihre Gesichter sprechen eine nur allzu deutliche Sprache darüber, was sie mit den beiden jungen Frauen vorhaben. Es folgt ein kurzer

Blickwechsel, denn die Männer warten nur noch auf einen Befehl, der ihrem Verlangen stattgibt.
Und Halimi läßt sie nicht lange auf seine Zustimmung warten: Er hat die Frau Orsos von der Photographie her wiedererkannt, die er damals voller Hohn zerrissen hat.
»Und warum auch nicht?« erwidert er auf die stummen Bitten seiner Kumpane hin.
»Aber Ryker hat doch gesagt ...« versucht der andere Legionär einzuwenden.
»Hier befehle ich«, unterbricht ihn Halimi.
Die drei Männer der kleinen Karawane, die die ganze Zeit noch damit beschäftigt waren, die *mehari* mit dem Wasser aus einem der Brunnen zu tränken, beginnen sich erst jetzt zu erholen, was ihnen durch eine angenehme Brise erleichtert wird, die den Sonnenuntergang begleitet und die Luft rasch befeuchtet und abkühlt.
»Still!« gebietet ihnen El Hallem plötzlich.
Der *targui* lauscht aufmerksam, angespannt, reglos, alle Sinne, wie ein wildes Tier, in Alarmbereitschaft. Philip und Orso begreifen nicht, worum es sich handeln könnte, doch der entschiedene Befehl ihres Gefährten ist zu deutlich gewesen, als daß sie nicht erkennen würden, daß Gefahr droht, und so greifen sie zu den Waffen.
»Mir nach!« befiehlt El Hallem und läuft plötzlich los.
Orso und Philip folgen ihm: Nun hören auch sie die erstickten Geräusche, die El Hallem alarmiert haben, dann Hufegetrappel.
Geschwind wie Gazellen legen sie die kaum hundert Meter zurück, die sie von dem kleinen Gewässer trennen: Wie sie schon befürchtet haben, sind die Frauen nicht mehr da! Eine Staubwolke in weiter Ferne zeigt die Richtung an, die die Entführer eingeschlagen haben.
In einer Ecke liegen die Kleider von Tamamet und Myriam. Die Gesichter von Orso und Philip sind von Verzweiflung gezeichnet.
»Rasch, verfolgen wir sie!« brüllt Philip.
»Es ist zwecklos, sie sind schneller, denn sie haben Pferde!« weist ihn El Hallem barsch zurecht und hält Philip fest, der schon auf dem Weg zu den *mehari* war.
Statt dessen geht der *targui*, darauf bedacht, die Spuren nicht zu verwischen, bis zur äußersten Grenze der Oase, bückt sich und beginnt den Boden zu untersuchen.
»Fünf Pferde«, verkündet er mit Bestimmtheit.
Orso und Philip sind mit den Revolvern in den Fäusten stehengeblieben, unfähig, ihrer Wut Luft zu machen.

»Mit Pferden kommt man nicht weit«, klärt sie der *targui* auf. »Die Hauptgruppe kann nicht mehr als eine Tagesreise entfernt sein.«
»Ich hätte sie nicht allein lassen sollen ...« macht sich Orso bittere Vorwürfe.
»Wir können sie noch einholen«, meint der Ex-Anführer der Räuber, steht auf und betrachtet Wüste und Himmel mit einem Ausdruck der Herausforderung in den Augen. »Es ist noch höchstens zwei Stunden hell.«
»Mit den *mehari* werden wir sie weder in zwei Stunden noch in zwei Tagen einholen!« zweifelt Philip, den eine tiefe Trostlosigkeit ergriffen hat.
»In einer Nacht schon«, korrigiert ihn El Hallem. »Wenn es dunkel wird, werden sie anhalten, weil sie glauben, genügend Vorsprung zu haben. Und wir werden vor Tagesanbruch bei ihnen sein, wenn wir ihren Spuren folgen.«
»Nachts? ... Unmöglich«, meint Orso skeptisch, der immer finsterer dreinblickt.
Der furchtlose *targui* sieht Orso mit wildem Stolz an, während ein Ausdruck unüberwindlicher Entschlossenheit in seine Augen tritt.
»El Hallem kann es!« erwidert er schlicht.

Von dem Lagerfeuer ist nur noch ein wenig Glut übriggeblieben, die beim ersten Licht des Morgengrauens immer mehr verblaßt. Und doch ist es gerade dieses letzte weißliche Glühen gewesen, das El Hallems Aufmerksamkeit geweckt hat, und so sind sie, in sicherem Abstand, stehengeblieben.
Die drei Verfolger lassen die *mehari* jenseits der Düne zurück und klettern auf deren Kamm, wo in alle drei Gesichter gleichzeitig ein Ausdruck grausamer Genugtuung tritt, als sie direkt unter sich die Entführer erblicken.
Nur etwas entfernt von ihnen sieht man, ohne Decken ausgestreckt auf dem Sand, eine weiße Gestalt liegen, dahinter, in sich zusammengekauert, eine zweite.
Während das gräuliche Licht, das dem Sonnenaufgang vorausgeht, sich ausbreitet, kommt ein scharfer Wind auf und fährt heftig wirbelnd durch den Sand.
Die fünf Räuber sind gerade dabei aufzuwachen; zwei sind rasch aufgestanden und beginnen die Pferde einzusammeln; dann machen auch die drei anderen Anstalten, sich mit trägen Bewegungen zu erheben. Einer von ihnen gibt als erstes der näher liegenden

weißen Gestalt einen brutalen Fußtritt, woraufhin diese sich mit schmerzverzerrtem Gesicht umdreht.
Erstarrend erkennt Orso im selben Moment wie seine Gefährten die geliebte Tamamet. Ohne es zu merken, hat er bereits die Faust um den Revolver geschlossen und ist bereit zu schießen. Philip kann ihn gerade noch rechtzeitig davon abhalten.
»Tu es nicht!« bittet er ihn flüsternd. »Wenn du schießt, werden sie sie töten.«
Der Hüne hat Mühe, sich zu zügeln: In seinen Adern pulsiert eine solche Wut, daß ihm fast die Augen aus den Höhlen treten.
Philip ist ebenso erschüttert wie er, hat sich aber sein klares Denkvermögen bewahrt und befindet sich nun in der schwierigen Situation, Orso wie auch sich selbst beruhigen zu müssen.
»Ich weiß, wie sehr du leidest«, tröstet er ihn, auch um sich selbst zu überzeugen, »doch wenn wir jetzt angreifen, werden wir sie nie wiedersehen.«
In diesem Moment wird Myriam grob wachgerüttelt.
El Hallem sieht mit plötzlich erwachtem Interesse zum Horizont.
»Allah ist mit uns ... Seht nur!« verständigt er die Gefährten. »Der *simun!*«
Rasch und heftig bricht der Wüstenwind über das Lager herein und wirbelt dabei Staub und Sand auf. Die Entführer sind so sehr damit beschäftigt, ihre verängstigten Tiere festzuhalten, daß sie sich zunächst gar nicht um Philip, Orso und El Hallem kümmern, die, nachdem sie die Düne hinabgerutscht sind, so plötzlich auftauchen, als hätte sie ein Windstoß des zischenden *simun* herbeigeweht, und sich auf sie stürzen.
Drei Zweikämpfe entbrennen im selben Moment, und sogleich geht es nur um eines: Leben oder Tod. El Hallem und Orso entledigen sich rasch ihrer Gegner: der erstere dank seiner katzenhaften Beweglichkeit, mit der er einem seiner früheren Leute mit einem einzigen schrecklichen Schnitt die Kehle durchtrennt; der letztere dank seiner gewaltigen Kraft, die durch seine Wut vervielfacht wird, welche nun endlich zum Ausbruch kommen darf: Er zermalmt einen weiteren Wüstenhund buchstäblich zwischen seinen Armen.
Philip dagegen hat Mühe mit seinem Gegner, einem der desertierten Legionäre, schlägt sich aber tapfer und mit grimmiger Entschlossenheit.
El Hallem sucht Ibrahim und findet ihn; der Narbige hat keine Zeit mehr, sich zu ängstigen, sondern läßt seinen Überlebensinstinkt

sprechen, der ihn dazu antreibt, mit allen nur erdenklichen Mitteln zurückzuschlagen: Ein heftiger, aber kurzer Kampf nimmt seinen Lauf.
Kurz ist er deshalb, weil der Säbel von El Hallem, trotz der schrecklichen Hiebe, die Ibrahim austeilt, das vollkommene Werkzeug in den Händen des früheren Räubers ist, der seinem Gegner kämpferisch und körperlich überlegen ist: Nach wenigen Sekunden durchstößt seine Klinge das Herz des Verräters und spaltet es in zwei Hälften.
Auch Philip gelingt es schließlich, seinen Gegner zu überwältigen, und stürzt sogleich auf Myriam zu, die angesichts dieses grausamen Schauspiels benommen und wie gelähmt vor Angst dasteht, denn sie fürchtet, Philip und seine Freunde unterliegen zu sehen.
Orso ist seinerseits Tamamet zu Hilfe gekommen; er hat sie in seine Arme genommen und tröstet sie mit Worten voller Zuneigung, doch mehr als die Worte selbst ist es ihr liebevoller und zärtlicher Ton, der Hauch der Liebe, den sie verströmen, der dem verletzten und erniedrigten Gemüt der jungen Araberin Linderung verschafft.
Umnachtet von seinen Gefühlen, hat Orso es unterlassen, nach Halimi zu suchen, der nun hinter dem Rücken des Riesen näher kommt und sich dabei das Wirbeln des Sandes zunutze macht, welcher ihn vor den Augen seiner Gegner verbirgt.
Im letzten Moment richtet sich der Ex-Sergeant auf, um seinen Säbel Orso in den Rücken zu stoßen, als Tamamet schreit: »Orso, paß auf!«
Instinktiv wirft sich Orso zur Seite und entgeht nur um Haaresbreite dem Schicksal, durchbohrt zu werden, doch nun liegt er hilflos auf dem Rücken, ein leichtes und sicheres Ziel für den Säbel seines Gegners. Einem zweiten Hieb wird er nicht mehr ausweichen können.
Tamamet hat dies im selben Moment erkannt, wirft sich aus ihrer kauernden Haltung heraus auf Halimi und umklammert dessen Beine, um ihn aus dem Gleichgewicht zu bringen.
Dies gelingt ihr nicht, doch immerhin hat sie den Verräter daran gehindert, den Stoß auszuführen. Orso springt sogleich auf; da packt Halimi die Frau, schleudert sie auf seinen Gegner und stößt gleichzeitig mit dem Säbel zu, der tief im Bauch Tamamets versinkt.
Eine gewaltige Verzweiflung bemächtigt sich des Hünen. Einen Moment lang verliert er die Fassung, beugt sich wie im Fieber über die geliebte Frau, um festzustellen, was ihr geschehen ist, und verliert dabei kostbare Sekunden.

Als er die Verfolgung Halimis aufnimmt, ist dieser bereits auf das erstbeste Pferd gesprungen und treibt es zum Galopp an, indem er ihm brutal die Sporen in die Flanken bohrt.
Orso kann gerade noch den Sattel packen, und fast gelingt es ihm auch, den Vierbeiner aufzuhalten, als Halimi ihm mit dem Griff seines Säbels einen schweren Schlag über den Schädel verpaßt und der Hüne seinen Griff um das Wenige lockert, das ausreicht, damit das Pferd sich losreißen kann, um seinen Reiter in Sicherheit zu bringen.
»Ich kriege dich noch, Halimi«, brüllt Orso und schüttelt zornig die große Faust. »Ich werde dich umbringen! Ich werde dich töten! Wo auch immer du hingehst, werde ich dich finden!«
Eine andere Gestalt läuft rasch an ihm vorbei: Es ist El Hallem, der seinerseits auf ein Pferd springt und die Verfolgung des Schurken aufnimmt.
Nun entfesselt der *simun* seine ganze Kraft und läßt einen entsetzlichen Sandsturm über der Wüste los. Orso gelingt es gerade noch, zu Tamamet zurückzukehren, bevor die Sandböen jegliche Sicht unmöglich machen. Er nimmt sie in seine Arme, versucht sie zu schützen.
»Ich bitte dich um Verzeihung ... für meine Leichtfertigkeit ... ich habe euch alle in Gefahr gebracht ...« gelingt es der wunderschönen Araberin noch, mit bereits ersterbender Stimme zu murmeln, und sie ergreift als letzten Akt der Liebe die Hand Orsos, um sie an ihre Lippen zu führen.
»Ich habe dir nichts zu verzeihen!« erwidert der Riese mit gebrochener Stimme. »Die Schuld liegt allein bei mir.«
Einige Meter von ihnen entfernt kämpft sich Philip, der sich nur mit Mühe auf den Beinen halten kann, vorwärts und versucht dabei, seine Augen zu schützen; als ein Windstoß ihn umwirft, kriecht er auf allen vieren weiter; schließlich schlängelt er sich nur noch durch den Sand.
»Myriam! Myriam!« brüllt er immer wieder in den Wind hinein.
Doch seine Rufe verlieren sich im Heulen des *simun*, der nun so stark ist, daß er mit Leichtigkeit selbst das Abfeuern einer Kanone übertönen würde.
Philip tastet sich zu der Stelle vorwärts, an der er zuletzt das Mädchen gesehen hatte, bevor er Tamamet zu Hilfe eilte; als er dann bemerkt hatte, wie Orso wiederkam, war er stehengeblieben und hatte sich umgewandt, um zurückzugehen, doch gerade in

diesem Moment hatte der *simun* eine Mauer aus Sand vor ihm aufgebaut; die paar Meter, die ihn noch von Myriam getrennt hatten, waren zu einem schwarzen Abgrund geworden.
Plötzlich, ob dank einer Ahnung oder durch ein Wunder, berührt er eine kleine, zarte Hand.
»Philip!« ruft das Mädchen, denn, tatsächlich, es ist Myriam.
Rasch zieht der Sohn Jordans den Körper des Mädchens aus dem Sand, der schon dabei war, sie unter sich zu begraben.
Er nimmt das Mädchen in die Arme und hält sie fest, deckt ihr den Kopf mit seiner Jacke zu, um zu verhindern, daß ihr Sand in den Mund gerät. So bilden sie eine kompakte Einheit und bieten dem Toben, das sie von allen Seiten bestürmt und einhüllt, als wollte es sie vom Boden wegreißen und mit sich fortführen, den größtmöglichen Widerstand.
Wie immer, wenn er seine ganze Wut entfesselt, verändert der *simun* die Landschaft, die er heimgesucht hat, völlig. Und so ist es auch jetzt; als der Höllensturm aus Sand und Wind schwächer wird und sich schließlich ganz legt, so rasch, wie er auch begonnen hat, ist es dieselbe Sonne, die auf die Wüste herabscheint, doch diese hat ihr Gesicht ganz und gar verändert. Auch zwei kleine Sandhügel sind nun zu erkennen; plötzlich kommt Leben in sie, sie rütteln und schütteln sich, brechen auf. Als erster wühlt sich Orso heraus, mit der leblosen Tamamet auf den Armen, als zweiter Philip, dann die benommene und zitternde Myriam, der Philip auf die Beine hilft.
Orso legt die junge Araberin behutsam auf den Boden und streift ihr den Sand ab. Auch Philip und Myriam kommen näher, denn sie haben die schreckliche Wahrheit schon erraten. Verstört blicken sie in das Gesicht Orsos, der niedergeschlagen den Kopf sinken läßt, überwältigt von dem Schmerz darüber, daß er seine Frau verloren hat und ihr noch nicht einmal helfen konnte: Sein Kummer ist herzerweichend.
Bald bedeckt ein Grabhügel aus Sand, den Philip und Orso aufgeschüttet haben, die sterbliche Hülle Tamamets. Der sardische Hüne würde gerne auch ein, wenn auch noch so rohes, Kreuz einpflanzen, doch findet er nichts, aus dem er es schnitzen könnte.
Sogar die *mehari* sind mit dem Gepäck verschwunden, und so legt er mit seinen großen Händen einfach das klirrende, kleine Diadem aus Silber, das Tamamet so gerne trug, als Schmuck auf das Grab.
Hufeklappern kündet die Ankunft eines Reiters an: Es ist El Hallem, der die drei *mehari* hinter sich herzieht, welche er verstreut in der Wüste gefunden und eingesammelt hat.

»Tut mir leid, Orso«, sagt der *targui* und steigt neben dem Grabhügel ab, »ich habe ihn nicht mehr einholen können. Der *simun* hat all seine Spuren verwischt, er hätte jede beliebige Richtung einschlagen können, also bin ich zurückgekehrt ... Wir werden ihn wiederfinden, Orso, das schwöre ich dir. Ich werde dir dabei helfen, und du wirst es sein, der Rache für die arme Tamamet nehmen wird!«
Orso blickt auf und ist nicht einmal besonders überrascht darüber, einen Ausdruck aufrichtigen Bedauerns im Gesicht El Hallems zu erblicken: Mittlerweile hat er begriffen, daß der stolze *targui* zwar erbarmungslos und grausam ist wie ein Tier in der Wildnis, zugleich aber über einen sehr genauen Ehrenkodex verfügt. Das hat er unter Beweis gestellt, als er einen Feind verfolgte, der zwar nicht der seine war, jedoch dazu geworden ist, weil er die Gefühle eines anderen ... eines Freundes verletzt hat.
»Danke, Freund ...« sagt Orso schlicht, doch in diesen beiden Worten hat er ihr ganzes neues, auf Gegenseitigkeit beruhendes Gefühl der Nähe zusammengefaßt und zum Ausdruck gebracht.
Nach einem letzten bewegenden Moment der Andacht, den sie am Grabhügel der unglücklichen, mutigen, jungen Araberin verbringen, kehren Orso, Philip, Myriam und El Hallem zu der Oase zurück, wo sie sich gerade lange genug aufhalten, um sich auszuruhen und mit Wasser zu versorgen, bevor sie den langen Marsch nach Timbuktu antreten.
Die Umrisse der alten Türme und Kuppeln der sieben Moscheen sehen aus wie die Kulisse eines Märchens, als das kräftig rosafarbene Licht des Sonnenunterganges sie überflutet und mit den Schattierungen eines einzigartigen Freskos versieht. In diesem verzaubernden Licht taucht jetzt die Königin des Sandes vor den Augen der kleinen Karawane auf, die auf der letzten Anhöhe angehalten hat, um auf die malerische Stadt an den Grenzen der Sahara hinabzublicken. Doch in den Herzen der vier ist kein Platz für poetische Stimmungen, so sehr sind sie von der drängenden Notwendigkeit und der Spannung ihres gefährlichen Vorhabens erfüllt, das sie zu Ende führen müssen, um Jordan zu befreien.
»Dein Plan ist zu riskant«, gibt Philip, an El Hallem gerichtet, zu bedenken.
»Keine Angst«, erwidert dieser. »El Hallem hat noch nie einen Fehler begangen. Ihr dagegen tut das, was ich euch gesagt habe: Nach Timbuktu hineinzukommen ist einfach, schwierig aber ist der Weg hinaus!«

Mit diesen Worten gibt er seinem *mehari* die Sporen und reitet in Richtung Stadt davon. Nachdem sie ihm einen guten Vorsprung gelassen haben, setzen Orso, Philip und Myriam ihren Weg auf seinen Spuren fort.

Im Thronsaal des Kalifen herrscht sofort großer Aufruhr, als El Hallem in der Begleitung des Nubiers und vier *kissouri* eintritt.

»El Hallem, du Hundesohn!« ruft der Herr von Timbuktu aus und springt vor Überraschung von seinem Thron auf. »Hast du dich endlich schnappen lassen!«

»Niemand hat mich geschnappt, Erlauchtester«, korrigiert ihn der *targui* mit gewohnt forscher und jungenhafter Miene. »Ich bin auf meinen eigenen Beinen hierher zu dir gekommen. Ich habe mich danach gesehnt, dich zu sehen.«

»Ich auch ... um dich eigenhändig umzubringen!« versichert ihm der Kalif mit einem zufriedenen und satanischen Grinsen.

»Ich könnte wetten, Herr, daß du mich, wenn ich dir das gesagt habe, was ich dir sagen werde, nicht nur nicht umbringen wirst, sondern mich sogar an deiner Seite sitzen läßt!«

»Willst auch du mir ein Geschenk machen?«

»Ich weiß, wo der Amerikaner ist!«

Der Kalif beginnt zuerst unterdrückt, dann immer lauter und lauter, so sehr zu lachen, daß er sich fast verschluckt, weil er gar nicht mehr aufhören kann. El Hallem ist überrascht und besorgt angesichts der unvorhersehbaren Reaktion des Kalifen: Ob er es vielleicht gar schon weiß?

»Jordan ist hier«, teilt ihm da der Herr von Timbuktu auch tatsächlich mit und wischt sich die Tränen des Lachens vom Gesicht, »und ich weiß auch noch etwas anderes, was du nicht weißt: Er ist nicht blind!«

El Hallem verspürt zum erstenmal in seinem Leben so etwas wie Bestürzung. Sein ganzer Plan ist damit kläglich gescheitert und sein eigenes Leben in ernster Gefahr.

»Bringt ihn in die Folterkammer«, befiehlt der Kalif dem Nubier, »und sag dem Henker, daß ich selbst für die Instrumente sorgen werde!«

»Welch große Hast, Herr!« ruft El Hallem aus, in dessen Hirn es angesichts der Brisanz seiner Situation heftig zu arbeiten begonnen hat. »Ich wußte, daß du es wußtest. Aber das, was du weißt, ist noch gar nichts!«

Der Kalif blickt ihn an wie jemand, der zum hundertstenmal einen

Betrug wittert und fürchtet, doch ist auch deutlich zu erkennen, daß die Andeutung sein Interesse geweckt und ihn neugierig gemacht hat; El Hallem nutzt dies auf der Stelle aus.
»Du hast geglaubt, Jordan ist hier, Jordan kann sehen, also wird Jordan mich zu dem Sprechenden Berg führen ... das wird dir aber nie gelingen, Herr. Selbst El Hallem würde unter der Folter zusammenbrechen, Jordan jedoch nicht, das weißt du. Niemals wird der Kalif von Timbuktu den Sprechenden Berg erblicken.«
Der Kalif erkennt die Wahrheit in diesen Worten und fühlt sich plötzlich bloßgestellt und schutzlos. Eine fast kindliche Enttäuschung macht sich auf seinem Gesicht breit.
»Früher oder später werde ich das richtige Mittel finden, um ihn zu überzeugen«, gibt er mit einer Selbstsicherheit zurück, die nicht gerade überzeugt klingt.
»Ich habe es bereits gefunden, Herr«, enthüllt ihm der *targui* und sieht ihn dabei mit verschwörerischer Vertraulichkeit an. »Und deshalb bin ich hier!«
In der Zwischenzeit haben Orso und Philip die Gasse gefunden, die ihnen El Hallem beschrieben hat, haben dort ein Zelt aufgebaut und warten nun auf das verabredete Zeichen ihres neuen Verbündeten. Orso hält sich, düster und schweigsam, draußen bei den *mehari* auf und beobachtet das Treiben der kleinen Straße, während im Zelt Myriam und Philip, die sehr nervös und ungeduldig sind, miteinander sprechen.
Auf einmal zuckt der Ex-Legionär zusammen: Er hat einen Trupp von Wachsoldaten des Kalifen erblickt, die, angeführt von El Hallem, direkt auf die Straße zukommen, in der ihr Zelt liegt.
»Philip, Myriam! ...: die *kissouri!*« warnt er, sofort in Alarmbereitschaft.
Philip springt hinaus und hält Orsos Hand fest, die sich bereits um seinen Revolver schließt.
»Bist du verrückt? Wem würde das nützen?«
Dann zieht er Orso in das Zelt und bedeutet Myriam aufzustehen.
»Bring sie weg, versteck sie!« sagt er aufgeregt zu ihm; dann wendet er sich an Myriam und klärt sie rasch über die veränderte Situation auf. »El Hallem hat uns beim Kalifen verraten!«
Ohne weiter zu zögern und damit alles aufs Spiel zu setzen, tritt der junge Amerikaner hinaus und steht sogleich den Wachsoldaten gegenüber. Vor El Hallem, der sie anführt, hält er inne: »Suchst du mich, Verräter?«

»Das ist er, ergreift ihn!« befiehlt der *targui* mit undurchdringlicher Miene.
Zwei *kissouri* packen Philip und fesseln ihm die Hände mit einer dicken Kette. Dann tritt El Hallem mit dem Rest der Garde auf das Zelt zu.
Während man ihn wegzerrt, kann Philip gerade noch sehen, wie auch Myriam und Orso aus dem Zelt geholt werden, das nunmehr ganz von *kissouri* umstellt ist; man schleift sie zu El Hallem, der in einigen Metern Entfernung auf sie wartet.
Myriam beschränkt sich darauf, dem *targui* einen verächtlichen und enttäuschten Blick zuzuwerfen; Orso dagegen spuckt ihm ins Gesicht, als man ihn in Ketten an ihm vorbeiführt, voller Entrüstung darüber, daß er ihre Freundschaft verraten hat.
El Hallem reagiert nicht und bleibt nur wie versteinert stehen, wobei er versucht, keinerlei Regung zu zeigen. Nur in seinen Augen steht ein Schimmer von Besorgnis.

Nach seiner überstürzten Flucht vor El Hallem ist der Deserteur Halimi zuerst eine ganze Weile herumgeirrt, bis er sich wieder orientieren konnte und wußte, in welcher Richtung er Rykers Lager zu suchen hatte.
Ein Wachposten der Räuber sieht Halimi im Galopp auf sich zureiten. Obwohl das Pferd des früheren Sergeanten am Ende seiner Kräfte ist, läßt sein Reiter keine Gnade walten und spornt es bis aufs Blut an; ihm ist das Schicksal des Tieres, das für ihn bislang unverzichtbares Mittel zum Überleben war, gleichgültig.
Tatsächlich bricht das Tier, kaum daß Halimi vor den ersten Zelten aus dem Sattel gesprungen ist, auf einen Schlag in die Knie, ohne daß der Deserteur ihm auch nur eine Geste der Dankbarkeit gewidmet hätte.
Halimi geht sofort auf Ryker zu, der ihn vor seinem Zelt erwartet. Als er vor ihm steht, folgt er einer Gewohnheit, die sich in sein neues Dasein als Bandit und Deserteur hinübergerettet hat: Er salutiert schnittig vor dem Ex-Leutnant.
»Allein?« fragt ihn Ryker mit forschender Miene.
Halimi macht ein zerknirschtes Gesicht, sagt aber kein Wort: Was auch immer er antworten würde, könnte eine Situation nur verschlimmern, die sowieso bereits äußerst verfahren ist. Statt dessen läßt er seinen Anführer lieber selbst eine Erklärung finden und den Schluß ziehen, den er ziehen will.

»Was ist geschehen?« beharrt Ryker mit zorniger Stimme. »Hast du die Karawane des Sohnes von Jordan verloren? Wer wird uns jetzt zum Sprechenden Berg führen?« brüllt er Halimi ins Gesicht, als dieser nach wie vor stumm bleibt.

In seiner Wut fast schon am Rande des Wahnsinns, greift Ryker zu einer Peitsche und läßt ein paar schreckliche Hiebe auf Halimi herabsausen, die dieser ohne zu murren einsteckt: Er verdient noch etwas ganz anderes als ein paar Peitschenhiebe für das, was er getan hat!

Es hagelt noch einige Schläge für den früheren Sergeanten, bis Ryker wenigstens einem Teil seiner Rage Luft gemacht hat; schließlich wirft der Anführer der Deserteure die Gerte weg und springt aufs Pferd.

»Ich würde dich umbringen, wenn du mir nicht noch nützlich sein könntest!« wettert er weiter gegen Halimi, der noch immer unbewegt, stumm und zerknirscht dasteht, insgeheim aber froh ist, so glimpflich davongekommen zu sein.

»Brecht das Lager ab!« befiehlt Ryker den anderen.

Nach wenigen Minuten sitzen alle Männer im Sattel und sind bereit zum Abmarsch.

»Wir kehren zur Großen Oase zurück, und dort werde ich den Juden zum Reden bringen, koste es, was es wolle«, verkündet er zähnefletschend. »Von jetzt ab werden wir jeden umbringen, der versucht, uns aufzuhalten! Tod und Zerstörung werden wir zurücklassen, wo auch immer wir vorbeikommen. Und der Sprechende Berg wird uns gehören, mitsamt seinen Schätzen und seinem Geheimnis. Los geht's!«

Damit gibt er seinem Pferd die Sporen und senkt gebieterisch den Arm zum Zeichen des Abmarschs. Angeführt von Halimi, der ein frisches Pferd bestiegen hat, setzt sich die dichte Kolonne der Deserteure und Wüstenhunde hinter ihm in Bewegung.

Es ist ein merkwürdiges Sammelsurium von Individuen, die maßlose Habgier und das fieberhafte Verlangen nach sagenumwobenem Reichtum da zusammengewürfelt hat, doch zugleich stellt die Bande auch eine schreckliche Kampftruppe dar, gegen die, was Bewaffnung, Feuerkraft und Grausamkeit angeht, niemand in jener südwestlichen Zone der Sahara wirklich etwas ausrichten könnte, nicht einmal der Kalif von Timbuktu.

Doch der Kalif hat im Moment ganz andere Sorgen. Er ist gespannt und neugierig darauf, das Ergebnis des Planes von El Hallem zu sehen; der Schurke hat ihm diesmal tatsächlich einen Trumpf in die Hände gespielt, mit dem er Jordan dazu bringen kann, ihm den Ort des Sprechenden Berges zu verraten.
In der Zwischenzeit hat man die Gefangenen in die sicherste Zelle des Palastes geführt, die nicht unterirdisch, sondern hoch oben in dem Turm liegt, der sich über dem Thronsaal erhebt.
Der Kalif, der wie immer von seinem Hofstaat umgeben ist, hat bereits die nötigen Vorbereitungen im Thronsaal veranlaßt und folgt nun mit aufmerksamem Blick El Hallem und einem Trupp *kissouri*, die die Treppe des Turms hochsteigen, um die Gefangenen zu holen.
Philip, Myriam und Orso hören, wie sich die abgehackten Schritte nähern. Während Philip und Myriam voller Furcht ihrem Ende entgegensehen, von dem sie glauben, daß es nahe ist – wobei sie ihrer Angst auf verschiedene Weise Ausdruck verleihen –, sitzt Orso nur regungslos und schweigend da und und blickt mit traurigem Gesicht und Tränen in den geschwollenen Augen auf das geklebte Photo hinab, auf dem er mit Tamamet zu sehen ist; das Leben erscheint ihm sinnlos, und so birgt auch der Tod für ihn keinen Schrecken mehr in sich.
Die Wachen reißen die Tür zu der Zelle auf, dringen ein, reißen Philip aus den Armen Myriams und zerren ihn hinaus.
Das schöne Mädchen versucht, sich ihnen unter Tränen zu widersetzen, doch vergeblich, und schließlich flüchtet es sich in die Arme Orsos, der zwar gleichgültig ist, was sein eigenes Leben angeht, es aber nicht ertragen kann, wenn sich seine Freunde in Gefahr befinden.
Man schließt die Tür wieder und übergibt den Schlüssel El Hallem, den ein harter und haßerfüllter Blick Philips trifft. Der junge Amerikaner wird die Treppe hinabgezerrt, während El Hallem, der vor der Zelle stehengeblieben ist, ihm mit einem seltsam nachdenklichen Blick hinterhersieht.
Noch eine weitere Person wird zum Thronsaal geführt: Es ist Jordan, den man mit einer Kette an den Füßen gefesselt hat, die nach dem Willen des einfallsreichen Herren von Timbuktu aus Gold ist. Begleitet wird er von dem starken und schweigsamen Nubier.
Als sie den Thronsaal betreten, gibt ihnen der Kalif ein Zeichen, näher zu kommen. Jordan tritt, sich immer wieder umblickend,

nach vorne; er spürt eine Veränderung in der Atmosphäre, die im Thronsaal herrscht.

Ganz so, wie es der Kalif in seinen Anweisungen vorgesehen hat, tritt an diesem Punkt ein *kissouri* nach vorne, geht bis zum Rand eines von zwei großen Becken und hält über deren Mitte eine lange Lanze, an deren Ende etwas aufgespießt ist, das wie ein Stück Hammelfleisch aussieht.

Im selben Moment kommt die riesige Felsenpython aus dem Becken zum Vorschein, steigt aus ihren gewaltigen Windungen heraus senkrecht empor, bis die aufgerissenen Fänge an den Fleischbrocken herankommen, reißt ihn von der Lanze und verschlingt ihn praktisch auf einen Satz.

Jordan wird immer unruhiger, auch weil er bemerkt, daß der Kalif seine Reaktionen genau beobachtet, als koste er schon im voraus einen Moment aus, auf den er schon lange gewartet hat.

»Ich möchte dir ein Geschenk machen«, beginnt der Kalif in honigsüßem Ton; Jordan ist nun sicher, daß sich etwas sehr Schlimmes zutragen wird. »Dein Herr ist großzügig, und dieses Geschenk hast du dir auch wirklich verdient!«

Er klatscht zweimal in die Hände, und zwei *kissouri* treten hinter einer Stellwand hervor. Sie führen Philip hinter sich her, dem die Hände gefesselt sind.

Es wäre untertrieben, zu sagen, daß Jordan beim Anblick seines Sohnes zusammenfährt: In Wirklichkeit springt er in einer Mischung aus Überraschung und Bestürzung auf, hin und her gerissen zwischen dem Impuls, zu ihm hinzugehen und ihn zu umarmen, und panischer Angst, die ihn schließlich auch davon abhält, es zu tun.

Philip, der hingegen damit gerechnet hat, früher oder später Jordan gegenüberzustehen, zeigt nur eine tiefe Bewegtheit, als er seinen Vater wiedersieht.

Der Kalif beobachtet mit sadistischer Genugtuung die Reaktionen von Jordan und Philip, vor allem des Vaters, auf dessen Antlitz die Überraschung tiefe Spuren hinterlassen hat.

»Ist das dein Sohn?« fragt er Jordan säuselnd.

Jordan zögert und wendet den Blick Philip zu, als wollte er seinen Rat einholen und sich mit ihm über die Haltung einigen, die er einnehmen soll; doch Philip läßt nur entmutigt den Kopf sinken, und Jordan begreift, daß es sinnlos ist, zu lügen.

»Ja, das ist mein Sohn«, bestätigt er entschieden.

Der Herr von Timbuktu erhebt sich und bewegt sich mit langsamen Schritten auf Philip zu, wobei er einige Datteln knabbert, die er in einem silbernen Körbchen mit sich herumträgt. Er geht ganz um den jungen Amerikaner herum und betrachtet ihn dabei aufmerksam.

»Willst du ihn als Sklaven?« fragt er dann Jordan mit einem boshaften Lächeln. »Was wirst du mir diesmal dafür schenken?«

Philip begreift nicht die Bedeutung dieses kleinen Satzes, mit dem der Kalif im Wortlaut die Äußerung Jordans anläßlich der Befreiung Antheas wiederholt.

Der Archäologe antwortet nicht, sondern bleibt nur in gleichmütiger Haltung stehen.

El Hallem kommt die Treppen des Turms herab und geht auf den Kalifen zu. Philip verfolgt ihn mit seinem Blick, der immer noch voller Haß ist; der *targui* dagegen trägt ein unergründliches, aber liebenswürdiges Lächeln auf den Lippen.

Jordan hat diesen Schlagabtausch der Blicke bemerkt, ohne den Grund dafür zu ahnen: Für ihn ist El Hallem ein Unbekannter, und da er damals kein einziges Wort gesagt hat, ist es ihm auch unmöglich, in ihm den Mann wiederzuerkennen, der ihn einst als Gefangenen nach Timbuktu gebracht hat.

Der Kalif nimmt Philip an einem Arm und schiebt ihn zu dem Becken mit der Schlange hin. Der junge Amerikaner sieht, wie sich die riesige Python darin wälzt, und wendet sich entsetzt ab.

Jordan muß schlucken, so groß ist seine Bestürzung: Er hat begriffen, mit welcher Marter ihm der Kalif das Geheimnis entlocken will.

»Ich warte noch immer auf deine Antwort«, fährt dieser in bedrohlichem Ton fort.

»Ich habe dir nichts anzubieten«, sagt Jordan. Er will versuchen, die Ruhe zu bewahren und das Spiel so weit auszureizen, wie es geht, während er in der Zwischenzeit fieberhaft darüber nachdenkt, welche Taktik er einschlagen soll, denn aufgeben will er nicht, solange es noch einen Funken Hoffnung gibt.

Der Kalif hat nicht die Absicht, lange herumzureden; er befindet sich allzu deutlich im Vorteil, und auch wenn es ihm Spaß macht, Katz und Maus zu spielen, ist er mit seiner Geduld langsam am Ende. Er schiebt Philip bis direkt an den Rand des Beckens.

»Zum letztenmal, Jordan, wir sind sehr ungeduldig, ich ... und mein Schwesterchen!« grinst er hämisch und zeigt auf die riesige Python.

Im Gesicht Jordans macht sich ein nervöses Zucken bemerkbar. Er weiß nicht, wie er sich aus der Affäre ziehen soll, doch da kommt ihm El Hallem zu Hilfe, der bislang wenig interessiert schien an dem, was vor ihm geschah, und sich statt dessen andauernd umgeschaut hat.
»Warte, Erlauchtester, vielleicht habe ich eine noch bessere Idee«, beginnt der *targui*. »Du hast den Sohn in deiner Gewalt, dazu einen Freund und die Verlobte des Sohnes ... Bring sie doch alle miteinander in die Wüste und laß sie dort zurück, damit sie ganz langsam verdursten können! Du wirst sehen, daß der Herr Jordan dir alles sagen wird, was du willst ... denn sonst hätte er drei Leichen auf dem Gewissen!«
Es ist dies eine Idee, die El Hallem gerade eben gekommen ist, eine weitere Frucht seines ruhelosen Geistes. Tatsächlich ist der Kalif unentschlossen, was die Vorzüge dieses letzten Vorschlages angeht, und will sie sich ein paar Sekunden durch den Kopf gehen lassen. Und genau diese Sekunden des Zögerns sind es, die sich als wertvoll für El Hallem erweisen: Endlich, als er wohl zum hundertstenmal zu dem Treppenaufgang des Turmes hinaufblickt, sieht er Myriam hinauslugen, die ihm, wie vereinbart, zunickt.
Kurz darauf stürzen vom Turm herab zwei *kissouri* zu Boden, jeder von ihnen mit einem Dolch im Rücken. Man sieht Orso, nach einem lauten Trappeln, die Stufen herunterlaufen; dabei schwenkt er den Säbel, den ihm El Hallem zusammen mit den beiden Dolchen überlassen hat.
Im selben Moment, als Orso auftaucht, zieht El Hallem zwei weitere Messer aus seinem Gürtel, die er in wahrer Meisterschaft fast gleichzeitig losschleudert: Das eine wird von Jordan im Fluge gefangen, das andere bohrt sich tief in das Herz des Nubiers, der sich gerade mit erhobenem Säbel auf den sardischen Hünen stürzen wollte.
Myriam wirft sich über den schwarzen Koloß, zieht einen Schlüsselbund aus seinem Gurt und läuft auf Jordan zu, der sich in der Zwischenzeit mit einem gelungenen Dolchstoß des *kissouris* der Wache entledigt hat.
Das mutige Mädchen muß zwei Schlüssel ausprobieren, bis es das Schloß aufspringen sieht, welches die Goldkette zusammenhält. Nun hat Jordan seine ganze Bewegungsfreiheit wieder.
Weitere drei *kissouri* wollen über den amerikanischen Archäologen herfallen, doch Orso, der zu einer entfesselten Furie geworden ist,

geht dazwischen und greift sie mit einigen kraftvollen Hieben seines Krummsäbels an. Die schrecklichen Schläge gehen durch Eisen und Knochen hindurch und richten ein Blutbad an.
Hals über Kopf hat sich der Kalif so weit wie möglich von den Kampfhandlungen entfernt.
»Verrat! Verrat! ... Wachen zu mir!« brüllt er entsetzt und erschrocken. Haremssklavinnen und Höflinge laufen wild und vor Angst wie von Sinnen im Saal umher.
Nachdem er sich eines Gegners entledigt hat, kommt El Hallem mit einem Satz an Philip heran und schneidet die Fesseln um seine Handgelenke durch.
Jordan hat inzwischen einen Säbel aufgehoben und steht zwei *kissouri* im Kampf gegenüber. Orso eilt ihm zu Hilfe; ihnen bleibt nur ein flüchtiger Blick der Freude zur Begrüßung. Rasch wird der sardische Hüne mit seinem Gegner fertig und kann Jordan bei dem seinen beistehen.
Auch zwischen Vater und Sohn kommt es nur zu einer kurzen Umarmung, denn sie müssen sofort wieder den Kampf aufnehmen, weil weitere *kissouri* auf die Schreie des Kalifen hin im Anmarsch sind.
Noch heftiger entbrennt der Kampf, doch die vier Freunde werfen vergebens all ihre Kraft, ihren Mut, ihre Geschicklichkeit in die Waagschale: Immer mehr *kissouri* tauchen auf und werden sie schon bald eingekreist haben.
Gerade gelingt es einem Nubier, sich von hinten an El Hallem heranzuschleichen. Er will ihm schon den Säbel in den Rücken stoßen, als Philip ihn bemerkt. »Achtung!« ruft er verzweifelt.
Blitzschnell hat sich der *targui* geduckt und dreht sich gleichzeitig, indem er die Position des Gegners erahnt, auf den Zehenspitzen und mit ausgestrecktem Arm um. Die Klinge seines Säbels dringt tief in die Hüfte des Nubiers ein und teilt ihn fast in zwei Hälften.
Es scheint nur noch eine Frage der Zeit, bis Jordan und seine Gefährten überwältigt werden: Immer enger wird der Abstand zwischen den *kissouri*, nunmehr fast dreißig Mann, und den vier Freunden, die einen Kreis gebildet haben, um den sich die Schlinge der Angreifer immer mehr zuzieht.
Der Kalif hat seine Kaltblütigkeit wiedererlangt und stürzt nach vorne, um seine Soldaten anzuspornen, damit sie mit den Vieren endlich fertig werden. Der Sprechende Berg interessiert ihn überhaupt nicht mehr, so groß war der Schrecken, den sie ihm eingejagt haben.

Er hätte alles andere erwartet, nur nicht, daß nun der Sprechende Berg sich für ihn interessiert: Plötzlich springen ganze Trupps von Roten Reitern wie ein Wirbelsturm gegen die Fensterfläche, zertrümmern sie in tausend Stücke und brechen zu Pferde, die Säbel schwenkend, in den großen Saal herein. Es ist Anthea mit vierzig Männern des Berges!

Das Ganze ist so blitzartig, so überraschend und mit solchem Ungestüm vor sich gegangen, daß innerhalb von einer Minute alle Wachsoldaten überwältigt und niedergemetzelt werden.

Jetzt setzen die Roten Reiter ihre Hetzjagd durch die Salons fort und schlagen sie kurz und klein, während sie die überlebenden *kissouri* verfolgen, die ihr Heil in der Flucht suchen.

Der Kalif ruft noch immer verzweifelt nach seinen Wachsoldaten und versucht dabei, die Treppe zum Turm zu erreichen, wo er sich Rettung erhofft.

Endlich kann Myriam zu Philip laufen, um ihn zu umarmen, können sich Orso und Jordan herzlich und voller Freude die Hand schütteln. El Hallem kommt lächelnd auf sie zu.

»Du bist also El Hallem«, wendet sich Jordan mit einem Unterton wohlwollenden Tadels an ihn.

»Derselbe, der Euch hierhergeführt hat, Herr, als Ihr noch blind wart ...« unterstreicht der *targui*. Sein dreistes Lächeln wirkt etwas verlegen. » ... El Hallem macht alles und das Gegenteil von allem: Er entführt, er befreit, er tötet, er rettet ... Er ist ein Sohn der Wüste, Herr!«

Doch El Hallem ist noch nicht fertig; er setzt eine noch ernstere Miene auf und senkt den Blick. »Ihr habt viel leiden müssen«, fügt er mit der ihm eigenen Würde hinzu, »und El Hallem bittet Euch dafür um Verzeihung!«

Jordan sieht ihn lächelnd an und legt ihm eine Hand auf die Schulter: Ganz gewiß ist er nicht nachtragend, besonders dann nicht, wenn derjenige, der ihn um Verzeihung bittet, etwas getan hat, mit dem er sie sich redlich verdient hat.

Hufeklappern hallt auf den wertvollen Marmorböden wider und kündet die Rückkehr der Männer des Berges an, die wie immer von Anthea angeführt werden; sie haben auch den letzten *kissouri* den Garaus gemacht.

Jordan geht auf Anthea zu. Alle Blicke richten sich auf sie, und so können sie sich nur an den Händen fassen und sich schweigend ansehen, doch dieser Blick an sich sagt schon mehr als tausend

Worte. Ihre Umgebung, ein schreckliches Schlachtfeld, scheint für sie nicht zu existieren, als wähnten sie sich statt dessen inmitten einer idyllischen Landschaft.
Zwei Männer des Berges, die den höchst verängstigten Kalifen die Treppe herabzerren, lösen sie aus ihrer Verzauberung. Als man ihn zu Anthea bringt, macht sich der Herr von Timbuktu, der zittert wie Espenlaub, auf sein Todesurteil gefaßt.
»Laß ihn leben!« setzt sich Jordan bei der Königin für ihn ein.
Anthea nickt kurz mit dem Kopf, und die Männer des Berges lassen den Kalifen los, der sein Glück gar nicht fassen kann und nur ein schwachsinniges Lächeln zustande bringt, schließlich aber, noch immer benommen, versucht, wieder eine halbwegs würdevolle Haltung einzunehmen.
Jordan und seine Gefährten besteigen einige der freigewordenen Pferde oder sitzen hinter Roten Reitern auf. El Hallem ist flink genug, sich eines der herrenlosen Tiere für sich einzufangen, doch ist dies bei ihm nicht Ausdruck von Egoismus: Er will allein und als letzter, ohne Zeugen, zurückbleiben.
Die Königin gibt ihrem Pferd die Sporen und verläßt den Saal auf demselben Wege, den sie gekommen ist. Alle folgen ihr; nur El Hallem zögert noch, und niemand bemerkt, daß er nicht den Palast verläßt.
Auf dem Schlachtfeld sind nur noch er und der Kalif übriggeblieben.
»Um die Sahara zu begreifen, bedarf es eines Mannes der Sahara, um einen Araber zu begreifen, eines anderen Arabers, und um einen *fellata* zu begreifen, muß man *targui* sein!« verkündet El Hallem; er hat seinen Säbel gezogen und geht langsam auf den Kalifen zu, den erneut eine lähmende Furcht befällt. »Jordan ist nicht nur ein Weißer, sondern er ist auch ein besonders guter und großzügiger Weißer, und deshalb wird er niemals fähig sein, das Gesetz der Wüste anzuwenden!«
Mit diesen Worten legt er die Klinge an die Kehle des Kalifen, der instinktiv einige Schritte rückwärts macht.
»El Hallem, ich gebe dir all meine Schätze«, fleht er ihn mit weinerlicher Stimme an und weicht dabei unter dem Druck der Klinge, die ihm bereits einen kleinen blutenden Schnitt in der Haut beigebracht hat, immer mehr zurück. »Ich selbst werde dir helfen, sie einzupacken ... Du wirst der reichste Mann der Sahara sein ... aber bitte bring m...«
Er unterbricht sich, weil er mit den Füßen an den Rand des Beckens

gestoßen ist, verliert das Gleichgewicht, schwankt, kippt nach hinten um und fällt mit einem Schrei ins Wasser.
»Geh zu deinem Schwesterchen!« lauten die lapidaren und sarkastischen Worte, die ihm El Hallem hinterherschickt.
Die riesige Felsenpython ist langsam in ihren Reaktionen und bewegt sich nur träge vom Fleck, weshalb es dem Kalifen noch einmal gelingt, sich hochzuziehen. Er begreift sofort seine verzweifelte Lage: Direkt vor ihm befindet sich der monströse Kopf der Schlange, deren glasige Augen ihn mit einem Blick fixieren, der ihm eine Gänsehaut verursacht und ihm die Haare zu Berge stehen läßt.
»Hilf mir, El Hallem! ... Hilfe! ... Töte sie!« brüllt er mit letzter Kraft, denn vor lauter Angst kann er sich keinen Millimeter wegbewegen. »Töte sie ... Hilfe ...«
Doch El Hallem hat sich bereits von dem Becken entfernt und geht auf den Thron zu, ohne auf die verzweifelten Rufe zu achten.
Nachdem sie sich ihr Opfer lange genug angesehen hat, schlägt die Python plötzlich zu und schlingt ihren gewundenen Körper so fest um den unglücklichen Kalifen, daß es ihm gleichzeitig alle Rippen bricht; im selben Moment tut er seinen letzten Atemzug.
El Hallem hört noch ein leises Röcheln, während er aus einer kleinen Truhe neben dem Thron, die er geöffnet hat, eine mit Münzen prallgefüllte Börse und einen Beutel voll wertvoller Edelsteine zieht, dann dringt das Plätschern an sein Ohr, das das ausgehungerte Tier beim Schlingen im Wasser verursacht.
Er springt mit einem Satz aufs Pferd und reitet im Galopp davon. Bald hat er seine Gefährten eingeholt, die erst nach einigen Meilen seine Abwesenheit bemerkt haben und gerade dabei sind, zurückzukehren, um ihn zu suchen. Als der *targui* fröhlich lächelnd vor ihnen auftaucht, schaut ihn Jordan mißtrauisch an.
»Was hast du mit dem Kalifen gemacht?« fragt er ihn ohne Umschweife.
»Nichts!« verteidigt sich El Hallem mit Unschuldsmiene. »Ich habe ihn nicht einmal angerührt! Und als ich ihn das letzte Mal sah, war er putzmunter ... Zwar fürchtete er sich sehr, aber er war putzmunter!«
»Und warum hast du dich dann so verspätet? Wir haben uns schon Sorgen um dich gemacht!« tadelt ihn auch Orso.
»Deshalb!« erklärt El Hallem und zieht die beiden wertvollen Beutel aus der Tasche. »Ich habe mir ein kleines Andenken an den Kalifen mitgenommen!« Und als er die strengen Mienen seiner Gefährten

sieht, fügt er mit seinem gewohnt dreisten Lächeln hinzu: »Ein Räuber der Sahara kann doch nicht von heute auf morgen mit seinen Gewohnheiten brechen!«
Da huscht ein amüsiertes und wohlgefälliges Lächeln über die Gesichter von allen, denn niemand hat einen Grund, die einleuchtende Version des Geschehenen, die ihnen der schlaue *targui* geliefert hat, in Frage zu stellen.

XII

Kreuze im Sand

Die Große Oase bedeutet Leben und Kultur, Tradition und Sicherheit für ihre Bewohner und für diejenigen, die dort nur auf der Durchreise haltmachen, sie steht für unveränderliche Gewohnheiten und Rhythmen, die schon seit Jahrhunderten in ihr verwurzelt sind und unangetastet überleben.

Sholomon mit seiner außergewöhnlichen Gelehrsamkeit und Weisheit kann zwar nicht darauf hoffen, die Erwachsenen zu verändern, versucht aber wenigstens mit den Kindern über die Dinge des Universums zu sprechen.

Er erzählt ihnen von den Völkern außerhalb der Sahara und ihren anderen Lebensgewohnheiten und versucht ihnen gleichzeitig auch ein paar Brocken der Sprache dieser Völker beizubringen.

Die Kinder der Oase sitzen im Schatten der großen Palmen um ihn herum und lauschen ihm aufmerksam und gebannt. Plötzlich jedoch hält der Jude inne: Eine große Staubwolke ist am Horizont aufgetaucht und kommt bedrohlich schnell auf die Oase zu.

Einem Instinkt folgend, schickt er die Kinder fort, geht zum Rand der Oase, tritt hinaus und wartet mit einem vagen Gefühl der Unruhe, daß er feststellen kann, wer es ist, der sich da in so schnellem Galopp nähert.

Als er die Reiter erkennt, verwandelt sich seine dumpfe Vorahnung in das schauerliche Gefühl nahenden Unheils: Es sind die Deserteure und die Wüstenhunde, die sich unter dem Oberbefehl von Ryker zusammengeschlossen haben.

Sie reiten bis auf wenige Meter auf den Juden zu, erst dann gibt der Ex-Leutnant der Legion den Befehl anzuhalten. Den getreuen Halimi an seiner Seite, nähert sich Ryker Sholomon und bleibt vor ihm stehen. Dieser zeigt sich nicht im geringsten eingeschüchtert von dem Aufgebot an Menschen und Waffen, das sie mitgebracht haben.

»Wo ist der Sprechende Berg?« fragt Ryker den Juden unvermittelt.

Sholomon bleibt ungerührt und sieht ihm einfach nur fest in die Augen. Seine einzige Antwort ist ein vollkommenes Schweigen.

Ohne seine Frage noch einmal zu wiederholen, läßt Ryker einen

schrecklichen Peitschenhieb auf den Alten herabsausen: Sein brutaler und unduldsamer Charakter erträgt keinen weiteren Aufschub mehr, so sehr ärgert ihn die Zeit, die er bei all den vorangegangenen, ergebnislosen Versuchen vergeudet hat. Diesmal will er das Risiko eines erneuten Scheiterns nicht mehr eingehen.
Ares fliegt aufgeschreckt in das große Zelt Sholomons, wo er mit den Flügeln heftig an die Zeltwände schlägt und Parizad und Jasmine so lange mit den Flügelspitzen berührt, bis sie aufwachen. Mutter und Tochter hören aufgeregte Stimmen in der Ferne, während der Falke ihnen scheinbar begreiflich zu machen versucht, daß sie hinausgehen sollen.
Ohne noch weiter zu zögern, springen sie aus dem Zelt; nun hören sie deutlich Schmerzensschreie und erkennen bestürzt ihren Urheber: Es ist Sholomon.
In der Tat liegt der Jude der Großen Oase am Boden und wird von Halimi, dem Ryker die Gerte übergeben hat, bis aufs Blut gepeitscht. Nicht ein Wort ist aus seinem Mund gedrungen, doch die Schmerzensschreie hat er nicht unterdrücken können; einige Karawanenreisende sind auf diese Weise angelockt worden und kommen verängstigt näher, wie auch die Bewohner der Oase beginnen, aus ihren Zelten zu treten, wobei sie jedoch von den Gewehren der Räuber und Deserteure, die bedrohlich auf sie gerichtet sind, in angemessener Entfernung gehalten werden.
Jasmine und Parizad drängen sich zwischen der Reihe der eingeschüchterten Zuschauer durch und laufen auf Sholomon zu.
»Halt! Laßt ihn in Ruhe!« ruft Jasmine verzweifelt.
»Haltet sie fern!« befiehlt Ryker, als er die beiden herankommen sieht.
Einige Legionäre laufen auf die Frau und das Mädchen zu, über deren Köpfen Ares drohend und bereit, einzugreifen, einherflattert, und versperren ihnen den Weg.
Nach jedem Peitschenhieb klafft eine neue, blutende Wunde auf dem Rücken Sholomons, dem der mittlerweile zerfetzte schwere *kaik* nur noch ungenügenden Schutz bietet.
»Warum willst du den Helden spielen, Sholomon? Sprich endlich!« schlägt Ryker in hochmütigem Ton vor.
Der Jude aber jammert nur, beißt die Zähne aufeinander, ohne ein Wort zu sagen, und läßt weiter die Hiebe über sich ergehen, die nun auch immer häufiger seinen Kopf treffen. Jasmine hält es nicht mehr aus: Sie kann dem stoisch ertragenen Martyrium ihres Gemahls nicht länger zusehen.

»Sag es ihm, Sholomon ... sag es ihm! ,... oder ich werde es tun!« fleht sie ihn an.
»Nein ... Jasmine ... nein!« beschwört Sholomon sie. Er dreht den Kopf und blickt seine Frau flehentlich an.
Ryker lächelt heimtückisch; er hat begriffen, daß die Frau der schwache Faktor ist und daß sie Bescheid weiß! Mit einem Nicken bedeutet er Halimi, einzuhalten, ruft einen Räuber herbei und läßt sich dessen *takouba* geben. Dann ergreift er das scharfe Schwert mit beiden Händen, stellt sich seitlich von Sholomon auf, der noch immer bäuchlings und nach Luft schnappend auf dem Boden liegt, und hebt die Schwertschneide in die Höhe, so daß sie jeden Moment den Kopf des Juden mit einem einzigen Hieb entzweischlagen kann. In der Atmosphäre eisigen Schweigens, die eingetreten ist, erhebt sich schrill der Entsetzensschrei von Jasmine.
»Ich bitte dich ... sag es ihm nicht!« fleht Sholomon sie noch einmal an, denn bevor er diesen unwürdigen, niederträchtigen, grausamen Männern das Geheimnis verraten wird, ist er eher bereit zu sterben, um somit bis zum letzten Atemzug den Prinzipien treu zu bleiben, nach denen er immer gelebt hat.
Seine Ergebenheit in sein Schicksal kommt so spontan, daß er sogar den Kopf nach vorne neigt, um dem selbsternannten Henker seinen Hals besser darzubieten. Parizad bricht in ein heftiges Schluchzen aus und schlägt die Hände vors Gesicht.
Ryker beugt sich zurück, um für den Hieb besser Schwung holen zu können: Das Pokerspiel hat für ihn ein Ende – entweder wird die Frau auf der Stelle sprechen, oder er wird ohne Aufschub Sholomon den Kopf abhacken.
Jasmine erkennt die tödliche Entschlossenheit in den Augen des Deserteurs und kann die Situation nicht länger ertragen. Sie hebt den Arm. »Ich werde es Euch sagen!« brüllt sie verzweifelt. »Ich kenne den Weg, der zum Sprechenden Berg führt!«
Ryker bremst noch einmal seine Wut und läßt langsam und mit einem triumphierenden Grinsen das Schwert sinken, während Sholomon in einer Geste des Verzagens und der Verzweiflung sein Gesicht im Sand verbirgt: Es ist deutlich zu sehen, daß die Kapitulation seiner Ehefrau schmerzlicher für ihn ist als der Tod.
»Sprich! Wir hören!« drängt Ryker sie.
»Ihr müßt nach Süden gehen, immer nach Süden, ohne vom Kurs abzuweichen«, erklärt Jasmine mit einem Beben in der Stimme, das ihre ganze innere Aufgewühltheit zum Ausdruck bringt. »Nach drei

Tagen und drei Nächten werdet Ihr ein weißes, starkes Licht sehen ... ein gleißendes Licht ... dann wird eine dunkle, kompakte Masse vor Euch erscheinen ...«
Jasmine hält einen Moment inne, um ihren Mann mit einer stummen Bitte um Vergebung in den Augen anzusehen; dann schlägt sie vor Scham und Entsetzen die Hände vors Gesicht. »Das ist der Sprechende Berg!« schließt sie.
Endlich weiß auch er es! Der ehemalige Leutnant, der Verräter, Deserteur und Mörder, der würdige Anführer einer Bande von Abtrünnigen und Banditen läßt seiner ganzen teuflischen Genugtuung in einem wilden, nicht enden wollenden Lachen freien Lauf.
Als er ruhiger geworden ist, blickt er lange vor sich hin, läßt dann den Blick mit gewollter Langsamkeit zuerst über Jasmine, dann über die ganze Menschenmenge der Oasenbewohner schweifen, die sich in feindseliger Haltung vor ihm versammelt hat und nur durch ihre Angst vor den Feuerwaffen in Schach gehalten wird.
Dann bricht, unbesonnen und bestialisch, sein Zorn aus ihm hervor. »Plündert! Zerstört!« brüllt er seinen Männern zu. »Setzt alles in Brand! Tötet sie alle! Ich will, daß niemand in dieser Oase überlebt!«

Wie ein riesiger Finger, der gen Himmel zeigt, steigt vor ihnen am Horizont Rauch in die Höhe; obwohl sie noch sehr weit entfernt davon sind, erkennen Anthea, Jordan und ihre Gefährten sofort an seiner Position, daß es nur die Große Oase sein kann, die da in Flammen steht.
Ihr erster Schluß ist, daß es sich, von so weit weg betrachtet, um einen gewaltigen Brand handeln muß, was sofort eine düstere Vorahnung in ihnen weckt; wie auf Kommando geben sie ihren Pferden die Sporen und galoppieren Hals über Kopf los.
Dank ihrer großen Geschwindigkeit verringert sich die Entfernung spürbar schnell, und schon können sie auch den Widerschein des Brandes erkennen, doch so schnell auch ihre Pferde sind, läßt doch die Angst, die ihre Herzen verzehrt, den noch zurückzulegenden Weg ewig lang erscheinen.
Als die Reiter schließlich die Begrenzung der Großen Oase überschreiten, werden jedoch auch ihre düstersten Erwartungen von der Wirklichkeit aufs Schrecklichste übertroffen: Ihren Augen bietet sich ein Anblick völliger Verwüstung.
Nichts ist von den Flammen verschont worden, und niemand, nicht

Männer, nicht Frauen und auch nicht Kinder, ist den Gewehrkugeln und den Säbeln entgangen.
Jordan und seine Gefährten steigen von ihren Pferden ab und beugen sich mit schreckgeweiteten Augen über die überall verstreut daliegenden Menschen, um festzustellen, ob jemand überlebt hat.
Orso entdeckt als erster Sholomon und seine Frau Jasmine, die sich über ihn geworfen hat, und ruft sofort die anderen. Der Jude lebt noch, doch sprechen sein gemarterter Körper, sein blutüberströmtes Gesicht und die glasigen Augen eine deutliche Sprache darüber, daß ihn nur noch ein hauchdünner Faden am Leben erhält.
Nun kommen auch Jordan und die anderen heran. Sholomon hat die Schritte und die Stimmen gehört, die sich nähern, erblickt und erkennt schließlich seine Freunde; er ergreift die Hand Orsos, der sich neben ihn hingekniet hat, und bemüht sich zu sprechen, doch geht ihm bereits die Luft aus, und seine Kräfte schwinden dahin.
»Parizad ...« gelingt es ihm schließlich zu murmeln.
Orso springt auf und macht sich bestürzt auf die Suche nach dem kleinen Mädchen. Nun ist es Jordan, der neben Sholomon niederkniet, seine Hand nimmt und ihm den Kopf höher bettet, damit er besser atmen kann. Ihre Blicke begegnen sich, und der Jude bemerkt, daß sein Freund seine Sehkraft wiedererlangt hat.
»Ihr könnt sehen ...« haucht er.
Er würde ihn gerne fragen, wie diese wundersame Heilung vonstatten gegangen ist, doch dann errät er die Antwort, als er die schmale, aber stolze Gestalt der Königin der Männer des Berges neben ihm erblickt.
Das Gesicht des alten Juden, das nur noch eine blutüberströmte Grimasse des Leidens ist, belebt sich sichtlich beim Anblick der geheimnisvollen Frau.
»Du bist Anthea!« murmelt er, als wollte er sie damit auch willkommen heißen.
Auch die Königin sinkt auf die Knie, nimmt den *litham* ab und blickt in das entstellte, doch in seiner Würde unangetastete Antlitz hinab; in ihren Augen steht ein Ausdruck der Liebe, in den sie all die Bewunderung und den Respekt legt, die sie immer für den Mann empfunden hat, dessen Ruhm und dessen Namen sie seit langem kennt.
» ... es ist Ryker gewesen ...« sagt der Jude zu Jordan.
» ... Leider wissen sie ... vom Berg ...«, enthüllt er dann Anthea in einem Ton tiefen Bedauerns, » ... vergib uns ... ich wußte, daß

Ryker uns sowieso töten würde ... aber Jasmine war zu verzweifelt ... und hat gehofft ... jener Elende ... hat sie mit seinem Schwert getötet ...«

Orso fährt unterdessen wunden Herzens fort, die Trümmer zu durchstöbern; überall sieht er nach, unter Truhen, unter Tischen, unter Teppichen. Sein Blick fällt auf einen Sattel, er hebt ihn an; unter Bananenbüscheln und Blättern halb versteckt, erkennt er zwei kleine Füße; mit ein paar Handgriffen hat er alles weggerissen, und da liegt Parizad vor ihm, zusammengekauert, den Kopf zwischen den Armen versteckt und leise vor sich hin weinend.

»Parizad!« ruft er, so sehr gerührt, daß es ihm nach all der großen Angst einen Schauder über den Rücken jagt. »Ich bin's, Orso!«

Das kleine Mädchen nimmt die Arme vom Kopf, springt auf, als es ihn erblickt und wirft sich ihm in die breiten Arme, die sich fest um sie schließen.

»Orso!« ruft Parizad aus und klammert sich heftig an den Hals des Riesen: In diesem einzigen Wort drückt sich all ihre Erleichterung darüber aus, daß er sie aus einem Alptraum befreit hat.

Orso hebt das Mädchen hoch auf seine Arme und bemüht sich erst gar nicht, zwei große Tränen zu verbergen, die ihm vor Rührung über das stachelige Gesicht laufen.

Sholomon ringt mittlerweile mit dem Tod, dem er noch ein paar letzte Momente abgewinnen will, als hoffte er noch etwas zu sehen, bevor er sein Leben aushaucht.

Und seine Zähigkeit wird belohnt: Als er Orso und Parizad näher kommen sieht, belebt sich sein Blick einen Moment lang, ja, er deutet sogar ein mattes Lächeln an.

Das Mädchen stürzt an seine Seite, und er streichelt ihr ein letztes Mal über die Wangen, um ihr die Tränen zu trocknen. Dann fällt die Hand Sholomons schwer herab. Er bekommt keine Luft, dazu reicht seine Kraft nicht mehr. Ohne den Antrieb, Parizad noch einmal zu sehen, der ihn bis zuletzt aufrechterhalten hat, fällt er rasch in sich zusammen.

Er bringt einen letzten Funken Energie auf, um Parizad noch einmal zuzulächeln und ihr zu sagen: »Du wirst nicht allein bleiben, meine Kleine ... ich übergebe dich der Obhut meiner liebsten Freunde ...«

Das sind seine letzten Worte, und dann stirbt er. Im Moment des Todes entspannt sich sein verzerrtes Gesicht und nimmt wieder den Ausdruck teilnahmsvoller Menschlichkeit und Heiterkeit an, den es im Leben hatte.

Viele Grabhügel sind rund um die Oase errichtet worden; nur auf den beiden letzten trägt ein roh gezimmertes Schild die Namen der sterblichen Hüllen, die darunter ruhen: Jasmine, Sholomon.
Auf das Grab des letzteren wirft El Hallem mit unvermittelt liebevoller Geste eine Handvoll Sand. »Ich habe ihn sehr bewundert«, sagt er gerührt und hält damit ungewollt die einzige Grabrede. »Auch er war ein wahrer Sohn der Wüste!«
Myriam nimmt eine kleine Kette von ihrem Hals und legt sie auf den Grabhügel Sholomons; ein Anhänger in Form eines sechszackigen Sterns baumelt daran, und so enthüllt sie ihr eigenes kleines Geheimnis: Auch sie ist Jüdin.
Voller Trauer und Schmerz wenden sich alle nun instinktiv dem schützenden Inneren der Oase zu, auch wenn dort nur noch Trümmerhaufen vorzufinden sind. Orso kramt in den verkohlten Resten des Zeltes von Sholomon, bis er ein Päckchen gefunden hat, nimmt es und entfernt sich.
Kurz darauf kehrt er zurück und führt ein Pferd an den Zügeln hinter sich her. Dabei trägt er von neuem die Uniform der Legion und sein *Képi.* Die anderen blicken ihn überrascht und auch bestürzt an: Welche Gründe mag der Hüne dafür haben, daß er sich wieder seiner Vergangenheit zuwenden will?
Auch er selbst weiß es nicht, denn er hat nur einem Impuls gehorcht. Als er vor Parizad stehenbleibt, drücken sein Gesicht und seine ganze Haltung Stärke und Entschlossenheit aus.
»Ich werde sie finden!« verspricht er feierlich dem Mädchen, vor dem er sich niedergehockt hat. »Für Tamamet, für deine Eltern und für die ganzen armen Menschen, die sie niedergemetzelt haben.«
Nicht nur der Gedanke der Rache spricht aus diesem Schwur, sondern ebenso der Wunsch nach Bestrafung, der einem idealistischen Sinn für Gerechtigkeit entspringt.
»Wirst du zurückkehren?« fragt Parizad ihn voller Eifer und findet dabei sogar die Kraft zu einem schwachen Lächeln.
»Orso-Ehrenwort!« versichert er ihr aufrichtig. »Du hast mich doch zu deinem Freund ernannt, nicht wahr? Und wenn dir ein Freund sein Wort gibt, mußt du ihm auch glauben.«
»Komm bald wieder!« sagt das Mädchen zu ihm und schlingt ihm instinktiv die Arme um den Hals.
»Du bist das süßeste Mädchen auf der Welt!« flüstert ihr Orso zu. Er kann nicht weitersprechen, weil ihm vor Rührung ein dicker Knoten in der Kehle sitzt und sie ihm eng werden läßt.

Er drückt Parizad lange und fest an sich, dann löst er sich aus der Umarmung, steigt aufs Pferd und reitet im Galopp davon, ohne sich noch einmal umzusehen.
Myriam tritt an das Mädchen heran und legt ihr einen Arm um die Schulter, wie um ihr zu zeigen, daß sie bei ihnen gut aufgehoben ist.
Auch Ares kommt herbeigeflattert und setzt sich Parizad auf den Arm, die traurig davongeht, um sich allein in die Überreste dessen zu flüchten, was einmal das Zelt ihrer Familie war.
Jordan und Philip gehen auf Anthea zu, die sich darauf vorbereitet, mit ihren Männern zurückzureiten.
El Hallem nähert sich Myriam; es scheint, daß er absichtlich gewartet hat, bis sie allein ist, denn ihr soll sein letzter Abschiedsgruß gelten.
»Viel Glück, Myriam«, sagt er schlicht und mit einem Lächeln zu ihr. »Ich gehe mit ihm.«
Und er zeigt mit dem Kopf in die Richtung, die Orso eingeschlagen hat.
»Kommst du nicht mit uns?« wendet das schöne Mädchen überrascht ein.
»Wieso sollte ich? Hast du jemals einen Fisch außerhalb des Wassers leben sehen, oder einen Falken in einer Höhle?«
»Ich danke dir für alles, was du getan hast!« sagt Myriam herzlich zu ihm, denn tatsächlich tut es ihr ein wenig leid, sich von ihm verabschieden zu müssen.
»Du würdest mir nicht danken, wenn du meine wahren Gedanken kennen würdest!« bemerkt El Hallem mit einem bitteren Unterton.
Myriam stutzt bei diesen Worten und blickt ihn überrascht und zweifelnd an.
»Weißt du, wie oft ich davon geträumt habe, Philip umzubringen und dich mit mir zu nehmen?« erklärt ihr der *targui* unvermittelt.
Das Mädchen ist plötzlich blaß geworden, es verschlägt ihr buchstäblich die Sprache, während sich ein Ausdruck der Unruhe, ja der Angst, auf ihrem Gesicht breitmacht.
»Du liebst Philip, was kann El Hallem also schon ausrichten?« beruhigt der stolze Mann der Sahara sie mit einem gezwungenen Lächeln. »... El Hallem wollte eine Frau, keine Beute.«
So hat El Hallem ihr, ohne zu heucheln, sein Herz ausgeschüttet und sie einen Blick auf die Treue werfen lassen, die darin verwurzelt ist, obwohl es sich doch dabei um das Herz eines Räubers handelt.
Myriam sieht ihn mit einem Gefühl der Dankbarkeit und der Anerkennung an.

»*Sala'm alaik!*« sagt El Hallem schließlich mit einer Verbeugung und berührt dabei mit der rechten Hand sein Herz, seine Lippen und die Stirn.
Er läßt einen scharfen Pfiff ertönen, der eines der Pferde herbeiruft, springt auf und galoppiert in derselben Richtung davon wie Orso.
Myriam blickt ihm hinterher, bis er nur noch als Staubwolke zu erkennen ist, die schließlich am Horizont verschwindet.
Etwas von ihr entfernt findet ein anderer Abschied statt: der zwischen Jordan und Anthea.
Die Männer des Berges sitzen bereits alle im Sattel, denn sie müssen los, um ihren Berg vor den Männern Rykers zu verteidigen.
Die Königin und Jordan sehen sich nur innig an und lassen einzig ihre Augen von ihrer Liebe zueinander sprechen; nicht ein Kuß, nicht eine Liebkosung: in dieser Wüste voller Blicke bietet sich keine Möglichkeit zu einem vertrauten Beisammensein. Es ist ein schmerzlicher Abschied, der sich da so deutlich auf ihren Gesichtern abzeichnet.
»Nun habe ich keine Märchen mehr im Kopf und keine Hoffnung mehr im Herzen«, sagt Anthea traurig zu ihm. » . . . Ich muß zum Berg zurückkehren, du aber darfst niemals wiederkommen!«
»Aber ich liebe dich!« protestiert Jordan, der noch bis zuletzt die Hoffnung nicht aufgibt, sie umzustimmen.
»Die Königin muß den Großen Wächter heiraten!« entgegnet die junge Frau, »mein Schicksal ist vorgezeichnet.«
Ihr Hände berühren sich kaum bei ihrem raschen Abschied, einer weiteren Trennung, die von tiefen Gefühlen gezeichnet ist; dann besteigt Anthea ihr Pferd und gibt den Männern des Berges das Signal zum Abmarsch, die hinter ihr in Galopp fallen. Sie reiten dem Sonnenuntergang entgegen.
In der Großen Oase sind nur Jordan, Philip, Myriam und Parizad zurückgeblieben; ähnlich vier Gespenstern gehen sie zwischen den noch immer rauchenden Trümmern umher.
Mit dem Abend kommt die Erschöpfung, doch Jordan findet keinen Frieden bei all seinen Zweifeln und seinen Fragen, auf die er eine endgültige Antwort finden will. Schließlich scheint es ihm, als hätte er eine wirkliche Entscheidung getroffen: Er steht auf und geht zu Philip, Myriam und Parizad, die schlafend und mit einem schweren Zelttuch bedeckt nebeneinanderliegen. Eine Weile blickt er liebevoll auf sie hinab; dann rüttelt er seinen Sohn am Arm.
Philip ist sofort wach und erblickt seinen Vater, der ihm bedeutet, nicht zu sprechen und ihm zu folgen.

Sie entfernen sich einige Dutzend Meter von ihrem Lager, stets ihren Schatten folgend, die der Mond, der in ihrem Rücken steht, vor sie in den Sand wirft. Schließlich bleibt Jordan stehen und sieht seinem Sohn gerade in die Augen.
Er ist sehr bewegt, und in seinem Blick und seinem Gesicht steht bereits das geschrieben, was er sagen wird. Philip hat es auf der Stelle begriffen, und auch er spürt, wie er mit einemmal von einer starken Erregung ergriffen wird.
»Ich werde nicht mit euch kommen«, sagt Jordan flüsternd. »Verzeih mir, aber ab jetzt bin ich ein Teil meines Traumes. Wir werden uns wiedersehen, dessen bin ich mir sicher, und vielleicht werden wir in Zukunft wieder zusammenleben können ... wer weiß?«
»Dein Traum ist ein herrlicher Traum, Papa, also lebe ihn aus! Ich habe Myriam und werde mit ihr in unser Haus in Amerika zurückkehren, wo wir auf dich warten werden ... allein oder mit Anthea zusammen ... Sonst werde ich kommen und dich im Sprechenden Berg besuchen!«
»Werde glücklich, mein Sohn!«
»Du auch, Papa!«
Ihre Lippen beben vor Rührung; Jordan breitet die Arme aus und schließt sie zum letztenmal um seinen Sohn.

Wachsame und haßerfüllte Augen verfolgen jede Bewegung der Bande von Räubern, die sich um mehrere Lagerfeuer versammelt haben: Es sind die von Orso, der, hinter dem höchsten Punkt einer Düne kauernd, die Deserteure und Wüstenhunde beobachtet, wobei er vor allem Halimi und Ryker nicht aus den Augen läßt.
Als alle eingeschlafen sind, beginnt er langsam durch den Sand zu robben, gelangt unbemerkt bis direkt hinter den schläfrigen Wachposten – einen der desertierten Legionäre, der sich wegen ihrer großen Anzahl allzusehr in Sicherheit wiegt –, betäubt ihn mit einem kräftigen Schlag auf den Hinterkopf und kriecht leise weiter, an den schlafenden Männern vorbei.
Langsam nähert er sich Halimi, der, den Kopf auf seinem Rucksack gebettet, schläft. Er will ihn nicht im Schlaf umbringen, denn er soll wissen, wer ihn töten wird. Aus diesem Grund legt er ihm die Pranke über den Mund und rüttelt ihn unsanft wach.
Beim Anblick Orsos reißt Halimi vor Schreck die Augen auf und greift instinktiv zum Dolch, doch der sardische Hüne ist auf der Hut und kommt ihm zuvor, indem er ihn am Handgelenk packt und ihm

den Arm so nach innen dreht, daß er über Halimis Herzen schweben bleibt. Dann drückt er die Hand Halimis unerbittlich nach unten, bis dieser sich mit dem eigenen Messer erdolcht.
Während er das schon totenstarre Gesicht seines Feindes betrachtet, zieht Orso noch eine verächtliche Grimasse, dann sieht er sich um, um nachzuprüfen, ob das leise und erstickte Geräusch des kurzen Kampfes jemanden geweckt hat.
Als er sich davon überzeugt hat, daß alles still ist, macht er sich zu seinem zweiten Ziel auf den Weg. Fast hat er es auch erreicht, als er spürt, wie sich die Spitze eines Säbels ihm in den Rücken bohrt.
»Suchst du mich?« fragt eine schneidende Stimme hinter ihm.
Orso dreht aus seiner unbequemen Lage heraus langsam den Kopf und blickt in das grinsende Gesicht Rykers, welches im Widerschein der Lagerfeuer noch unheimlicher wirkt als sonst.
Er macht noch den Versuch herumzurollen, sieht aber im selben Moment ein weiteres Dutzend von Säbeln um sich herum aufblitzen.
Etwas später scheint die Sonne gnadenlos auf die Überreste des Lagers von Ryker und seinen Kumpanen herab. Über dem Sand erhebt sich ein Grabhügel; darauf liegt ein *Képi*, ein Dolch steckt statt des Kreuzes im Boden: Es ist das Grab Halimis.
Nur eine einzige Palme, der der Wind auf dramatische Weise die Wurzeln bloßgelegt hat, durchbricht die Eintönigkeit der Landschaft. An ihrem Stamm hängt verschnürt Orso; ein Blick auf sein Gesicht genügt, um die ganze Qual zu erfassen, die ihm seine schmerzhafte Position und die gnadenlose Sonne bereiten, welche ihm schon die Haut verbrannt und die Kehle ausgetrocknet hat.
Aus lauter Hohn und in Reminiszenz an die Gewohnheiten des Forts hat ihm Ryker eine Pistole und eine prallgefüllte Feldflasche zurückgelassen.
Das Trappeln von Pferdehufen bringt wieder Leben in die erloschenen Augen des Hünen, der nun dem Neuankömmling etwas bitter entgegenlächelt; dieser hingegen trägt ein keckes Lächeln auf den Lippen, als er sich nähert.
»Endlich bist du da!« tadelt ihn Orso.
»Hast du mich erwartet?« gibt El Hallem zurück, denn es ist wirklich er, der nun mit einem gezielten Hieb das Seil durchtrennt, an dem sein Freund, wie eine Salami verschnürt, gebaumelt hat.
»Ich hatte dich schon gestern gesehen, von weitem«, erklärt ihm Orso und reibt sich dabei die Handgelenke.

»Und warum hast du nicht auf mich gewartet?«

»Ich hatte keine Zeit«, erklärt der Riese kurz angebunden. »Halimi habe ich erledigt, aber Ryker ist mir entkommen. Er reitet auf den Sprechenden Berg zu, und ich kenne den Weg!«

»Dieses Mal werden wir gemeinsam vorgehen«, ermahnt ihn der *targui* mit einer Spur von Spott. »Ich kann es mir nämlich nicht erlauben, einen Freund zu verlieren, den ich gerade erst gefunden habe ... und dann habe ich dir auch versprochen, dir zu helfen, und El Hallem hält immer, was er verspricht.«

XIII

Das Geheimnis der Sahara

Ryker hat, den Anweisungen Jasmines folgend, einen Marsch von drei Tagen hinter sich gebracht und wartet nun, nach der dritten Nacht, auf das große Licht. Er blickt zur Sonne, die mittlerweile hoch am Himmel steht: tausendmal hat er schon geglaubt, betrogen worden zu sein, tausendmal hat er wieder neue Hoffnung geschöpft. Plötzlich bildet sich ein blendend heller Lichtschein, in dessen Mitte, von Bündeln regenbogenfarbenen Lichts durchkreuzt, der Sprechende Berg in seiner ganzen Großartigkeit sichtbar wird.

Auf den Gesichtern von Ryker und seinen Leuten, die fasziniert diesem beeindruckenden Schauspiel folgen, macht sich ein Ausdruck verblüfften Staunens breit; gleich darauf jedoch nimmt erneut die Habgier, die in diesen Männern stärker ist als jedes andere Gefühl, darin ihren alten Platz wieder ein; wilde Freude leuchtet in den Augen aller auf.

»Endlich, da ist er!« murmelt Ryker fast wie zu sich selbst, noch immer ungläubig, da er bis zum letzten Moment daran gezweifelt hat, daß er ihn jemals finden würde, diesen verfluchten Berg. »Vorwärts!«

Das kleine Heer setzt sich in einem kühnen Galopp in Bewegung, denn in allen herrscht der Wunsch vor, sich bald dem Kampf zu stellen und des Goldes zu bemächtigen.

Wenn sie jedoch sehen könnten, was in dem Berg vorgeht, den sie glauben, so leicht erobern zu können, würden Zweifel und Ängste in ihnen aufsteigen.

Tatsächlich ist im Berginneren, kaum daß man die Kolonne Rykers erblickt hat, sogleich Alarm gegeben worden, und überall in den Tunnels und Sälen wimmelt es von bis zu den Zähnen bewaffneten Männern.

Es sind ungefähr hundert Rote Reiter, die sich mitsamt den Frauen und den Kindern um Hared, den Großen Wächter, versammelt haben.

»Der Moment ist gekommen«, verkündet dieser in lautem und beschwichtigendem Ton, der auch nicht der Feierlichkeit entbehrt. »Nun ist es an uns, unsere Vergangenheit zu verteidigen, unser Geheimnis ... und unser Leben.«

Plötzlich öffnet sich die dichte Schar der Bergbewohner, um Kerim durchzulassen, der, bekleidet mit den Gewändern des Großen Wächters, auf Hared zugeht.
Der Anblick dieses Jungen, dessen zukünftige Stellung ihm bereits eine außergewöhnliche Autorität und Feierlichkeit verleiht, weckt in den Leuten seines Volkes Respekt, Stolz und Zärtlichkeit zugleich.
»Das ist dein Moment, Kerim«, sagt Hared zu ihm, der gespürt hat, wer da gekommen ist. »Nun wirst du der Große Wächter sein. Du darfst keine Angst haben. Du wirst an den Ort gehen, von dem ich zu dir gesprochen habe, wirst das tun, was ich dir sagte. Denk nicht an uns, sondern nur an die Aufgabe, die dir übertragen wurde.«
Er tastet suchend nach den Händen Kerims, nimmt sie in die seinen und drückt einen langen Moment fest, als wollte er ihm auf diese Weise seine ganze Kraft übermitteln.
»Das Große Licht, Kerim!« ruft er ihm lebhaft ins Gedächtnis. »Es ist unsere letzte Hoffnung. Aber achte auf deine Augen, damit sie so lange wie möglich noch sehen können!«
Kein Wort des Abschieds. Kerim macht sich mit entschlossenem Schritt auf den Weg zu seinem neuen Schicksal. Ein zweites Alarmsignal sagt ihnen, daß die Männer Rykers Vorbereitungen für den Angriff treffen. Hared läßt auch die Frauen und die älteren Knaben bewaffnen, dann legt er ihnen wie ein echter Stratege seinen Verteidigungsplan dar.
In einer halben Meile Entfernung überprüfen die Wüstenhunde und die desertierten Legionäre gerade ihre Waffen und laden sie. Es folgt eine Reihe von fieberhaften Vorbereitungen, die rasch, aber sehr diszipliniert durchgeführt werden.
Einige plazieren ein schweres Maschinengewehr auf einem großen Felsen und holen die Patronenbänder aus ihren Kisten, andere versorgen sich mit Handgranaten.
Ryker sucht mit dem Fernglas den Sprechenden Berg ab und erkennt zahlreiche Grüppchen von Menschen in roten Gewändern, die sich entlang der Grate des Berges verteilen; alle sind sie gut mit Waffen ausgerüstet und tragen finstere, entschlossene Mienen zur Schau.
Am Fuße des Berges hat sich bereits eine vollständige Schwadron Kavallerie zum Kampf aufgestellt.
Der Ex-Leutnant stößt einen Fluch aus: Die gegnerische Truppe ist zahlenmäßig unerwartet groß, und es wird schwieriger sein, sie aus

dem Berg zu vertreiben, als er sich das vorgestellt hat. Er wird sich freilich davor hüten, seinen Männern das mitzuteilen, was nur er mit seinem Fernglas bislang sehen konnte. Er wird die anderen vorausschicken, selbst jedoch im Hintergrund bleiben und sich vorsichtshalber in eine Stellung bringen, aus der er jederzeit in Deckung gehen kann.

Und noch eine weitere Überraschung erwartet die Räuber. Plötzlich und schnell wie der Wind taucht eine zweite Gruppe von Männern des Berges zu Pferde hinter ihrem Rücken auf, so wie es Hared geplant hat. Gleichzeitig reitet die Schwadron vom Fuß des Berges aus los.

Ryker und seine Männer sind eingekesselt; in ihrer Überraschung versuchen sie einen Verteidigungsring zu ziehen, dann eröffnen sie massiv das Feuer: Die Salven des Maschinengewehres und die Handgranten machen den Vorteil des Gegners rasch zunichte.

Viele der Roten Reiter werden von dem Gewehrfeuer niedergemäht, doch gelingt es trotzdem einigen von ihnen, an die Gruppe der Männer am Maschinengewehr heranzukommen, sie zu überwältigen und die schreckliche Waffe umzustürzen.

Nun finden die Kampfhandlungen in wesentlich geringeren Entfernungen statt, gnadenlos und mit äußerster Brutalität. Innerhalb weniger Minuten werden die berittenen Männer des Berges bis auf den letzten Mann niedergemetzelt.

Ryker gibt den Befehl zum Angriff; zwar haben sie einige Verluste erlitten, und das Maschinengewehr ist unbrauchbar geworden, doch sind sie noch immer über fünfzig Mann, eine Zahl, die mehr als schlagkräftig ist.

Im Innern des unterirdischen Reiches haben sich Hared und ungefähr zwanzig der Männer des Berges, die letzten zum Kampf fähigen, zwischen dem kleinen See und dem Gang, der zu der goldenen Tür führt, versammelt und warten. Sie stellen das letzte Bollwerk zum Schutze des Großen Geheimnisses dar.

Sie hören das Explodieren der Handgranaten, das unablässige Knallen von Schüssen, dann nichts mehr. Der Widerhall von Schritten und erneute Schußwechsel nehmen ihnen jedoch jede Illusion: Auch die äußeren Verteidiger sind überwältigt und getötet worden.

Tatsächlich dringen in diesem Moment die Räuber in die Gänge und Höhlen ein, durchkämmen sie bis auf den letzten Winkel und massakrieren die Frauen und Kinder, die sich dorthin geflüchtet haben. Die gellenden Schreie hallen in den Gewölben wider und

dringen bis an die Ohren der Männer um Hared vor: Ihr Stamm geht seiner völligen Vernichtung entgegen!
In ihren Herzen sind sie bereits tot; heiße Tränen steigen ihnen in die Augen, doch ist keine Zeit mehr, um die Gefallenen zu beweinen, ebensowenig wie sie sich Illusionen über ihr eigenes Los zu machen brauchen. Sie warten nur noch darauf, ihr Leben möglichst teuer zu verkaufen, und so sind sie ganz von der glühenden Sehnsucht erfüllt, in ihre letzte Schlacht zu ziehen.
Da, endlich, tauchen die ersten Eindringlinge am oberen Ende der langen Treppe auf. Ryker, und die anderen mit ihm, halten inne, Schreie und Schüsse verstummen, denn alle stehen ein paar Momente lang wie verzückt und ungläubig da, als sie das unterirdische Gebäude erblicken.
Der Anführer der Räuber drückt seinen ganzen Triumph in einem teuflischen Lächeln voller Genugtuung und einem Schrei wilder Freude aus.
»Vorwärts! Zerquetschen wir diese Würmer!« befiehlt er und schwenkt dabei seinen Säbel. »Dann wird all das uns gehören!«
Die Eindringlinge stürzen die Treppe hinab und eröffnen noch im Laufen das Feuer. Sie haben weitere zehn Männer bei der Eroberung des Berges verloren, doch jetzt, wo der Sieg greifbar nahe scheint, machen die Überlebenden die Verluste mit größerer Entschlossenheit und Blutrünstigkeit wieder wett.
Begierig, die Kampfhandlungen zu beobachten, kehrt Kerim, der bereits in die geheime Krypta vorgedrungen war, noch einmal zurück, öffnet die goldene Tür, zögert, will wieder hineintreten, doch schließlich ist die Versuchung, an den Geschehnissen teilzunehmen, stärker als die Ermahnungen Hareds.
Indem er sich immer wieder umschaut, geht er weiter, bis er an den Ort des Geschehens kommt. Überall sieht er Männer, die kämpfen und im Gewehrfeuer oder unter Säbelhieben sterben.
Jenes grausame Schauspiel der Gewalt, des Blutes und des Todes stößt ihn ab, übt aber zugleich auch eine große Anziehung auf ihn aus, und so geht Kerim noch ein paar Schritte weiter, als ein Wüstenhund ihn erblickt und sich auf ihn stürzen will. Erschrocken weicht der Knabe zurück. Eigentlich ist er schon verloren, doch zu seinem Glück bemerkt einer der roten Krieger die Situation, und es gelingt ihm, den Räuber rechtzeitig abzufangen und zu töten.
»Das Große Licht, Kerim«, brüllt ihm Hared zu, der seine Anwesenheit spürt. »Es ist unsere einzige Hoffnung!«

Kerim kehrt im Laufschritt zurück, durchschreitet die goldene Tür, dann einen langen Gang und befindet sich erneut in der geheimen Krypta; dort streckt er die Hand nach einer überaus intensiven, gleißenden Lichtquelle aus, während er sich mit der anderen schützend die Augen bedeckt.

Es ist eine Art Urne, aus der das starke Licht entweicht und in die der Knabe nun hineinfaßt; darin befindet sich eine seltsame Apparatur mit Hebeln und Griffen. Kerim beginnt sie zu bedienen, indem er sich genau der Anweisungen zu erinnern sucht, die ihm Hared gegeben hat, und schließlich gelingt es ihm, aus dem unteren Teil des Mechanismus eine Schachtel zu ziehen, die eigentliche Quelle jenes Lichtes, das hell und blendend wie eine kleine Sonne ist.

In der Zwischenzeit schlägt sich der Große Wächter, der die Menge der wütend Kämpfenden weit überragt, wacker wie ein Löwe; unfehlbar treffen die ausholenden Hiebe seines Säbels stets ihr Ziel, doch sind mittlerweile um ihn herum nur noch ganz wenige seiner Männer übriggeblieben, und bald wird er ganz allein sein.

Nun kämpft man nur noch Mann gegen Mann. Ein Mann des Berges und ein Deserteur des Legion fallen, sich umklammernd, in den kleinen See, wo sie sich gegenseitig umbringen: Ähnlich den Götzenbildern der Vergangenheit hat auch das Raumschiff sein Menschenopfer verlangt.

Hared hat alle feindlichen Angriffe mit größter Kraft niedergeschlagen und ist dabei den ganzen Korridor entlang zurückgewichen, der zu der goldenen Tür führt; nun aber ist er ohne Deckung und völlig allein!

In den Reihen der Räuber hat es weitere Verluste gegeben, doch die Übriggebliebenen sind immer noch deutlich in der Überzahl, selbst gegen einen Mann von der Tapferkeit Hareds.

Hinter dem Großen Wächter verbreitet die goldene Tür mit ihrem Widerschein ein Licht, das schon an sich faszinierend und magisch wirkt; vor allem aber spricht jene große Lichtfläche von sagenumwobenen Reichtümern, scheint sie die Erfüllung des Traumes darzustellen, der wie durch ein Wunder vor den Augen der Angreifer Gestalt annimmt, denn zwischen ihnen und jener goldenen Tür, die sie hypnotisch anzieht, befindet sich nur noch Hared.

Und genau diesen Moment der ekstatischen Ergriffenheit, den er in Ryker und seinen Männern spüren kann, macht sich der Große Wächter zunutze, indem er sich unvermittelt auf die Gruppe der Invasoren stürzt und sie damit so in Überraschung versetzt, daß er zwei von ihnen tötet, noch bevor die anderen in Deckung gehen können.

»Schießt diesen Dämon nieder!« befiehlt Ryker zornentbrannt und wie von Sinnen.

Ein Kugelhagel geht auf Hared hernieder, der sich mitten im Schußfeld von zahlreichen Pistolen und Gewehren befindet. Doch der Große Wächter scheint unverwundbar, wankt nicht einmal, sondern stürzt sich statt dessen auf einen weiteren Legionär und tötet auch ihn.

Seine Seele ist so sehr in Kampfeslust entbrannt, daß er gar nicht die Blutflecken bemerkt, die sich langsam auf seiner Priestertunika ausbreiten. Er versucht Ryker aufzuspüren, den eigentlichen Verantwortlichen für die Vernichtung seines Volkes, denn ihn möchte er noch töten, bevor er stirbt.

Doch der Anführer der Invasoren hat sich stets geschickt im Hintergrund gehalten und tritt erst jetzt, mit gezücktem Säbel, herbei, um den schon leblosen und erschlafften Körper Hareds zu durchbohren.

Die Männer Rykers eilen auf die goldene Tür zu, doch plötzlich wird ihr Lauf abgebremst, ihre Schritte verlangsamen sich, werden mühsam, und ihr Atem kommt nur noch stoßweise.

Rykler, der ihnen gerade folgen wollte, bleibt stehen, als er sieht, was mit ihnen geschieht. Seine Männer treten erschöpft den Rückweg an, voller Furcht vor dem unerklärlichen Zauber.

Und noch ein weiterer Grund zur Beunruhigung stellt sich, plötzlich und unerwartet für die Räuber, ein: Hinter ihrem Rücken hören sie das Geräusch von rasch sich nähernden Fußtritten, und kurz darauf taucht Anthea vor ihnen auf, gefolgt von den Reitern ihrer Eskorte.

Das bildschöne Gesicht der Königin ist hart, wie aus Stein gemeißelt, ihre blitzenden Augen eine einzige wilde Flamme des Hasses.

Sie stürzt sich auf Ryker, der noch immer den Säbel in der Hand hat und gerade noch rechtzeitig einen schrecklichen Hieb ihres Krummsäbels parieren kann.

Es entbrennt auf der Stelle ein heftiger Kampf; die Männer Rykers verteidigen sich verzweifelt, denn nun sind sie im Nachteil, doch die Wirkung ihrer Feuerwaffen gleicht das Kräfteverhältnis wieder aus, und schließlich spaltet sich alles in Zweikämpfe von barbarischer Wildheit auf.

In dem Zweikampf zwischen Anthea und Ryker, der sich voller Ungestüm und Anspannung fortsetzt, schlägt das Pendel des Schicksals einmal hierhin, einmal dorthin aus: Zuerst scheint der eine stärker, dann wieder der andere, und so fort.

Irgendwann merken sie, daß sie ganz allein geblieben sind: die Männer des Berges, die Wüstenhunde und die Legionäre haben sich gegenseitig vernichtet.
Das Bewußtsein, daß sie als einzige dieses Blutbad überlebt haben, gibt ihrem Wüten neue Beweggründe: Ryker spornt der Glaube an, daß er nun mit niemandem mehr die immensen Reichtümer teilen muß, während Anthea unter allen Umständen verhindern will, daß das Geheimnis des Berges in jene frevlerischen und grausamen Hände fällt.
Mitgerissen von ihrem eigenen Ungestüm, stehen sie sich nun mit gekreuzten Klingen und in kürzester Entfernung gegenüber. Anthea versucht sich loszureißen, doch Ryker kann seine größere Körperkraft einsetzen und zwingt die Königin zu Boden.
Der Ex-Leutnant der Legion versucht sofort, sich seinen Vorteil zunutze zu machen, indem er von oben eine Reihe von Hieben herabsausen läßt, die Anthea, am Aufstehen gehindert, nur mit größter Mühe und unter Aufbietung ihres ganzen Könnens abwehren kann.
Und doch ist es nur noch eine Frage von Sekunden, bis die Königin dem Schwert Rykers keinen Widerstand mehr entgegenbringen wird, denn in der Tat ist es ihr, vielleicht aufgrund der zunehmenden Ermüdung ihres Armes, bereits beim letzten Hieb nicht mehr ganz gelungen, ihn abzuwehren: Die Spitze des Säbels von Ryker bohrt sich tief in ihre Schulter.
Doch selbst in Situationen, deren Ausgang absolut sicher erscheint, kann Unvorhergesehenes rasch das Blatt wenden. Für Ryker stellt sich das Unvorhergesehene in Gestalt eines Mannes ein, den er unter all seinen Feinden am meisten haßt: Desmond Jordan.
»Anthea!« ruft dieser angstvoll aus, als er plötzlich auf der Bildfläche erscheint.
Der amerikanische Archäologe ist wie ein Blitz in dem großen Saal aufgetaucht und stürzt nun mit einem Säbel in der Hand, den er im Lauf bei einem der Gefallenen aufgegriffen hat, direkt auf Ryker zu, wobei er auf dessen Brust zielt. Der Ex-Leutnant kann dem Hieb mit einem Sprung zur Seite ausweichen, doch ist er dadurch auch gezwungen, sich von Anthea zu entfernen. Zwischen den beiden steht nun Jordan.
»Töte ihn, Jordan, töte ihn!« spornt ihn die Königin an, die das Mitleid und die Großzügigkeit Jordans fürchtet.
»Keine Angst, Anthea, diesen elenden Verbrecher kann ich nicht schonen!« ruft ihr Jordan zu und geht in Stellung.

In seinem Herzen ist kein persönlicher Haß, sondern nur der tiefe Groll, den jeder angesichts der ruchlosen Taten, die der Deserteur auf dem Gewissen hat, empfinden würde; Taten, die eine grausige Spur aus Blut und Tod an all den Orten hinterlassen haben, die von ihm heimgesucht wurden.

»Bis auf den letzten Blutstropfen also ... und so sei es! ... Dieses Mal geht es dir an den Kragen!« droht Ryker und fällt über seinen Gegner her, ohne noch zuvor dessen Säbelspitze berührt zu haben – ein letzter Bruch der Regeln.

»Paß lieber auf deinen eigenen auf, denn dieses Mal ziele ich nicht auf die Schulter!« entgegnet ihm Jordan und pariert mit Leichtigkeit Rykers Tiefschlag, auf den er gefaßt war.

Jordan muß nicht nur sein eigenes Leben verteidigen, sondern das Antheas und das aller anderen Menschen, die dem Bösewicht Ryker unter Umständen noch zum Opfer fallen könnten: Nein, er kann ihn nicht am Leben lassen, und deshalb beschränkt er sich nicht darauf, die Angriffe nur abzuwehren, sondern beantwortet sie offensiv, mit einer Wucht und einer Vehemenz, die keine Verschnaufpausen lassen.

Anthea verfolgt das Duell voller Angst und mit vor Anspannung angehaltenem Atem und ist überrascht über das Können Jordans, dessen meisterhaftes Geschick im Zweikampf mit dem Säbel ihr bis dahin unbekannt war.

Ryker hat Mühe, die Angriffe des Amerikaners abzuwehren, die dieser ohne Unterlaß gegen ihn führt, ist wie benommen von dem Feuerwerk der Hiebe, die von allen Seiten auf ihn herabsausen; sein Zweikampf mit Anthea hat ihn bereits sehr angestrengt, und nun beginnt sich Müdigkeit in seinem Arm breitzumachen.

Er drängt verbissen nach vorne und versucht, den eigenen Säbel mit dem des Gegners zu verschränken, um wieder zu Atem zu kommen und seine Bewegungen neu zu koordinieren; Jordan aber läßt ihm diese Möglichkeit nicht, sondern macht sich frei, durchbricht die Verteidigung Rykers und stößt ihn von unten her mitten in die Brust, wobei er gleichzeitig einen Schritt zurückweicht.

Die Klinge geht Ryker durch und durch. In seine aufgerissenen Augen tritt der ungläubig verblüffte Ausdruck eines Menschen, der noch nicht weiß, daß sein Ende gekommen ist.

Einige Sekunden lang kann der Deserteur das schon verschwimmende Bild des verhaßten Rivalen noch erkennen, dann stürzt er zu Boden und reißt sich noch im Fallen den Säbel aus der Brust.

Der Sturm des Zorns in Jordan hat sich gelegt, seine Züge entspannen sich; er schleudert den Säbel von sich, dreht sich zu Anthea um und nimmt das schlanke, zitternde, ängstliche Wesen in die Arme. Noch immer schmerzt der jungen Frau der Kopf vor Anspannung, hämmert die erlittene Angst hinter ihren Schläfen, doch in dieser engen, festen, fast wilden Umarmung löst sich alles Zittern, und alle Furcht fällt von ihr ab.
Anthea hebt den Kopf, um Jordan anzusehen, und streicht ihm mit einer ganz langsamen, sanften Bewegung übers Gesicht. Es ist dies eine Geste, die der Liebe, die aus ihren Augen spricht, eine neue Bedeutung gibt, nämlich die der völligen Hingabe: Nun ist sie keine Königin mehr, noch muß sie mehr den Gesetzen ihres Volkes gehorchen, das nicht mehr existiert. Erst jetzt erinnert sie sich mit einem Beben an Kerim.
»Kerim! ... Vielleicht ist er in der Krypta, komm!« drängt sie Jordan, plötzlich sehr beunruhigt über das Schicksal des Jungen.
Sie laufen auf die goldene Tür zu, die offensteht. Erfüllt von einer großen Erregung, darf Jordan sie endlich durchschreiten und befindet sich nun an dem Ort, an dessen Betreten ihn beim vorigen Mal die Tatsache gehindert hat, daß ihn auf rätselhafte Weise seine Kräfte verlassen haben.
Warum nur ist er dieses Mal nicht demselben schwächenden Einfluß ausgesetzt gewesen? Er kann es sich nicht erklären, noch hat er die Zeit, Anthea danach zu fragen. Sie folgen einem Gang, von dessen Ende ein sehr starkes Licht ausgeht.
Rechts und links von ihnen sind menschliche Gestalten aufgereiht, die sich nicht bewegen und von ihrem Äußeren ebenso wie von der Kleidung her an Hared erinnern. Jordan ist tief beeindruckt: Es sind allesamt Mumien, die so gut erhalten sind, daß sie fast wie lebendig wirken.
All diese leeren und erloschenen Augen, die denen Hareds so ähnlich sind, scheinen Jordan anzusehen, als er langsam an ihnen vorbeigeht; der Anblick dieser Scharen von Hunderten und Aberhunderten von Großen Wächtern, die im Verlauf der Jahrhunderte reglos und schweigend das Große Geheimnis verteidigt haben, welches in der unzugänglichen Krypta aufbewahrt wird, hinterläßt einen tiefen Eindruck in dem amerikanischen Archäologen.
Was sind sie nur, diese Wesen, die die Macht besitzen, fremden Eindringlingen die Kräfte schwinden zu lassen, aufgrund einer übersinnlichen Fähigkeit, die sie im Leben besessen haben, jedoch

auch nach dem Tod noch beibehalten? Jordan kommen instinktiv die Mumien der Pharaonen in den Sinn, die Grabschänder mit Flüchen belegten, oder auch die Mumien der Indianer in Amerika, die mehr oder weniger ähnliche Beigaben besitzen.
Ob Atlantis vielleicht von einigen Vorfahren Antheas regiert worden war? Vielleicht hatten wenige mutige Eroberer die Feste des Hoggar hinter sich gelassen und diesseits und jenseits des Atlantischen Ozeans damit begonnen, ihr überlegenes Wissen den Völkern der Erde zu vermitteln, bis dann schließlich ihr Kontinent inmitten der Wirrnis der Sintflut von der Oberfläche der Welt verschwunden war und nur diejenigen überlebt hatten, die zurückgeblieben waren, um die Zeugnisse ihrer Vergangenheit zu bewachen!
In dem Gehirn eines so passionierten Wissenschaftlers wie Jordan beginnt sich alles zu drehen wie in einem Kreisel, als er den tausend Windungen des Rätsels folgt, das die Archäologie der Vorgeschichte darstellt und mit ihr alles, was die früheste Vergangenheit des Menschen und den Ursprung von Intelligenz in der Schöpfung des Universums angeht.
Seine schwindelerregenden Überlegungen, Ableitungen – oder Phantasien – werden vom Weinen eines Kindes brüsk unterbrochen. Zusammen mit Anthea stürzt er in das Zimmer, das am Ende des langen Ganges liegt: Das Licht darin ist gleißend hell, doch gewöhnen sich ihre Augen schnell daran, und so können sie kurz darauf Kerim erkennen, der zusammengekauert in einer Ecke auf den Knien liegt und die Hände vor das Gesicht geschlagen hat.
Anthea eilt zu ihm, hockt sich neben ihn nieder und nimmt den Jungen in ihre Arme, während Jordan ihm den Kopf streichelt.
»Kerim!« ruft er voller Liebe und Zärtlichkeit.
Dieser Ruf rüttelt den Jungen auf: Er hebt plötzlich das Gesicht und sieht Jordan zuerst mit verblüfftem Staunen, dann mit einem forschend-mißtrauischen Ausdruck an, als wollte er sich vergewissern, daß er nicht ein Trugbild, sondern die Wirklichkeit vor Augen hat.
»Du lebst! ... Du lebst!« ruft er in höchster Erregung aus.
Dann umarmt er ihn stürmisch.
»Hilf uns, Jordan! ... Hilf uns, wenn du kannst!« fleht er ihn unter Tränen an.
Er nimmt den wiedergefundenen Freund an der Hand und führt ihn auf die Urne zu, aus der jenes so starke Licht entweicht. Erst jetzt blickt sich Jordan um; sie befinden sich in einem Zimmer von eher

beschränktem Ausmaß, aus dessen Form wie auch aus dessen Gesamtcharakter, der an eine geweihte Stätte erinnert, er schließen kann, daß es sich um die geheime Krypta handelt.
In der Mitte, fast direkt mit dem Rücken zur Wand, befindet sich ein richtiger Altar, auf dem die Urne steht: die Opferstelle des Tempels! Wieviel davon erinnert doch an die Antike! Jordans Blick irrt wie verloren umher angesichts der Ungeheuerlichkeit des Geheimnisses, das ihn hier umgibt.
Kerim bleibt vor der Urne stehen, und nun kann der Archäologe mit wachsender Neugierde die seltsame Apparatur betrachten, die darin enthalten ist, und bemerkt sogleich die Griffe und Hebel, die denen eines Radios oder dem Schaltbrett eines Flugzeuges ähneln; darunter liegt, genau eingepaßt in eine maßgerechte Versenkung, ein Kästchen aus Metall.
Kerim nimmt es mit sicheren Bewegungen heraus und schließt den Deckel wieder. Auf einen Schlag ist das blendende Licht erloschen, und in der Krypta herrscht nur noch eine normale Helligkeit.
»Hier ist das Große Licht nur schwach«, beginnt Kerim zu erklären, der, wenn auch aufgewühlt von den Ereignissen, versucht, sich in genauester Reihenfolge dessen zu erinnern, was Hared ihm in der leider kurzen Zeit, die ihm geblieben war, aus seinem Wissen vorgetragen hat. »Es kann einem Menschen das Augenlicht rauben, aber es gelingt ihm nicht mehr, unsere Botschaften zu den Sternen zu tragen!«
Jordan sieht sich um, und erneut fällt sein Blick auf jenes seltsame Triebwerk, dessen Funktionsweise er so gerne begreifen möchte: Sicher war es einst an Bord des Raumschiffes, das nun im See versenkt ist – höchstwahrscheinlich das Kernstück von dessen Antriebsanlage! Er hat das Gefühl, vor Aufregung zu ersticken, so lange hat er mit angehaltenem Atem dagestanden.
»Wir kommen von weit her«, fährt Kerim fort, der noch immer ein wenig benommen und verwirrt ist. »Unsere Vorfahren waren Tausende und Abertausende Jahre zuvor vom Kurs abgekommen und gelangten mit dem Raumschiff, das du gesehen hast, aus ewig weit entfernten Himmelsräumen auf die Erde ... Hilf uns, daß wir wieder starten können, Jordan! Wir haben es vergessen, wir wissen nicht mehr, wie es geht! ... Unsere Heimat ... dorthin wollen wir zurückkehren ... aber sie hören uns dort nicht ... sie hören nicht! ... Das Große Licht hat nicht mehr genügend Kraft.«
Kerim birgt sein Gesicht an der Schulter Jordans und bricht in ein

Schluchzen aus. Der amerikanische Archäloge weiß nicht, was er sagen soll, um ihn zu trösten, und blickt fragend zu Anthea, als wollte er sie um weitere Erklärungen bitten, die ihn besser begreifen lassen könnten, welche Art von Hilfe sie von ihm erwarten.
»›Der Mensch ist nicht der erste und nicht der letzte Herr der Erde.‹ Erinnerst du dich?« fragt ihn die Königin.
»Ja, aber was soll das heißen? Daß ihr auf der Erde gelandet wart, noch bevor es die ersten Menschen dort gab?« entgegnet Jordan, in höchstem Maße erregt. »Und daß die anderen Bewohner deines Planeten, wenn sie das wollten, in der Lage sind, erneut auf die Erde zu kommen? Und wann? Zu jeder Zeit, oder nur, wenn die menschliche Rasse ausgestorben ist?«
»Ich kann auf diese Fragen keine Antwort geben«, gesteht die Königin betrübt ein. »Manchmal frage ich mich selbst, ob es wirklich unsere Vorfahren waren, die dieses unterirdische Reich geschaffen haben, oder ob die Zeit Schritt für Schritt unsere Erinnerung verformt und unerfüllbare Träume in uns geweckt hat. Siehst du? Ich selbst zweifle, wie kannst du also daran glauben?«
»›Heute halten sie sich nicht in den Räumen auf, die wir kennen, sondern in Zwischenräumen‹«, erwidert Jordan und vervollständigt damit die Inschrift, die Anthea zu zitieren begonnen hatte. »›Unbemerkt und ohne Dimension, bleiben diese als Reste zwischen den Räumen übrig, an einsamen Orten, an denen schon alle Worte gesagt, gehört und verstanden worden sind.‹« Dann fügt er wie zur Erklärung hinzu: »Ich habe diese Worte in einem alten, kostbaren Buch gelesen, das in den Vatikanischen Museen in Rom aufbewahrt wird. Andere haben vor mir die Inschriften gefunden und euer Geheimnis erraten, doch vielleicht bin ich der einzige, der es gesehen und berührt hat ... Anthea, ich glaube fest an all das, was mit euch zu tun hat, und zwar nicht mehr als Träumer, sondern als Wissenschaftler.«
»Hilf uns, Jordan! Hilf uns!« fleht ihn Kerim erneut an.
»Ich kann euch nicht helfen«, erwidert dieser und blickt beide dabei voller Bescheidenheit an. »Eure so weit zurückliegende Vergangenheit ist auch von mir noch weit entfernt ... Sie ist eine Zukunft, die kennenzulernen mir nicht mehr beschieden sein wird, und ebensowenig meinen Kindern und Kindeskindern!«
»Vor Hared war Konil«, unterbricht ihn Anthea, »vor Konil war Myan und viele tausend andere waren wiederum vor ihm. Das Große Licht hat ihre Augen in das Reich der Dunkelheit geschickt,

ohne daß ihre Stimme in das Reich unserer Vorfahren vorgedrungen wäre. Nun ist allein Kerim zurückgeblieben, und nach ihm wird es niemand mehr geben, der unsere fernen Freunde rufen könnte.«
»Kerim behält sein Augenlicht, verliert aber dafür die Hoffnung!« fügt der Junge mit erschütternder Traurigkeit hinzu.
»Du darfst dir keine Vorwürfe machen, Kerim«, sagt da unerwartet die Königin zu ihm, streichelt ihm über den Kopf und nähert sich ihm dabei so sehr, daß sich ihre Gesichter fast berühren. »Jeder von uns hat, wie vor uns unsere Vorfahren schon seit Tausenden von Jahren, das mögliche versucht und getan, damit wir eines Tages in unsere Heimat zurückkehren können. Nun ist deutlich geworden, daß unser Schicksal schon von Anfang an darin bestand, auf dieser Erde zu bleiben. Was gewesen ist, wird nicht mehr sein: Nun ist hier unsere Heimat!«
Anthea hat diese Worte gesprochen, um die Verzweiflung und Enttäuschung in Kerim zu lindern, doch ebenso auch in sich selbst. Sie hat begriffen, daß eine Geschichte, die in dunkler Vorzeit begonnen hat, nun endgültig zu Ende gegangen ist, und hat dies akzeptiert.
Eine große Hoffnung ist erloschen, doch eine andere steigt an ihrem Himmel empor – verknüpft mit einem Leben als normaler Mensch, als »Irdische«, an der Seite des Mannes, den sie liebt, einem irdischen Leben, das noch keine Vergangenheit hat, doch ganz gewiß eine Zukunft.
Jordan nimmt die »Umstimmung« Antheas mit Freude zur Kenntnis und möchte ihr zusätzliche Überzeugungskraft schenken, indem er einen sachlichen Einwurf macht, den er bislang für sich behalten hat, den vorzubringen ihm jetzt aber ein Gebot der Ehrlichkeit zu sein scheint: »Kerim, hast du jemals daran gedacht, daß nach all diesen vielen tausend Jahren euer Planet möglicherweise nicht mehr existiert? Und daß, selbst wenn eure Botschaft bis dort oben durchgedrungen ist, es vielleicht niemanden mehr gibt, der sie empfangen könnte?«
Diese letzte Überlegung, die alles andere als abwegig ist, scheint Kerim endgültig zu überzeugen und ihm auch den letzten Rest von Unentschlossenheit zu nehmen. Tatsächlich heitert sich sein Gesicht auf; nach einer kurzen Pause nimmt er die Schachtel mit dem starken Licht und reicht sie Jordan.
»Nimm es!« fordert er ihn auf. »Du, der du das Wissen suchtest ... nimm es mit.«

»Du bist der Große Wächter«, entgegnet Jordan, der unbeweglich, mit starren Händen dasteht, als fühlte er sich nicht würdig, sich jenes Geheimnisses zu bemächtigen, das ein ganzes Volk das Leben gekostet hat. »Du mußt das Geheimnis bewachen.«
»Es gibt keinen Großen Wächter mehr«, behauptet Kerim schlicht und nunmehr ohne Bedauern, ja sogar mit einer Spur Erleichterung, als hätte man ihm eine große Last vom Herzen genommen, »und auch keine Königin mehr, und auch nicht mehr das Volk der Männer des Berges! ... Nimm es!«
Jordan ist überaus gerührt von der Liebe und dem Vertrauen, die so deutlich aus dieser Geste sprechen. Er nimmt erregt die Schachtel entgegen und hält sie zuerst behutsam, dann mit der Kraft der Begeisterung in Händen: Hier ist es, das Ergebnis einer verbissenen, zähen Suche, die fast ein Leben lang gedauert hat und in den letzten sechs Jahren immer wieder von Expeditionen und Studien, von gewaltigen Opfern und oft tödlichen Gefahren begleitet war, die sowohl für ihn selbst als auch für andere bitteres Leid mit sich gebracht hat. Und all das, um jenen unermüdlichen, unbesiegbaren Durst nach Wahrheit und Wissen, der dem Menschen innewohnt, zu stillen und das Bedürfnis zu befriedigen, sich der Unsterblichkeit des eigenen Seins zu vergewissern.
Er untersucht akribisch jede Einzelheit und die Beschaffenheit des Metalles, das federleicht, jedoch von einer höheren Molekulardichte ist als Stahl, zweifelsohne eine Legierung, die noch unbekannt auf der Erde ist.
Er hebt einen Moment lang den Deckel auf, um noch einmal den starken Lichtschein freizugeben, der sich mit einer so gleißenden und sonnengleichen Helligkeit über Personen und Dinge ergießt, daß Einzelheiten überblendet werden. Dann schließt er ihn rasch wieder.
Nun gehört das Geheimnis der Sahara gleichermaßen ihm wie seinen legitimen Verwahrern. Seine Freude wäre vollkommen, wenn er die ganze Welt an dieser außergewöhnlichen Entdeckung teilhaben lassen könnte, doch wird ihm im selben Moment bewußt, daß eine Energiequelle von so unendlicher Kraft in den Händen von skrupellosen Regierenden und Wissenschaftlern zu unvorstellbaren Katastrophen und Zerstörungen führen könnte.
Ruhm oder Reichtum hat er nie gesucht: Statt dessen jedoch die Antwort auf all seine »phantastischen« Fragen gefunden zu haben, befriedigt seinen Intellekt vollkommen, und um so menschlicher ist seine Begeisterung darüber.

Sie ist so groß, daß es ihm nicht mehr gelingt, den Gefühlssturm zu besänftigen, den die letzten Enthüllungen in seiner Seele und seinem Denken ausgelöst haben.
»Ist das, was ich gesehen und gehört habe, wirklich geschehen?« murmelt er benommen und ungläubig, fast wie zu sich selbst, auch wenn er die Frage an Anthea gerichtet hat. »Wird die Zeit nicht auch mein Gedächtnis betrügen?«
»Dies ist die Wahrheit, Jordan«, antwortet ihm die schöne Frau schlicht; wieder ist sie zur Kronzeugin der Gewißheit gegenüber dem Traum geworden, in einer seltsamen, aber gerechtfertigten Umkehrung der Positionen, bei der offenbar ein jeder von ihnen angesichts der außergewöhnlichen Wirklichkeit der Geschehnisse den Trost und die wiederholte Bestätigung durch den anderen braucht.
»Euer Vaterland, jener Stern, von dem aus eure Vorfahren zur Erde kamen, wie hieß er?« fragt Jordan noch voller Neugier.
Anthea deutet ein schwaches Lächeln an, das ein wenig scheu und traurig wirkt, doch antwortet sie nicht. Deshalb ist es Kerim, der die überraschende Antwort gibt: »Es hieß Anthea!«

XIV

Auf den Schwingen der Zukunft

Den Sprechenden Berg hat er nur einmal von weitem, zusammen mit Jordan, gesehen, kurz bevor sic von den Männern des Berges angegriffen wurden, doch bereitet es ihm keine Schwierigkeiten, die Öffnung zu finden, die zu den unterirdischen Gängen führt, indem er einfach der schauerlichen Spur von leblosen Körpern folgt, die den gesamten Weg säumen.

Auf diese Weise also dringen der sardische Hüne und El Hallem in den Berg ein und setzen ihren Weg durch eine Landschaft des Todes fort, über die sich eine unheimliche Stille gebreitet hat. Was sie sehen, erfüllt sie mit Entsetzen und Bestürzung.

Sie erreichen die untere Stufe der Höhlen mit dem kleinen See, die ebenfalls übersät mit Leichen ist. Als sie die Säulen durchschreiten und beginnen, den Korridor entlangzugehen, der zu der goldenen Tür führt, bleiben sie unvermittelt stehen.

Dort am Boden liegt, den Körper im Todeskrampf verzerrt, mit aufgerissenen Augen und einem zornigen Lächeln auf den starren Zügen, mitten unter anderen Dutzenden von Toten, Ryker. Sie nähern sich der Leiche und blicken lange auf den verhaßten Feind hinab, der da zu ihren Füßen liegt.

»Wir sind zu spät gekommen«, durchbricht Orso ihr Schweigen. »Jemand hat bereits mit ihm abgerechnet!«

Sie überschreiten die Schwelle der goldenen Tür und folgen dem langen Korridor, vorbei an der beeindruckenden Reihe von Mumien, die nun nichts mehr zu bewachen und zu verteidigen haben.

Als sie in der geheimen Krypta ankommen, finden sie sie leer vor, entdecken aber die Urne und die Maschinerie mit ihrer kleinen, leeren Versenkung, in der wohl vorher eine Art Kästchen untergebracht gewesen sein muß. Ohne zu begreifen, um was es sich dabei handelt, fühlen sie sich nur zutiefst fehl am Platze und auch beängstigt von der Atmosphäre drohenden Unheils, die sie instinktiv wahrnehmen.

Orso hat es eilig, wieder hinauszukommen, und El Hallem folgt ihm, ohne es sich jedoch verkneifen zu können, noch einen langen, interessierten Blick auf die goldene Tür zu werfen.

»Massives Gold!« kommentiert er fassungslos und streicht begierig mit den Händen darüber. »Mit dieser Tür hier würde ich der Herr der ganzen Sahara!«
Dann nimmt sein Gesicht einen Ausdruck des Verzichts und der Einsicht an, und ein trauriges Leuchten tritt in seine Augen.
»Hier drinnen herrscht der Fluch Allahs!« bemerkt er und blickt sich mit abergläubischer Furcht um. »Wer davon etwas mitnimmt, wird nicht lange leben!«
Und so schließt er sich ohne Bedauern seinem Freund Orso an, der in einigen Metern Entfernung ungeduldig auf ihn wartet.
Rasch legen sie denselben Weg zurück und befinden sich erneut am Ausgang, froh, wieder in das Sonnenlicht zu blicken. Dann steigen sie auf ihre Pferde und lassen den Sprechenden Berg hinter sich, ohne sich auch nur einmal umzusehen.
Einige Meilen legen sie schweigend zurück; sie spüren, daß der Moment des Abschieds näherrückt und blicken deshalb traurig und bekümmert vor sich hin.
Schließlich halten sie und sehen sich fragend an.
»Was wirst du tun?« fragt El Hallem als erster. »Wirst du nach Italien zurückkehren?«
Die Frage trifft Orso nicht unvorbereitet, da er sie sich schon selber gestellt hat. Nun läßt ihn die drängende Frage El Hallems das Ganze noch einmal überdenken, denn eine endgültige Entscheidung hat er noch nicht getroffen.
»Die Wüste ist riesig und hält noch Tausende von Überraschungen bereit«, schlägt ihm der *targui* rasch vor, in dem Versuch, seine Entscheidung zu beeinflussen. »Orso und El Hallem zusammen werden nicht die Zeit haben, sich zu langweilen!«
Der sardische Hüne denkt noch ein paar Sekunden lang darüber nach, dann hebt er den Kopf und blickt den schlauen Mann der Sahara voller Heiterkeit an.
»Ich werde zuerst meine Vergangenheit als Legionär in Ordnung bringen müssen«, lautet seine Antwort. »Und dann ... wer weiß!«
»Und ich werde auf dich warten!« stimmt ihm der *targui* freudig zu, der die schwierige Entscheidung seines Freundes bewundert und respektiert.
Vielleicht werden sie sich wiedersehen, vielleicht auch nicht: Das Leben in der Sahara ist unvorhersehbar, so unvorhersehbar wie die Formen, die die Wüste annimmt. Und so drücken sie sich kraftvoll und und herzlich die Hände.

»Bis bald also«, verabschiedet sich Orso.
»Ich werde dich in der Festung besuchen kommen«, lautet der Abschiedsgruß El Hallems, »um sicherzugehen, daß sie dich nicht umbringen, bevor sie dich freilassen!«
Dann reiten sie in verschiedene Richtungen davon. Die Staubspuren, die ihre galoppierenden Pferde aufwirbeln, ziehen sich wie zwei große Zeiger einer Uhr durch den Sand.

Keiner der beiden hat ahnen können, daß Jordan, Anthea und Kerim nur wenige Minuten vor ihrer Ankunft den Sprechenden Berg verlassen haben; der Grund dafür, daß sie sich weder sehen noch hören konnten, lag in der einfachen Tatsache, daß Jordan beschlossen hatte, den anderen Hang für ihren Abstieg zu wählen.
Tatsächlich sitzen Jordan und die beiden Überlebenden des unterirdischen Volkes noch immer am Fuße des Berges, wo sie es vorzogen, ihr Lager aufzuschlagen, anstatt noch länger am Ort des schrecklichen Massakers zu verweilen.
Der amerikanische Archäologe muß für sich selbst, für Anthea und für Kerim eine Entscheidung treffen. Welchen Weg soll er wählen, um die Nordküste Afrikas zu erreichen, von wo aus sie dann nach Rom und von dort aus in die Vereinigten Staaten zurückkehren können?
Richtung Timbuktu würde man sie möglicherweise erkennen, was zu Schwierigkeiten führen könnte; ebenso könnte es zu Komplikationen kommen, wenn sie sich in die Nähe des Vorpostens der Fremdenlegion wagen würden. Er könnte versuchen, erneut den Weg über die Oase von Tamanrasset einzuschlagen, um von dort aus bis El Oued und dann nach Algier vorzustoßen, somit also mehr oder weniger den gleichen Weg nehmen wie auf der Hinreise.
Jordan sitzt auf einem Felsen und studiert die Karte, als sich Kerim neben ihn setzt. Auch Anthea gesellt sich zu ihnen und nimmt auf der anderen Seite neben ihm Platz, um in einer Geste der Liebe und der Ergebenheit ihren Kopf an seiner Schulter zu betten. Genauso spontan drückt Jordan Anthea und Kerim an sich und wechselt einen stummen und doch vielsagenden Blick mit ihnen.
So sitzen alle drei eng aneinandergeschmiegt da; Kerim lächelt glücklich vor sich hin, denn nun ist er sicher, daß er für immer bei den beiden Menschen bleiben wird, die er am meisten liebt und schätzt.
»Hast du entschieden, wohin wir gehen werden?« fragt Anthea

schlicht; für sie ist ein Weg so gut wie der andere, wenn sie ihn nur an der Seite des Mannes gehen darf, den sie liebt.
»Ja«, erwidert Jordan, »wir werden, vorbei an der Oase von Tamanrasset, die Ausläufer des Tassili n'Ajjer entlangreiten, dann auf den Großen Östlichen Erg zuhalten, bis nach El Oued, und uns schließlich in Algier einschiffen. Es ist der längste, aber auch der sicherste Weg: wir werden so auf zahlreiche Oasen treffen.«
»Gehen wir!« drängt Kerim und springt erregt auf, voller Ungeduld, sich endlich auf die Reise zu begeben, zu neuen Abenteuern aufzubrechen in eine Welt, die ihm unbekannt ist.
Jordan geht zu den sechs Pferden hinüber, die in geringer Entfernung von ihnen stehen, und beginnt die Sättel vorzubereiten, während Anthea und Kerim Satteldecken und Zaumzeug zu den Vierbeinern tragen. Schließlich sorgen sie dafür, daß ihre Feldflaschen wohlgefüllt sind, und bepacken die Lastpferde.
Die Lichtschachtel ist auf einem Felsen zurückgeblieben, wo sie schon seit Stunden den brennenden Strahlen der Sonne ausgesetzt ist; zusammen mit der Hitze des Steines, die siebzig Grad übersteigt, macht dies eine Temperatur aus, die der einer glühenden Herdplatte gleichkommt, und niemand hat bemerkt, daß das unbekannte Metall ihrer Wände so glühend heiß geworden ist, daß es nicht mehr, wie ursprünglich, schwarz, sondern in ein sonderbar helles Weiß übergegangen ist.
Wie von einer seltsamen Ahnung ergriffen, dreht sich Kerim in diesem Moment um und sieht zu der Schachtel hin, die nicht nur ihre Farbe verändert hat, sondern nun auch zu vibrieren scheint.
»Seht nur!« macht er die anderen darauf aufmerksam; seine Stimme zittert plötzlich vor Aufregung.
Jordan und Anthea drehen sich, alarmiert von dem Ton des Jungen, abrupt um und sehen, was mit der Schachtel vor sich geht.
»Es ist das Sonnenlicht«, erkennt Jordan prompt und intuitiv, »es lädt ihre Energie auf! Warum habe ich nur nicht früher daran gedacht! ... Der Sprechende Berg, Sohn des Lichts!«
Zuerst bleiben sie wie gelähmt vor Überraschung und Verblüffung stehen. Als aber die Schachtel eine rötliche Farbe anzunehmen beginnt, die immer mehr an Intensität und Leuchtkraft zunimmt, kommt Leben in Jordan.
»Schnell, wir müssen weg von hier!« schreit er, als er sich plötzlich der ernsten Gefahr bewußt wird, packt Anthea und Kerim am Arm und zieht sie zu den Pferden. »Gleich wird sie in die Luft gehen!«

Sie springen auf die Pferde, die bislang nur mit den Satteldecken versehen sind, und spornen die Tiere zum Galopp an. Als sie mehr als dreihundert Meter entfernt sind, bleibt Jordan stehen, und seine Begleiter mit ihm.

Jordan glaubt, daß die Schachtel nunmehr weit genug von ihnen entfernt ist, um sie nicht zu gefährden. Sie steigen ab, ohne jenes geheimnisvolle Objekt aus den Augen zu lassen, das mittlerweile wie ein Feuerball glüht und eine Helligkeit ausstrahlt, die an den Augen schmerzt.

Plötzlich geht ein Zucken durch die Schachtel, und im selben Moment öffnet sich der Deckel wie unter einem unkontrollierbaren Druck aus ihrem Inneren. Ein Bündel blendenden Lichts schießt in die Höhe – ein überaus starkes, intensiv weißes Licht von unwahrscheinlicher Leuchtkraft, das zum Weltraum emporsteigt und dabei einer schrägen, aber in sich geraden Linie folgt, die in der Form einem unendlich langen Schwert ähnelt.

Jordan und Anthea bedecken ihre Augen mit den Händen, um sie vor dem gleißenden Lichtschein zu schützen, während Kerim ihm herausfordernd entgegenblickt. Auf diese Weise sind seine wunderschönen Augen plötzlich ganz und gar von dem Leuchten erfüllt, das er instinktiv als eine Botschaft aus dem All erkannt hat, ja, er bemüht sich sogar, ganz genau hinzusehen, um jene Botschaft zu durchdringen und sie mit seinem Blick zu begleiten, als könnte er damit ihre Antriebskraft und Beschleunigung erhöhen.

Auf seinem Weg himmelwärts wandeln sich Intensität und Farbe des hellen Blitzes von Weiß zu Rot, zu Blau, dann zu Gelb, um schließlich wieder zu einem blendenden Weiß zurückzukehren. Seine Ränder streben fächerartig auseinander wie der Schweif eines Kometen, der in Richtung Weltall schießt.

Orsos Pferd ist ohne erkennbaren Grund stehengeblieben und bäumt sich plötzlich und so heftig auf, daß es der sardische Hüne nur mit Mühe daran hindern kann durchzugehen. Als er dabei instinktiv aufschaut, sieht er den seltsamen Lichtstrahl und folgt seinem Lauf mit verwundertem Blick.

Mehrere Meilen von ihm entfernt scheut auch das Pferd von El Hallem und versucht, seinen Reiter aus dem Sattel zu werfen. Dank seiner Reaktionsschnelle und seiner Beweglichkeit und mit einem kraftvollen Ziehen der Zügel bekommt der *targui* sein Reittier wieder in die Gewalt.

Auch er sieht das ungewöhnliche Lichtbündel am Himmel, doch in ihm, der er eine wilde, ungeformte Natur besitzt wie die Wüste, in der er lebt, erweckt jenes Phänomen eine abergläubische Furcht, und er führt die Erscheinung automatisch auf das Geheimnis zurück, das in der Krypta hinter der goldenen Tür gehütet wurde, noch bevor er feststellen kann, daß sie tatsächlich aus der Richtung des Sprechenden Berges kommt.

Philip, Myriam und Parizad, die bereits südöstlich des Hoggar angelangt sind, sind gerade dabei, in der kleinen Oase, in der sie übernachten wollen, ihr Zelt aufzubauen, als auch ihre Pferde sich plötzlich aufbäumen und wild mit den Hufen stampfen.

Noch bevor sie den Grund für ein solch furchtsames Aufschrecken erkennen können, erblickt Philip den bizarren Lichtstrahl und bleibt wie gebannt stehen.

Ares, der auf der Schulter Parizads hockt, durchläuft ein Schauder, und er duckt sich ängstlich zusammen: Wie alle Tiere hat er, im Unterschied zum Menschen, einen präzisen Sinn für das Übernatürliche.

Jordan, der wie seine Gefährten Zeuge dieses unvergleichlichen Schauspiels geworden ist, ist so gebannt von seinem plötzlichen Auftreten, daß er noch nicht die Zeit hatte, darüber nachzudenken, doch nun versucht er, eine wissenschaftliche Erklärung für das Ganze zu finden.

Er hat schon einige Jahre zuvor darüber in einer wissenschaftlichen Veröffentlichung gelesen, einem Artikel, der sich mit den theoretischen Grundlagen der Emissionsanregung von Strahlung beschäftigte, die bereits in der Quantentheorie von der Ausstrahlung bzw. Verschluckung von Licht enthalten waren, die 1916 von Einstein veröffentlicht wurde.*

Etwas Derartiges muß sich gerade eben vor seinen Augen abgespielt haben: Offensichtlich hat das Sonnenlicht die Atome der Energie, die in jener Schachtel komprimiert waren, angeregt und damit deren Strahlung vervielfacht.

Noch immer stehen die drei wie verzaubert und betäubt da. Kerim ist der erste, der wieder zu erwachen scheint. Er dreht sich zu Jordan

* Dabei handelt es sich um die Prinzipien, die dann zu der Entdeckung der Laserstrahlen führten (der Name setzt sich aus den Anfangsbuchstaben der »Light Amplification by Stimulated Emission of Radiation« zusammen), welche erst 1950 ihre erste Anwendung finden werden.

und Anthea um und sieht sie mit festem, entschlossenem und selbstsicherem Blick an.
»Nun müssen wir warten«, sagt er gebieterisch und in feierlichem Ton. »Es könnte doch jemand antworten!«
Er ist kein Knabe mehr, sondern wieder zum Großen Wächter geworden, der seinem Auftrag und seinem Schwur bis zum Tode die Treue halten will.
Jordan und Anthea brauchen sich nicht einmal mit Blicken zu verständigen: Sie werden weder seinen Willen noch seine Absichten zu durchbrechen suchen, sondern beides annehmen und respektieren.
Und da sie offensichtlich auch nicht die Absicht haben, ihn allein zu lassen, werden sie bei ihm bleiben, um ihm die Möglichkeit zu geben, seine Aufgabe als Großer Wächter zu erfüllen, wobei sie für ihn die Familie sein wollen, die dem Jungen so sehr gefehlt hat.
Wieder blickt Kerim mit seinen leuchtenden blauen Augen zum Himmel empor, die so begierig darauf sind, eine Antwort zu erhalten, ein Zeichen oder einen Beweis dafür, daß es dort oben etwas gibt. Auch Anthea und Jordan heben voller Glück und Erregung den Blick dem unendlichen Weltall entgegen.
So verharren sie mehrere Minuten lang wie hypnotisiert, bis Jordan Anthea und Kerim in liebevollem Ton dazu drängt, sich auf den Weg zum Sprechenden Berg zu machen. Er hat seine Wahl rasch und ohne Mühe getroffen; auch für ihn ist ein Ort wie der andere, wenn er nur bei Anthea bleiben kann.
Außerdem hat er sowieso schon den Traum gehabt, den Sprechenden Berg zu seiner Heimstatt zu machen, was er nun tatsächlich werden wird.
Was er nicht einmal sich selbst einzugestehen wagt, ist, daß seine Erwartungen sogar diejenigen seiner beiden Gefährten übersteigen, denn er spürt, wie erneut die Begierde nach weiteren Forschungen, nach neu zu erwerbendem Wissen in ihm erwacht ist.
Auch wenn nur die kleinste Möglichkeit besteht, daß das Ereignis sich als das bewahrheitet, was es schien, ja, wenn es gar Folgen hat, möchte er in jedem Fall dabeisein, gleichgültig, was geschehen wird.
Er wird es ebenso eifersüchtig hüten wie Anthea und Kerim, das Geheimnis des Berges und jenes Raumschiffes aus einer sagenumwobenen Vorgeschichte.
Vielleicht wird er selbst es eines Tages enthüllen, wenn er feststellen wird, daß das Niveau der geistigen und technologischen Entwick-

lung der Völker der Erde eine Reife erlangt hat, die eine korrekte Erforschung und Anwendung garantiert.
Wenn nicht, wird er es zumindest irgendwann jemandem anvertrauen, auf dessen Weisheit und Menschlichkeit er sich verlassen kann, und ihm die Pflicht auferlegen, es einzig und allein an Personen reinen Herzens und reiner Gefühle weiterzugeben, in der Hoffnung, daß es, zum Wohle aller, niemals zynischen, habgierigen und bösen Menschen in die Hände fallen möge.

Glossar

Einige Wörter aus der Originalsprache,
die im Text vorkommen

djemel arabisches Wort für Kamel
duar Lager (siehe Anm. S. 87)

erg Wüste mit Dünen (siehe Anm. S. 42)

fennec Wüstenfuchs (siehe Anm. S. 26)

hamada Hochplateau (siehe Anm. S. 25)

jatagan kurzer Krummsäbel (siehe Anm. S. 60)

kaik Umhang
képi militärische Kopfbedeckung der Fremdenlegionäre
kissouri Wachen des Kalifen

litham Schleier (siehe Anm. S. 25)

marabutto Asket (siehe Anm. S. 27)
mehari arabisches Wort für Dromedar

sala'm alaik arabischer Gruß: Friede sei mit dir
simun Wind der Sahara
squatter australischer Viehzüchter (siehe Anm. S. 20)

takouba Schwert der *tuaregh*
targui Einzahl von *tuaregh*
tuaregh räuberisches Nomadenvolk der Sahara

uadi Wasserlauf (siehe Anm. S. 45)
urí (Mädchen) mit schwarzen Augen (siehe Anm. S. 157)

wondjina australische Felsmalereien (siehe Anm. S. 18)